志

聊城审计廉政文化建设读本

■王连申 主编

中国时代经济出版社
China Modern Economic Publishing House

图书在版编目(CIP)数据
清风志 / 王连申主编.
—北京：中国时代经济出版社, 2014.3
ISBN 978-7-5119-1105-6
Ⅰ. ①清… Ⅱ. ①王… Ⅲ. ①审计机关－廉政建设－中国－通俗读物 Ⅳ. ①F239.22-49②D630.9-49
中国版本图书馆CIP数据核字(2014)第033167号

书　名：清风志
作　者：王连申

出版发行：中国时代经济出版社
社　　址：北京市丰台区右安门外玉林里25号楼
邮政编码：100069
发行热线：（010）68350173　68312508
传　　真：（010）68320634　68320484
网　　址：www.cmepub.com.cn
电子邮箱：zgsdjj@hotmail.com
经　　销：各地新华书店
印　　刷：聊城市泰源祥全印刷有限公司
开　　本：787×1092　1/16
字　　数：327千字
印　　张：21.25
版　　次：2014年3月第1版
印　　次：2014年3月第1次印刷
书　　号：ISBN 978-7-5119-1105-6
定　　价：58.00元

《清风志》编委会

主　编：王连申

副主编：崔玉忠　张　斌　周玉明　孙洪俊
张朝彩　吕广龙　任国旭　刘　军
寻广浩

编　辑：杨　辉　孟　震　李文喜　李　鹏
席　琳

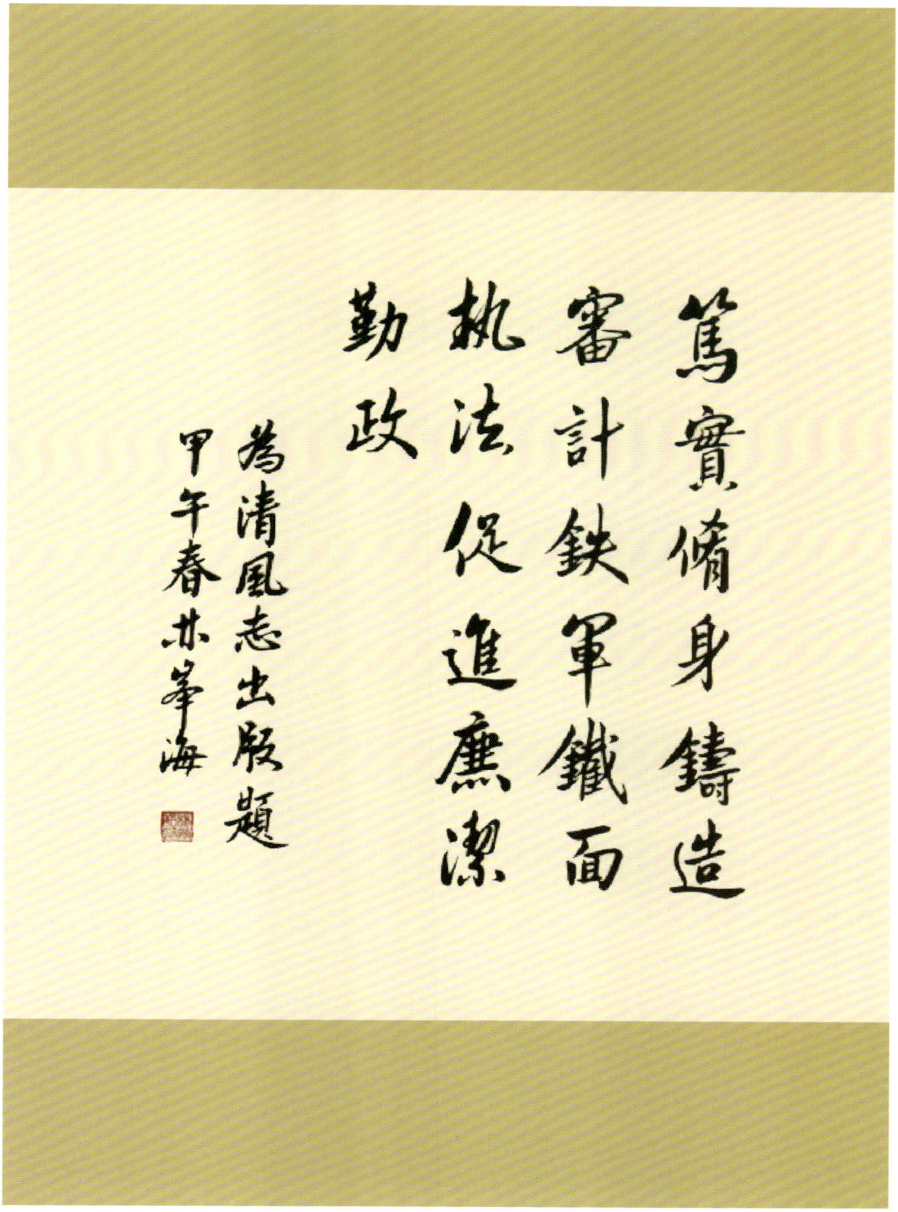

中共聊城市委书记、市人大常委会主任林峰海为《清风志》题词

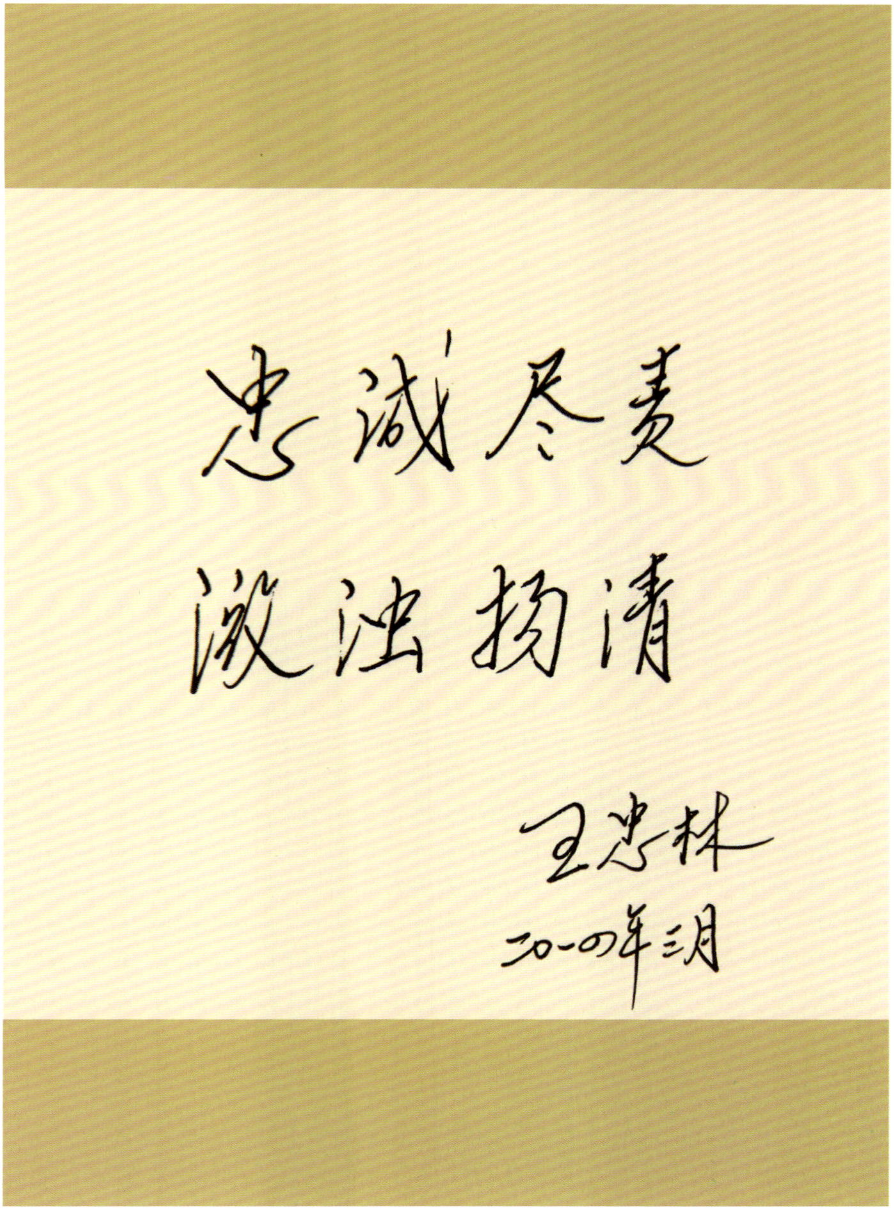

中共聊城市委副书记、市长王忠林为《清风志》题词

序

水清涤心 志高行远

江北水城——聊城，因水而闻名。水，是聊城的名片，是聊城的魂！

聊城审计借喻水之“德、义、道、勇、法、正、察、善、志”诸多品质，以“洁人自洁”为至高境界，形成了独具水城特色的审计文化。这既是审计工作的真实写照，也是审计人员的不懈追求，契合了审计的特质和宗旨。细细品来，如涓涓细流，平添一种美感；如绵绵运河，留藏深厚底蕴；亦如浩浩江水，激起万丈豪情。

聊城市审计局编撰的《清风志》廉政文化建设读本，精选了历史上关于廉政文化的名言警句和经典佳作，摘录了近年来青年审计干部的所感、所想、所为、所求，如活水溯源、纵古流今，又如清风扑面、沁人心脾。一句句至理名言，蕴含着深邃的哲理，发人深思、让人深省；一篇篇精美短文，激扬着青春的活力，展现了审计人敢于担当、无私奉献的精神和虚怀若谷、上善若水的情操。

党的十八届三中全会发出全面深化改革的动员令，2013年全国审计工作会议确定了新形势下审计工作的目标任务，如何充分发挥国家利益捍卫者、经济发展“安全员”、公共资金守护者、权力运行“紧箍咒”、反腐败利剑和深化改革“催化剂”的作用是摆在我们面前的重大课题。面对新形势、新任务、新挑战，必须打造一支作风过硬、纪律严明、敢于担当的审计队伍。广大审计人员要坚守“责任、忠诚、清廉、依法、独立、奉献”的审计核心价值观，弘扬“实、高、新、严、细”的工作作风，不辜负党和人民的重托，敢于涉险滩，善于打硬仗，以更大的决心和勇气投身于建设中国特色社会主义的伟大实践之中，为推动全面深化改革、促进党风廉政建设做出更大贡献。

星辰闪烁照我行，日月昭昭奋竞先。希望聊城审计秉承“江北水城”的水善精神和“鲁西老黄牛”的坚毅品质，立定本职使命，勤政修身，激浊扬清，以踏石留印、抓铁有痕的劲头，推动各项工作全面开花，做出无愧于这个时代、无愧于党和国家的业绩。

山东省审计厅厅长 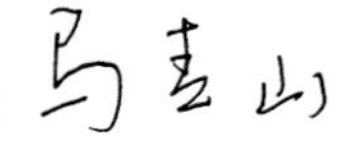

2014年1月

目录

第一章 涵文化

聊城审计文明理念体系

审计出于经济之域而又佐辅于政治，通过审计实践的物质和制度层面的活动来体现审计的精神层面文化，三个层面审计文化循环推演的直接结果就是审计文明的产生。审计文明是审计机关在长期的审计实践活动过程中所创造积累的精神成果、物质成果、政治成果及其各种表现形式的总和，是社会的物质文明、精神文明和政治文明在经济监督领域中的表现。

一般而言，文化的功能浓缩在凝心、聚力、塑形、铸魂八个字上。

聊城审计系统借喻聊城“江北水城”的水变、水善精神，激扬鲁西老黄牛笃实奋励的精神士气，勤政奉献，拼搏竞先，多年来通过实践总结出一套独具水城特色的审计文明理念价值体系，有效地促进了审计服务经济社会的力量。

截至目前，聊城审计系统已经拥有6个（市局、冠县局、茌平局、东阿局、阳谷局、莘县局）省级文明单位，其余全部是市级文明单位……

聊城审计文明理念体系

廉政理念：

依法行政，廉洁自律，弘扬浩然正气

学习理念：

学以致用，持之以恒，构建专家审计

工作理念：

勤政立业，高效求绩，享受工作生活

团队理念：

同舟共济，众志成城，打造和谐团队

个体理念：

上善若水，厚德载物，成就完美人生

依法行政
廉潔自律
弘揚浩然正氣

“出淤泥而不染，濯清涟而不妖，中通外直，不蔓不枝；香远益清，亭亭净植；可远观而不可亵玩焉……”

——周敦颐《爱莲说》

水至清至洁、至真至纯，故有大义大勇……

莲因洁而生，人以廉而正。廉，干干净净，意味着行为的规范；洁，清清爽爽，代表着神圣与纯洁。面对诱惑，心若止水，清正一生。水依道而行，象征审计依法行政，审计工作平淡低调，淡泊如水。

江北水城，城河湖一体，秀外慧中，莲花（荷花）更是准市花，聊城审计借喻水之精神，承继先贤达士高洁古风，以我们今日之蓬勃朝气、昂扬士气和浩然正气坚定打造文明审计。

学习理念

學以致用
持之以恒
構建專家審计

荀子《劝学》：“不积跬步，无以至千里；不积小流，无以成江海。”

《荀子·宥坐》：“夫水遍与诸生而无为也，似德。其流也埤下，裾拘必循其理，似义。其洸洸乎不淈尽，似道。若有决行之，其应佚若声响，其赴百仞之谷不惧，似勇。主量必平，似法。盈不求概，似正。淖约微达，似察。以出以入以就鲜絜，似善化。其万折也必东，似志。是故见大水必观焉。”

从孔子与子贡的对话中我们可以感受到孔子对于水的赞誉：水，广大普遍地给予所有生命而自己无所作为，这似乎是它的规律。它总是流向卑下的地方，它虽然桀骜不驯难以束缚但总有一定的道理，这似乎是它的最佳行为方式。它威武壮观永不竭尽，这似乎是它的道路。如果突然打开缺口让它通行，它马上回应奔流而去，而且发出很大的声响，它奔赴百丈深谷也不畏惧，这似乎是它的勇敢精神。它注入量器中必然很平，这似乎是它的法则。它满盈了而不必请求用东西来刮平，这似乎是它的公正。它柔和得连最微小处也能到达，这似乎是它的明察。它一出一入，就会变得光鲜清洁，这似乎是它的善于教化。它虽然经过千万次曲折但必向东流，这似乎是它的意志。所以，君子见到大水必然要来观看。

人伦契合水之意象，水具君子之“德、义、道、勇、法、正、察、善、志”诸般美德……激扬水善精神，从容向学，大处着眼，小处着手，持之以恒，多方问道，积累知识，成就专家审计队伍。

工作理念

勤政立业
高效求绩
享受工作生活

《道德经》七十八章：“天下莫柔弱于水，而攻坚强者莫之能胜，以其无以易之。弱之胜强，柔之胜刚……”

水，天下之至柔，驰骋天下之至坚。

世间再没有比水更柔弱的，然而攻击坚强的东西，没有能胜过水的东西。水性至柔，却无坚不摧，正所谓天下至柔驰至坚，江流浩荡万山穿。

水性至洁，水净沙明，晶莹剔透，不为外物所染；水率自性，精诚纯一，没有杂念、私欲。水无我、无私、无欲，利天下众生而不争。水奔流向东，目标明确而坚定，不畏山高阻隔，不惧路途遥远，以滴水石穿的精神和坚韧不拔的毅力奋勇向前。

聊城审计借喻水的精神，直面困难，主动寻求解决方法，快乐付出，热爱生活，享受工作。

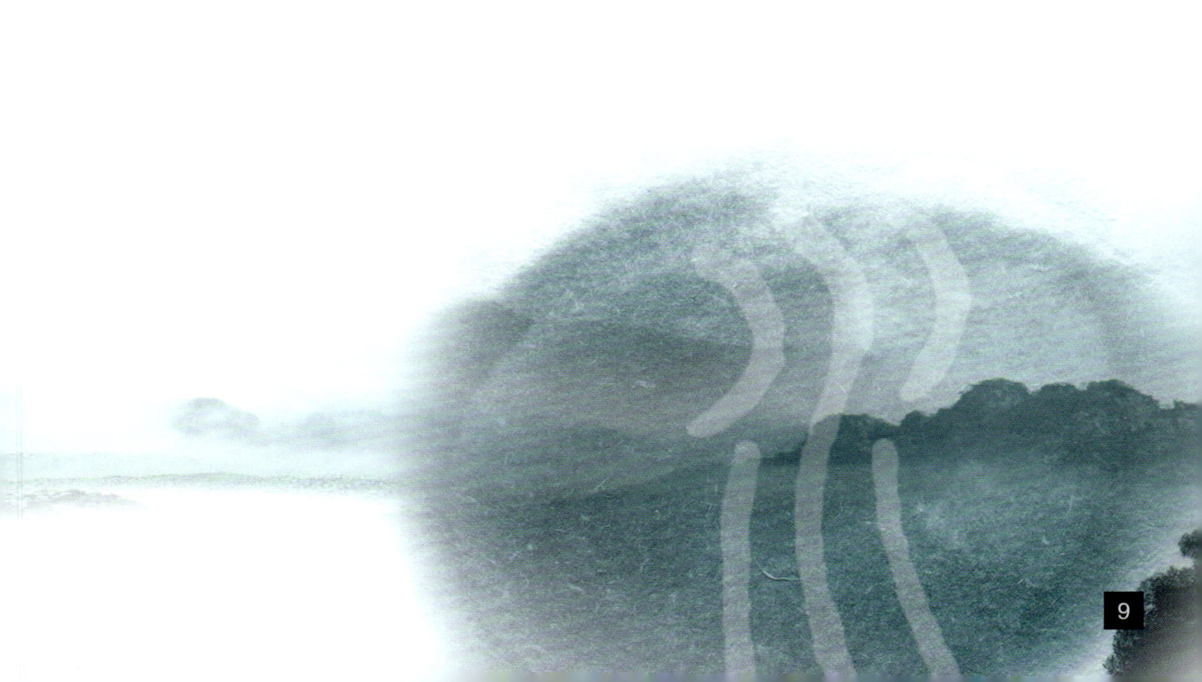

团队理念

同舟共济
众志成城
打造和谐团队

《中庸》：“喜怒哀乐未发，谓之中；发而皆中节，谓之和。中也者，天下之大本也；和也者，天下之达道也。致中和，天地位焉，万物育焉。”

和：和谐，协调，相安，平静，团结。

聊城山陕会馆门口石碑上刻“履中”二字，意为处事中正、公平；“蹈和”意为和气、和谐。

水的凝聚力极强，一旦融为一体，就荣辱与共，生死相依，朝着共同的方向义无返顾地前进。因其团结一心，水威力无比，汇聚而成江海，浩浩淼淼，荡今涤古；乘风便起波涛，轰轰烈烈，激浊扬清。

聊城审计借喻水汇流融合、团结一致东流的精神，矢志打造和谐团队。

山陝會館
大義參天
精忠貫日

个体理念

上善若水
厚德载物
成就完美人生

“上善若水，水善利万物而不争，处众人之所恶，故几于道。
居善地，心善渊，与善仁，言善信，政善治，事善能，动善时。
夫唯不争，故无尤。”——老子《道德经》
“天行健，君子以自强不息；地势坤，君子以厚德载物。” ——《易经》

“上善若水” 是老子5000字《道德经》的精华所在。

上善若水即最高的善像水那样。水善于帮助万物而不与万物相争。它停留在众人所不喜欢的地方，所以接近于道。上善的人居住要像水那样安于卑下，存心要像水那样深沉，交友要像水那样相亲，言语要像水那样真诚，为政要像水那样有条有理，办事要像水那样无所不能，行为要像水那样伺机而动。正因为像水那样与万物无争，所以才没有烦恼。

“天行健，君子以自强不息，地势坤，君子以厚德载物”，这是《易经》中的名句。《易经》是中国传统思想文化中自然哲学与伦理实践的根源，是华夏五千年智慧与文化的结晶，享誉“群经之首，大道之源”。

天行健，君子以自强不息，意谓：天（即自然）的运动刚强劲健，相应于此，君子应刚毅坚卓，发奋图强。

地势坤，君子以厚德载物，意谓：大地的气势厚实和顺，君子应增厚美德，容载万物。

最美好的品格和高尚的情操似水，以宽广深厚的胸怀和良好的品行承载万物、施润万物。地处齐鲁的聊城，自古民风淳朴；聊城人自古重诺守信、仁厚宽容；聊城审计人奋勇竞先，求真务本，身体力行，践行文明审计。

聊城历史上著名廉洁人物

尹齐：西汉茌平人。尹齐初以刀笔吏稍迁至御史。御史大夫张汤，常赞尹齐为政廉洁，做事果断。武帝使尹齐捉拿盗贼，尹齐斩伐不避权贵，有功，迁关内都尉。前任宁成即以严酷著称，出入潼关者有“宁见乳虎，无值宁成之怒”之说。尹齐到任后，严酷之名“甚于宁成”。武帝以为能，拜为中尉，掌管京师治安，后官淮阳都尉。卒于任，家值不满五十金，时有廉名。

马周：字宾王，唐博州茌平（振兴街道马庄）人。少孤贫，勤读博学，精《诗》、《书》，善《春秋》，性情旷达。后至长安，为中郎将常何家客，贞观五年（公元631），唐太宗召百官言得失，马周代常何上疏，所论二十余事，深得太宗赏识，授监察御史。太宗伐辽东，周奉命留辅皇太子。后官至吏部尚书，加银青光禄大夫。太宗尝御笔赐周曰：“鸾凤凌云，必资羽翼；股肱之寄，诚在忠良。”卒赠幽州都督，陪葬昭陵。

张镐：字从周，博州（茌平温陈街道延寿观村）人。少有大志，精通经史。天宝末，官拜左拾遗，随从玄宗入川。肃宗即位，往辅之，拜谏议大夫，迁中书侍郎同中书门下平章事。劝肃宗“安养苍生”为要，勿信佛事。他奉命兼河南节度使，都统淮南诸军事，后封为南阳郡公。贼帅史思明请以范阳归顺，镐揣其伪，奏肃宗“不宜以权威假之”，帝以其不切事机，罢其相，授荆州大都督长史。后史思明果叛，如其言。镐又被召为太子宾客，左散骑常侍。代宗初年，封平原郡公，任抚州刺史、洪州观察使、江南西道观察使。

王鼎：宋时山东冠县人，凭借进士及第，多次升迁担任太常博士。王鼎生性耿直，谏言议政；后任深州知府，政清民安。王鼎为官清廉，孝顺正直。他所推荐的士人中有许多人很知名，其中有些人王鼎终身不认识他们。

王素：北宋时山东莘县人，宋代名相王旦之子。王素秉性耿直，直言谏上。历任成都知府、开封知府、银台司工部尚书，深得皇帝器重，为官清廉，体察民意，颇得民心，被誉称“王公”。

张万公：宋金时代东阿人。博览群书，醇厚刚正，官拜寿国公，门无杂宾，他保荐了一大批清廉之士为官，贡献甚大。

张先：高唐人，北宋时期官吏。张先为官清廉，生活朴素，清贫好学，善笔札，死后欧阳修为其写了墓志。

申屠致远：元代阳谷寿张人。元世祖南征，致远以经略司知事之职处理军中机务有方，且善于谋划，历任杭州总管府推官、淮西江北道肃政廉访使，所到之处严法正风，刚直不阿。他一生清修苦节，蔑视权贵，两袖清风。终生读写不辍，聚书万卷，名“墨庄”。

笪一顺：明万历年间阳谷县县丞，原是江西人，来阳谷是驾一牛车，此地为官数年，清廉俭朴，政有惠德。离任时仍驾牛车出，一车简素，两袖清风，牛犊留在阳谷不复带走。现在，阳谷博济桥仍见石牛拉石车雕像。

许其进：聊城人，少聪慧，好读书，秀才时与朱延禧齐名。天启二年进士，授扬州推官，为官廉洁无私，公平合法。后归家与乡邻和睦处，救济贫苦，颇盛誉，享年81岁，入乡贤。

丁盛时：明代山东阳谷寿张人，嘉靖丙辰年出任户部浙江司主事，后补南京户部河南司主事。丁为人忠厚，莅官谨恪，传家清白，被尊称为纯笃君子。

王大年：明代寿张人。出身名儒世家，以进士初任河南汝阳县吏事，擢云南道御史，寻加太仆寺少卿，出按甘肃。为政刚直不阿，严于法纪，一生历官显贵，但家产不过中人。

侯度：明代张秋人。侯度正义勇敢，不畏权势，尤以清廉著称，其死后竟无产殓葬。

乔学诗：明代东阿人。少孤，苦学，丁丑中进士，后升秦陵少府，为官清廉，以法惩奸，施德于民，治绩炳炳。

王曰高：清代茌平人，清廉为官20年，家中无剩余资财，得病时无钱医治死于家中。

王道：字纯甫，东昌府辖武城人，“少颖悟不凡”，十八岁乡试中举，正德六年中进士，选为翰林院庶吉士。次年任应天府学的学官，后被提拔为吏部主事、员外郎中，负责选任、考核官员，“选法公平，门无私谒”。后又被辅臣推荐升任左春坊“谕德”之职，掌对皇太子的教谕。嘉靖年间被升为南京国子监最高官职“祭酒”，“科条严肃”，“士类歙然宗之”。去世于任上，被追赠为礼部尚书。王道为人为官高洁，颇负盛誉。就连横行当时的严嵩，受命为王道撰写碑志时，也不得不称赞他“端教表率人才，期于俗变风美，入官虽久，自奉如寒素”，“而柄用以福生民、利国家”。

穆孔晖：字伯潜，明成化十五年出生于堂邑县（属今东昌府区）。自幼颖悟，沉静端凝，弘治十七年举山东乡试第一，弘治十八年考中进士，正德二年被选为翰林院庶吉士，获授“检讨”之职；正德七年穆孔晖升任南京国子监司业。后至翰林院，改任作为皇帝顾问的“侍讲”，以自己学经所得对皇帝恳切规劝。穆孔晖“以疾致仕归”。居官三十年，“老家茅茨仅蔽风雨”。

孟秋：明朝茌平人，隆庆五年中进士，任昌黎县令，为官公正廉洁，被百姓视为“父母官”。孟秋一生笃学，清苦养性，著有《二明一脉》、《明儒经翼》等书。在学术上，他与同时的河南著名学者孟化鲤十分投合，被后人称为“冰壶秋月，两相辉映”的“二孟”。

王汝训：明朝大臣、明儒“七先生”之一，今东昌府区人。自幼笃学，甚得理学之微旨。隆兴五年登进士，万历初年入京为刑部主事、兵部主事。分家产给族人和亲戚，只留几亩薄田，家中清贫。一生因刚直不阿，清廉愤弊，屡遭奸党挤压，几次沉浮。最后官至南京刑部右侍郎，改工部右侍郎，署部事。后家居期间事著述，编纂《东昌府志》22卷、《疏草》二卷……

逯中立：字与叔，万历十七年进士，官至“兵科给事中”，“遇事敢言”，刚直奏议。在聊城，逯中立“家居二十余年，安贫乐道，于易学尤邃”。归家期间与顾宪成、高攀龙、邹元标、冯从吾等讲学于东林书院，“远近负笈从者甚众”。他的门生耿如杞等，均得其宗旨，成为栋梁之材。逯中立去世后，高攀龙、冯从吾等洒泪“为文以祭”，他的学生们都身着重孝治丧。明光宗时，追赠他为光禄寺少卿。

张后觉：字志仁，茌平人，生于明弘治十五年，张后觉“早岁，闻良知之说于县教谕颜钥，遂精思力践，偕同志讲习。已而贵溪徐樾以王守仁再传弟子来为参政，后觉率同志往师之，学益有闻。”另据史料记载，他还曾受业于心学的另一支传承者尤时熙。后担任华阴训导，在任期间，临危受命代理县务，救灾扶伤，深得民心，离职归乡时，“士民泣送载道”。其“良学”影响益广、声望渐高，“凡吏于其土及道经茌平者，莫不造庐问业”。他的门生赵维新（也是七贤之一），将先生所言汇编成《弘山教言》，其影响更深地渗入学生心中。

赵维新：字文野，号素衷，茌平人。二十岁时师从张后觉学习“良知之学”，得良知学要义。后应东昌太守李瀛阳之邀，讲学东昌，“信徒益众”。考取“岁贡生”后，做过“长山训导”。一生律己慎独、恪守孝道、清心寡欲。是北方阳明后学重要人物，对中国哲学的融合与创新贡献颇多。

蔡兴同：蔡兴同六知桥故事：明朝中期的东昌府有位礼贤下士、爱民如子、清正廉洁的知府，姓蔡名兴同。有一年聊城发大水，河堤决口，平地划船，皇帝拨下善款，命蔡知府与河院一起抗灾防洪，后来因他治河有功，皇帝把抗灾剩下的银两开恩赏赐。而河院想私分钱款，就在自己的行署备好酒菜请知府过来议事，酒过三巡，河院提起分钱之事，对蔡知府说：“这钱我们二人分了也无人知晓。”蔡知府说：“天知、地知、你知、我知、水知、河知，何来无人知晓？！此钱取之于民，理应用之于民！”回府后，蔡知府即让师爷盘点账目开列明细，邀地方士绅公议，将抗灾剩余的三万六千多两银子修建了南关和北关两座桥，后人感恩蔡知府义举，将南关桥遂改称“六知桥”。

邓钟岳：清代官员，东昌府区城南邓楼人。他博览群书，对《易》、《礼》有深入研究，康熙四十七年中举人，康熙六十年登进士一甲第一，入翰林。邓为政清廉，谨慎守礼，正风俗、杜邪讹，甚得到雍正帝赞许。邓钟岳善工书，能诗文，康熙赞誉“字甲天下”。

任克溥：清代官员，东昌府区北坝人，清顺治四年进士，授南阳推官，以治行第一。任克溥为人刚直，康熙十二年擢刑部侍郎间屡以减赋、惩贪、禁奢等事上疏，说别人不敢说的话，皇帝赞：“人言任某强干，诚然。”康熙四十二年二次南巡时过聊城，亲到任克溥的住处北坝的绮园，赐松桂堂匾并题“绿水本无忧因风绉面，青山原不老为雪白头”联。

孙钦若：清代茌平城西葛庄人。家贫好学，道光八年中进士，后官至知府、同知，但为官清廉，当他年老回故乡时，群众拦车挽留，他的学生冯小亭等多为当时著名翰林，送百里之外，依依不舍，深为忧虑地说：“我们的老师回故乡，囊中空空，靠什么养活自己呢？”孙钦若笑着说：“我一生只以读书为乐，不担忧贫困”。浙江巡抚徐宗翰感敬其气节，赠对联曰：“两袖清风归故里，一轮明月照岩州”。

朱綵：清朝官员，今高唐人。康熙十二年（1673）进士，曾在刑部任职，他执法如山，百折不挠。他常说：“人命生死在刑官，稍有疏忽，辄令人枉屈，不可不慎哉！”康熙三十七年（1698）调任湖广郧阳府知府，郧阳地僻民贫，本人费用均从家中带去，凡对地方有益的事必尽力去做。郧阳府北有武阳堰，引大河可溉田万顷，但久已无水，朱綵相度地势，毅然拿出自己的薪俸，组织兴凿，薪俸不足，又变卖家产，终于完成这项水利工程，百姓为之立碑纪德。

王登联：本姓李，字捷轩，茌平杜郎口镇李寨村人。附辽籍，寄王姓，成汉军镶红旗人。顺治六年贡生，授河南郑州知州，荐擢山东济宁道，累迁大理寺卿。顺治十七年，授保定巡抚。严缉捕，盗贼屏息。顺治十八年，任工部尚书、直隶巡抚。康熙五年（1666），以京东诸路圈地扰民，疏请停止，言甚痛切。因之得罪辅政大臣鳌拜，被矫诏处死。民闻其死，甚哀之。康熙亲政，追赐祭葬，谥悫愍，祀直隶名宦。王登联以清介著称，著有《政要三诫》、《日署存录》、《圈地疏》等。

刘琰：字公琬，号介庵，又称黄山先生。清顺治八年生，阳谷人，家境贫寒，勤奋读书，康熙三十年（1691）进士并为太子师。康熙四十二年出任江宁知府，继升任江西学政，杜绝请托，拒收贿赂，政绩卓著，深受民众爱戴，当地誉之“铁面冰心”。任满归乡时，囊空如洗，得同僚资助方得归。晚年居张秋镇。

李士钊：山东聊城人，20世纪30年代在国立上海音专就读，抗战期间参加创办、编辑华北解放区《抗战日报》，1949年后历任上海《新民晚报》记者、文化部内部刊物《文化资料》编辑，编著有《武训先生的传记》、《武训画传》、《蒲松龄作品在国外》等。李士钊一生勤奋好学，博古通今，正直坦荡，秉性刚烈，虽屡遭打压，但对武训正名天下、武训纪念馆筹建、聊城海源阁等文物古迹的保护修复贡献重大。

第二章 梳体系

聊城审计廉政文化价值体系

基于“依法行政，廉洁自律，弘扬浩然正气”的廉政理念，聊城审计系统从内涵和外延两个方面展开“清风”廉政品牌建设。内涵上更加注重理念体系的完善，落实于以下五个方面：建制、教育、督察、自律、预防；而外延方面则体现在廉政行为的规范和廉政形象的展示上。

聊城审计廉政文化价值体系

廉政理念之制度建设：滴水不漏

语出南宋大儒朱熹的《朱子语类》，形容说话办事细致、周密，无懈可击。廉政事关国家安危，廉政制度建设以水借喻，意即建章立制全面彻底。

廉政理念之教育开展：流水不腐，户枢不蠹

语出《吕氏春秋》，流动的水不会腐臭，常常转动的门轴不会被虫蛀蚀。比喻经常运动的事物不易受到侵蚀，可以保持很久不变坏。

廉政教育百年事，廉政教育要常态化，生动灵活的形式使廉政内化于心、外显于行（形）。

廉政理念之督察落实：白水鉴心

语出《左传》，意思是说清澈的水能照见人的心，形容人心像明净的水一样纯洁。

廉政之明察督导要细微入毫，方能达成水清见心、风清惠人的境界。

廉政理念之自律自束：修身洁行

语出《史记》，意思是修养品性、保持洁白的德行。廉之正始于德，廉之洁在于志，常怀律己之心，常思从政之德，常念百姓之苦，常存浩然之气。

廉政理念之提前预防：正本清源，防微杜渐

出自《汉书》，从根本上整顿、从源头上清理，比喻从根本上加以整顿清理。廉政必做于细做于实，勿以官小而不廉，勿以事小而不勤；不以善小而不褒，不以恶小而不惩。

廉政行为：源清流洁，高山景行

高山仰止，景行行止，语出《诗经·小雅》，比喻行为正大光明。

廉政建设理念内化于心，凝心聚力铸魂，外化于行，在于塑形，从源头、重环节。立意高，境界才高。

廉政形象：山高水长，风清气正

“山高水长”语出刘禹锡《望赋》，意思是像山一样高耸、如水一般长流。比喻人的风范或声誉像高山一样永远存在。

水净风清气正，廉政建设始于一言一行，强化品牌意识，树立廉政形象，一身正气，两袖清风，一生清誉，万代功名。

第三章 富思想

廉政言行的思想源泉

思想单字解，动词，顾名思义就是考虑、想念；合成解，名词属性就是thought（客观存在反映在人的意识中经过思维活动而产生的结果）和idea（想法）。

中国的说文解字说，思者，上为田，下为心，意为心之田；想者，上为相，下为心，意即心之相，思想如何，你对事物的判断就如何，正所谓“仁者见仁，智者见智”；更所谓“境由心造，相由心生”。

法国伟大的思想家帕斯卡尔说，人只不过是一根苇草，是自然界最脆弱的东西；但他是一根能思想的苇草……

思想是人类一切行为的基础，人因思想而伟大，人因思想而崇高，人类的全部尊严就在于思想。这也是道德的原则。

廉政言行的思想源泉

中国是世界上唯一没断代的文明古国，有着璀璨的历史和丰富的文化沉积。

为政、为商、为人……无论思想宏论抑或实践榜样在中国历朝历代俯首皆是，即使在厨间腾挪也有妙论“治大国若烹小鲜”，古人智慧闪烁，今人奋袂前行……

周公的“以德配天，明德慎罚”思想

周公，是周文王的儿子，与武王是兄弟。他是我国奴隶社会最杰出的政治家和思想家。为了谋求国家的长治久安，周公继承了夏商以来的神权统治思想，同时为弥补神权思想的缺漏，并确定自己的统治策略，他提出了“以德配天，明德慎罚”的思想。

他认为，上天只把统治人间的天命交给那些有德者，一旦统治者失去德，也就失去上天的庇护，新的统治者就可以应运而生，取而代之，因此，作为君临天下的统治者应该“以德配天”。

“德”的要求主要包括三个方面的内容：敬天、敬祖、保民。也就要求统治者恭行天命，尊崇天帝与祖先的教诲，爱护天下的百姓，做有德的君主。

基于此，周公又提出了“明德慎罚”的思想。这种主张要求首先用“德教”的办法治理国家，使天下百姓臣服，在适用法律、实施刑罚时应该放宽放缓，而不应一味地用严峻的刑罚来使臣民服从。

“明德慎罚”的具体要求可以归纳为“实施德教，用刑宽缓”。其中“实施德教”是前提，是第一位的。“德教”的具体内容，周公归纳为内容广博的“礼治”，即要求君臣上下、父子兄弟都按既有的礼节秩序去生活，从而达到和谐安定的境界，使天下长治久安。

这种“以德配天，明德慎罚”的思想，深深地扎根于中国的政治理论当中，被后世奉为法律制度思想的原则和标本。

《周礼》的“六征”

《周礼》原名《周官》，相传为周公所作。

《周礼》在中国历史上最早确定了“廉吏”的含义并详细阐述了“廉”的精神实质和内涵，提出了以“六征”考察官员的具体措施，以“六计”、“八法”为考察廉吏的具体步骤。

所谓“六征”，一曰“观诚”、二曰“考言”、三曰“视声”、四曰“观色”、五曰“观隐”、六曰“揆德”。其意思是从六种不同角度鉴别贤才。如诱之以利，观其廉贪；察其交友、观其任廉（即是否任用清廉）；揣测其德，看其私心等。据说，周公曾详细分析出五十六种不同类型的人物特征，以观察官吏是否贤能与知人善任。

《周礼·天官·小宰》云：“以听官府之六计，弊群吏之治。一曰廉善（是指善于行事，能获得公众的好评）；二曰廉能（是指能较好地贯彻落实各项政令）；三曰廉敬（是指恪尽职守，尽职尽责）；四曰廉正（是指品行端正，廉洁自律）；五曰廉法（是指严格执法，模范守法）；六曰廉辩（是指遇事头脑清晰，不疑惑）。”

《周礼》还把“六计”当作审辨廉吏的内容和依据，这些都说明我国古代对廉政的理解已经相当深刻。

自从《周礼》“既断以六事，又以廉为本”的“六廉”标准问世以来，一直被历代统治者沿袭承继，成为我国古代判断和考察官吏的一般标准，在历史上产生了深远影响。

“八法”为：官属、官职、官联、官赏、官成、官法、官刑和官计。概而言之，“八法”明确了各部门的职权范围，部门与部门之间的联系，官员应尽的职责，以及官吏赏罚标准与晋升等问题。

由此可见，中国古代早期廉政思想已比较发达，古人具有高度的聪明与智慧，“六征”、“六计”、“八法”构成的官员考察评价体系在今天仍有重要的借鉴和指导意义。

吕尚“廉洁爱民，厚禄养廉”的思想

吕尚，字子牙，俗称姜太公，是西周周文王和周武王的军师，著名的政治家和军事家。在建立西周王朝的过程中，他深刻地汲取商纣王因贪婪腐败而亡国的历史教训，他大力提倡“廉洁爱民、厚禄养廉”的政治主张。

在《太公六韬》中，他认为，开明的君主要以身作则，学习古代尧舜勤俭节约，廉洁爱民，对遇到灾难的百姓要给予救济。“驭民如父母之爱子，如兄之爱弟，见其饥寒则为之忧，见其疾苦则为之悲。赏罚如加诸身，赋敛如取于己，此爱民之道。”倡导公正廉洁的社会风气，“吏，忠正奉法者尊其位，廉洁爱民者厚其禄”，其意思是说做官公正遵守法律就能提高其职位，廉洁自律爱民就可以提高俸禄。这种“廉洁爱民者厚其禄”是我国古代厚禄养廉的思想早期倡导者。

同时，他还具体的阐述了去恶取贤、考核人才的标准，认为君主应该挑选具有“六守”方面的贤才，“六守”是指仁、义、忠、信、勇、谋；摒除“六贼”，六贼即兴宫室、不务农桑、交结朋党、自负清高、轻视人君、强宗欺夺之；扫除“七害”，七害即无智谋者、无实名者、虚作者、奸诈者、阿谀逢迎者、雕文刻镂与伪巧异者。他指出，“贤人所归，则其国强”，不要任用小人，不然就要受其遭殃。这些思想被后人归纳为：“欲审知其德问其行，审知其才问其言，得其言行，则试之以事。”

孔子的“节用爱人”思想

吾十有五而志于学，三十而立，四十不惑，五十而知天命，六十而耳顺，七十而从心所欲，不逾矩。——《论语·为政》

己欲立而立人，己欲达而达人。己所不欲，勿施于人。——《论语·卫灵公》

孔子，名丘，字仲尼，春秋末年的思想家和教育家，儒家学派始祖，被尊称为“圣人”和“万世师表”。

孔子自幼家境贫寒，3岁丧父，是母亲颜氏将他抚养长大。后做小官，官职最高到主管鲁国的司法，此后便周游列国，晚年回到鲁国，进行讲学授徒，整理典籍，他的言论被其弟子收集于《论语》中。

孔子的思想精华在于“仁政”和“德治”，即“节用爱人”。在《论语·述而》中记载：“节用而爱人，使民以时”，集中体现了其廉政思想。

孔子在《论语·学而》中说：“温、良、恭、俭、让”，把“俭”作为自己的人生态度之一。“节用”，即不奢侈，是指生活上革奢务俭，经济上节约财政开支，宽厚民力，使民以时，不掠夺农民，奖励生产等。“节用”的经济思想也是治国施政的根本基础，因为为政奢侈，必导致伤财，伤财必害民，故爱民必先节用。节用之后，实施仁政才会有丰厚的经济基础。“节用”是薄敛的前提，孔子反对官府对民众过多的压榨，要求他们“惠民”、“敛以从薄”，这样百姓才能“近者悦，远者来”，国家也才能“足食、足民、民信之”。

孔子认为，“君子不可以小知而大受也，小人不可大受而可小知也”。孔子指出，做官的人“其身正，不令而行；其身不正，虽令不从”。“爱人”二字是孔子以德治天下廉政思想的高度浓缩。“仁者爱人”、“为政以德”，直接把“仁”与“爱”结合，反映了孔子要求执政者从自身做起的思想，“政者正也，子帅不正，孰敢不正”。孔子还具体指出了做官者应当具备的五种美德：一是施民以实惠而自己不贪求；二是使民劳作有度而不生怨言；三是行仁政；四是安泰自若而不傲慢；五是容貌威严但不让人生畏。同时应该摒弃的四种恶政是：“虐、暴、贼、有司（小气）”。

孔子的“节用爱人”思想是我国古代廉政思想中的宝贵财富，我国历代廉吏无不以此为其廉政的基本出发点，极大地丰富了我国古代廉政思想的内涵，如“不义而富且贵，于我如浮云”，曾激励了许多从政者廉洁自励，拒贿反贪，对后代臣民都产生了很大影响。

孟子的“民贵君轻，尊贤使能”思想

富贵不能淫，贫贱不能移，威武不能屈，此之谓大丈夫。——《孟子·藤文公下》

孟子，名轲，字子舆，战国时邹人（今山东邹县），儒学大师，继承孔子学说，将孔子学说系统化，被后世尊称为“亚圣”，著有《孟子》。

孟子总结了历史上的经验和教训，“忧民之忧，乐民之乐，与民同呼吸，共命运。”对孔子的“仁义”学说和“德治”理论做出了系统整理与发挥，《孟子·尽心章句下》中提出了“民为贵，社稷次之，君为轻”的主张，大大丰富了古代廉政建设的内容，认为人民在国家中是最可贵的，任何一个政权都是离不开人民，所以人民是政权之本，而国君相对一个政权来说，又处于次要地位。

“以民为贵”和行“仁政”是孟子政治学说的核心。他说，霸道虽然可以以力服人，但难以征服人心，实行王道仁政就可以以德服人，使人民心悦诚服，国家也才能安定，才能得道多助。

为行王道，孟子提倡给民以“恒产”，恢复井田，不误农时，省刑轻赋和保护工商业发展，这些在当时都是缓和阶级矛盾，使人民生活富足的治国良策。孟子在与梁惠王的一次对话中，曾道出了统治者爱民养民的具体办法。他说，治理国家要让人民不误农时，那么粮食就吃不完了；到山上砍伐木材要注意季节，那么木材也用不完了。以此治国，人民就会生无所虑，死有所归，也就是仁政的开始了。

《孟子·藤文公下》曾记载：“富贵不能淫，贫贱不能移，威武不能屈，此之谓大丈夫。”为实现“贵民”的治国理想，对统治者加强自身清廉自守的道德修养做出要求。他劝告统治者要志行修洁、养心寡欲、尚贤任廉等。此言流芳百世，既成为一般百姓塑造伟大人格的高尚理想，也成为历代廉洁奉公的官吏们当作警策自励的座右铭，具有深刻的廉政内涵和外延，同时对后世也具有深远影响。

“尊贤使能，俊杰地位”，就要推行仁政。在人才的选拔和监察制度方面，孟子和孔子一样，非常重视尊敬人才使“贤者在位，能者在职”。有一次，齐宣王向孟子请教如何识别人才。孟子说：“国君左右亲近之人都说某人好，不可轻信；众位大夫都说某人好也不可轻信；要全国的人都说某人好，然后去了解，发现他有真才干，才可任用他。反之，要罢免某一个人，左右亲近都说某人不好，不要听信；众位大夫都说某人不好，也不要听信；要全国的人都说某人不好，然后去了解，发现他真不好，再罢免他。”

孟子的“民贵君轻”“尊贤使能”思想，在我国廉政思想史上占有重要的地位，对后世思想发展影响极大，当然，其出发点和立足点具有一定的局限性，都是为了统治阶级的利益而服务的。

荀子的“节用裕民”和“宣明”思想

学不可以已。青，取之于蓝，而青于蓝；冰，水为之，而寒于水。锲而舍之，朽木不折；锲而不舍，金石可镂。——《荀子·劝学》

荀子，名况，即荀光，战国晚期赵国人，是我国古代著名的思想家和教育家，曾经游历秦、赵、魏、楚等国。是儒家学派代表之一，同时他批判地吸收了诸子百家，尤其是法家的思想，这种儒家法家思想合流的思想对秦汉统治者产生的影响极大。

荀子的廉政思想真谛是“节用裕民”。他说“足国之道，节用裕民，而善藏其余。节用以礼，裕民以政。彼裕民故多余，裕民则民富，民富则田肥以易（治理），田肥以易则出实百倍。”他认为国家富裕的道理不仅在于节约，使老百姓富裕，而且要善于储藏盈余的粮食，用礼节进行制约，用政令使老百姓富裕。同时倡导“裕民以政”的治国纲要：厉行节约，减赋减税，劝保农桑，少兴劳役，无夺农时等措施。“节其流，开其源”，“下贫则上贫，下富则上富”，国家才能富裕，否则“伐其木，竭其源”的结果是“将以求富而丧其国，将以求利而危其身”，国家也就不存在了。

荀子认为如果让此思想成为治国安邦的方针策略，就要统治者应当任用德才兼备的人才。《荀子·王志》中记载“无能不贵，无能不官”，如果不这样，历史的悲剧将会重新上演。他主张在人才选择上面，人人平等，反对对贤者求全责备。提出“口不能言，身能行之，国器也。口能言之，身不能行，国用也”，使受其器，任其用。

同时，荀子认为，领导者要秉公去私，兼容并包，即“宣明”，“公生明，偏生暗”，“是为是，非为非，能为能，不能为不能”。《荀子·解蔽》记载：“周而成，泄而败，明君无之有也。宣而成，隐而败，暗君无之有也。故君人者，周则谗言至矣，而直言反矣，小人迩而君子远矣。”他明确指出，“宣明”不仅有利于领导者实现其领导目标，保持领导威望，还能促进领导者任人唯贤，避免过失。

韩非“法、术、势”为一体的思想

刑过不避大臣，赏善不遗匹夫。——《韩非子·有度》

韩非，战国时期韩国人，法家思想集大成者，出身韩国贵族，与李斯同事荀卿，著作有《韩非子》。

韩非通过整理早期的法家理论，根据新兴地主阶级的要求，第一次明确提出“法、术、势”为一体的旨在加强中央集权的法治廉政思想。为了推行地主阶级的政治改革，彻底打垮奴隶制，必须变“法”，实行法制，推行法制必须掌握政治上的权“势”，有法有势而无术，会大权旁落，人君得不到利益，所以必须有“术”。

韩非认为，首先以“法”作为治国的规章制度，提倡“公义”，反对“私义”。所谓“公义”就是指符合国家利益的原则、道理；“私义”就是违背国家利益的个人私利。君主治国的“公义”就是指无论君民都要遵守法令制度，做到“令必行、禁必止”。韩非认为明智君主应以法作为选拔人才、衡量功过的标准，而不凭一己好恶用人。这种任贤用能思想，确立了用人方面的法律依据，对于狠刹奸佞之徒营私舞弊、贪污腐化的风气，起了巨大作用，对后世影响很大。同时韩非十分重视君主对于“术”（权术）“势”（权力）的使用。但他也经常告诫君主在运用其术势之时，必须从严于律己、廉洁俭朴和杜绝侈靡做起。

《韩非子》中他说：“君主治国，要贵在有自知之明，对于属下臣民的意见和帮助，要像高山和大海一样没有好恶；应该虚怀若谷，兼容并蓄，这样国家才能富强；君主还一定要看清身边臣子的智愚贤贪，因为奸臣的赞美、诋毁往往不以是为是，非为非，而是想方设法投君所好。对这些言行为政者必须要注意分辨。贤君更不能过分宠信妻子亲属，因为这很容易导致国家的灭亡”。

“法、术、势”为一体的三者结合，构成了一个有机的政治思想体系，它成为地主阶级建立中央集权封建国家的工具，催化了一个新的时代。

商鞅：廉政勤政，革新变法

治世不一道，便国不法古。——《商君书·更法》

商鞅，战国时期卫国人，姓公孙氏，名鞅，又名卫鞅，战国时期伟大的思想家、改革家。初仕于魏国，因得不到重用，后逃至秦国任官。他的主要思想集中反映在《商君书》。

商鞅认为，“治法明，则官无邪”。《商君书》也说：“为法而去法令，犹如无饥而去食也，无寒而去衣也”，“官吏是执法的工具，执法是官吏的唯一标准”。因此他提出“尽公不顾私，内不阿权贵，外不偏私远”的清廉为政作风而被后世赞颂。

廉洁政治，就要以老百姓为重，为老百姓谋福利，同时还要看清时势，不因循守旧，只有顺应时代发展变化，才能造福于民众。

商鞅极力推行法制，他认为，治理国家并非只有一种方式。只要是能为国家谋利的政策，就不用去效法古代。商鞅抨击“法古”、“循礼”的保守派，他说：“夏商周三代正因其礼各不相同，才称王天下；春秋五霸正因其法各异，才称霸诸侯”。“治世不一道，便国不法古”。“废井田、开阡陌”。商鞅先后两次进行变法，他的这种思想，反映了他注重实际，因时而变的锐意革新进取精神。

据《商君书·开塞》中记载，商鞅说：明君治国，应注重工作效率，办事要迅速果断，不能养成拖拉推脱的作风。当天政事若能当天处理完毕，国家就能统一强大；当天政事要是隔夜处理，国家就会日渐削弱。商鞅在当时历史条件下能提出官员为政练达明快的思想，是十分不容易的。

商鞅的廉洁政治思想不仅考虑到人民的利益，同时他也没有忽视国君的需要，在其变法中提出的一些以功受爵，奖励耕战等具体措施，严重影响了旧贵族的既得利益，从而遭到打击报复，但商鞅刚正不阿，不顾私利，痛斥权贵，至死坚持其变法的主张，反映了他为政清廉的高尚气节。他的思想既能安抚人民又能够符合统治阶级的利益，对后世有着深远的意义。

董仲舒的“与民休息，宽以民力”思想

君臣、父子、夫妇之子，皆取阴阳之道。君为阳，臣为阴；父为阳，子为阴；夫为阳，妻为阴。——《春秋繁露·基义》

董仲舒，河北广川（今河北枣强县）人，西汉中期金文经学大师，著名的思想家、哲学家，著有《春秋繁露》、《董仲舒公羊治狱》等书。他所提出的“罢黜百家，独尊儒术”的政治主张，被历代封建统治者所推崇。

董仲舒深知统治者只有使老百姓安乐，才能使国家长治久安。他要求统治者推行仁政，不要与民争利。他说：“人民百姓不是为着君王而生存的，而君王却应该为民谋利益，君王若施行仁政，百姓就会富足，君王若倒行逆施，就连上天都难以容忍他。”他主张“限民名田，以赡不足，塞并兼之路”、“盐铁归于民”、“去奴婢”，为缓和阶级矛盾，稳定政局，必须采取这种“与民休息”的政策。董仲舒主张国家给人民以田地，轻徭薄赋，实行“宽以民力”的调和政策。

董仲舒还大胆揭露当时社会贫富不均的现象。《春秋繁露》中记载：“富者田连阡陌，贫者亡（无）立锥之地”。他以这种直言不讳的胆略，痛斥当时豪强地主兼并土地，不顾人民处于水深火热之中的社会事实。

董仲舒还认为：“食禄者不与民争利”。就是说，领取国家俸禄的官员，不能再兼营私人工商业以牟取才富，不能凭借其官职从人民手中夺取利益。他的这种思想虽有重农抑商的成分，但同时也道出了为官当以廉养政，不以权谋私的道理。

在任用人才方面，他建议汉武帝任用贤才，“遍得天下之贤人，则三王之胜而为”，把贤才当成自己的人，要与他们同心、同德、齐心协力地管理好国家，为国家做大事，充分发挥他们的积极性。

董仲舒的“与民休息，宽以民力”的廉政思想来源很复杂，既吸收了阴阳五行行家的学说，又接受了法家的某些思想，但它的主体是以先秦儒学为基础，从而有机地改造融合而发展了儒学，他的思想适应了西汉统治者的需要，同时也深刻地反映了时代的特点。

王充的“文吏与儒生并用”思想

涉浅水者见虾，其颇深者察鱼鳖，其尤深者观蛟龙。——《论衡·别通》

王充，字仲任，会稽上虞人（今浙江上虞）。东汉著名的唯物主义思想家、无神论者。其著作《论衡》一书立足于科学和实践，以唯物主义观点批判天道神权的迷信思潮，对当代和后世产生了重大影响。

王充认为，选择贤才对于一个国家来说是件十分重要的事情，如果好坏不分，贤愚不辨，就会使国家处于混乱之中。在《论衡》中，他认为，儒生富于理想，强调为政以德，是国家长治久安必不可缺少的人才；文吏精通法律条令，也是治理国家不可缺少的。同儒生相比，文吏缺少理想，但办事干练果断；相比文吏，儒生又缺少能力，但可驯服人心，因此统治者对这两类人不可偏废，应当发挥其各自的长处。

同时，他认为判断一个人是否为贤人，决不能以是否才能出众，是否有成就为标准，而必须抓住贤人之所以为贤人的根本在于是否有“善心”，即是否有合乎礼义的主观愿望，或者主观动机。《论衡》中记载：“有善心则有善言，以言而察行，有善言，则有善行矣。言行无非，治家亲戚有伦，治国则尊卑有序。无善心者，白黑不分，善恶同伦，政治错乱，法度失平。”

王充从人才的选择任用方面阐述了他的文吏与儒生并用的廉政思想，这一思想对后世产生了积极影响。

司马迁的“奉法循理”思想

人固有一死，死有重于泰山，或轻于鸿毛，用之所趋异也。——《报任少卿书》

司马迁，字子长，左冯翊夏阳（今陕西韩城）人，西汉著名史学家、文学家，著有史学巨著《史记》，班固称《史记》“其文直，其事核，不虚美，不隐恶，故谓之‘实录’”；鲁迅称之为“史家之绝唱，无韵之离骚”。

他博览群书，循史直书，对历史存疑处，则以“疑者传疑”、“疑者缺焉”的态度去处理；他肯定吴起、商鞅变法的伟大作用，赞同改革；他为匈奴、越、夷立传，有一种民族统一融合的远大眼光；他敢于揭露当朝皇帝的昏庸和腐败；他立《酷吏列传》与《循吏列传》相对映，从而鞭挞丑恶，歌颂美好；他将陈涉列为世家，承认其推动历史的作用。

司马迁的思想扎根于人民当中，具有人民性，他否定“天命”，看到了人民的力量对推动历史发展的巨大作用，并把民心向背与政治兴衰联系起来。他在突出帝王将相作用的同时，也注意为各种人物立传，刺客、隐者、医、卜、俳优等卑贱者在他的书中都有所描绘，表现了他把历史看成各社会阶层人物活动的思想。

《货殖列传》中记载，司马迁还非常重视人民追求正当合理物质利益的要求，重视发展经济建设，把经济发展看作精神道德建设的基础。

司马迁这种对社会历史的看法，充分表现了他“奉法循理”的廉政思想，对今天仍然具有借鉴意义。

汉文帝：躬率节俭致安宁

贵廉洁，贱贪污。——《汉书·贡禹传》

汉文帝，中国历史上一位开明的君主。他在汉初“无为而治”的基础上，注意安定朝政、选贤任能、省除酷刑、尽量减少战争，稳定社会秩序，减轻赋役，重视发展生产，积累财富，经过文景两帝约40年的努力，西汉王朝从战争走向了“文景之治”的盛世。

他即位以后，有人以千里马相送，他予以坚决拒绝。同时下诏书“朕不受献也，其令四方毋求来献。”他认为节俭不仅是个人的事情，同时也是一门统治艺术。只有示天下以节俭，才能号召百官，不至于引起民众进行对抗。文帝前二年，即公元前178年，《汉书》记载，有个名叫贾山的人上书言治乱之道，对皇帝的节俭与否和国家安危作了历史和理论的分析。他说：“秦始皇以千八百国之民自养，力罢不能胜其役，财尽不能胜其求。一君之身耳，所自养者驰骋弋猎之娱，天下非能供也。”“秦始皇计其功德。度其后嗣世世无穷，然身死才数月耳，天下四面攻之，宗庙灭绝矣。”汉文帝很同意这种说法，随即命令掌管皇帝御马的太仆只留下必要的马，将其余的全部调拨到边防，充作公用。

汉文帝死后，他薄葬节礼受后人赞赏。三国时，蜀汉臣相诸葛亮就援引文帝为例，在处理刘备的丧事时，革除了繁复丧礼，下令天下吏民三日后即除去丧服。魏文帝曹丕也以汉文帝为榜样，遗令国内只服丧三日。

从战国的动乱不安到汉武帝时的繁荣时期，其间汉文帝是个转折点，到汉文帝时，天下才算得上是太平和安宁，“海内安宁，家给人足”的局面的形成，与汉文帝躬率节俭治安宁，示天下百姓以淳朴的廉政思想是分不开的。

曹操：立法治国、赏罚分明、整肃吏治

老骥伏枥，志在千里；烈士暮年，壮心不已。——《步出夏门行》

曹操，字孟德，小名阿瞒，沛国谯县（今安徽亳州）人，三国时著名的政治家、军事家、文学家。他以其雄才大略统一了北方，又以其许多优秀诗歌为五言诗的发展奠定了基础。

曹操尚法而不苛政，《孙子兵法注》记载他“夫治定之化，以礼为首；拨乱之政，以刑为先”，十分重视法治，强调立法治国、赏罚分明和整肃吏治。他颁布许多法令，如《置屯田令》、《褒赏令》、《明罚令》等，不仅惩办了贪官，而且稳定了社会秩序。曹操不但重视制定法令，而且他自己本人也身先士卒，遵守法纪，成为典范。

《三国志》记载他：“法令设而不犯，反而必诛。”《三国志·曹瞒传》说，他有一次行军时曾传令官兵不得践踏麦田，然而不巧他的马受惊踏入麦中，曹操就以割发惩罚自己为保障廉政的推行。他还在幕府中设立校事、刺奸等新的监察官员，令他们行使监察权，以做到通达情况、杜绝世族官吏无所约束、骄奢淫逸等行为。

同时，曹操廉洁俭朴、唯才是举和任用廉吏。他不但自己生活俭约，就连他身边的宫女仆侍，也都衣不锦绣。

曹操生活的时代，英雄辈出，诸葛亮曾经说“自董卓以来，豪杰并起，跨州连郡者数不胜数。”他一生曾四次发出求贤令，求贤若渴之心可见一斑。曹操也深知用贤人的重要性，《三国志》记载他：“将贤则国安也，为国失贤则亡。”他打破东汉以来以名节、门第取人的陈规，强调任人唯贤，同时他也擅用廉直官吏。经他任用的毛玠等典型官吏，不仅他们自己是“清正人士”，能“以俭率人”，而且经他们推荐的人，也“清贞守道”。可见，曹操识人善伍，不愧为开创一代的杰出政治家。

汉朝末年，天下大乱，群雄并起，曹操能够在三国鼎立之中雄霸北方，实现了如《三国志·魏志》说“总御皇机，克成洪业”，与他的立法治国、赏罚分明和整肃吏治的廉政思想是分不开的。

诸葛亮的“理上则下正，理身则人敬”思想

诸葛亮，字孔明，琅琊阳都人，人称“卧龙”先生，三国时期杰出的政治家和军事家。他德威并重，辅佐刘备称雄天下和治理国家，为蜀汉政权的建立和巩固做出了不朽的贡献。

诸葛亮可谓一生鞠躬尽瘁，以身报国。“受命于败军之际，奉命于危难之间”担任刘备的军师。刘备死后，辅佐刘禅。当政期间，他励精图治，南征北伐，提出了任人唯贤、惩罚贪污等许多思想。

诸葛亮认为：“上之所为，人之所瞻也。”如果他们放纵自己而训诫别人，就会出现“上枉下曲，上乱下逆”的局面，因此他提出“理上则下正，理身则人敬”的廉政思想。他十分重视统治者要先从自己正身做起，认为只有先治理好上层，以上率下，下层才会端正。为此他曾多次规谏后主刘禅，希望其能“咨诹善道”、“察纳雅言”，否则“令不从则变乱生。”

同时诸葛亮注意严格教育后代，在《诫子书》中：“君子之行，静以修身，俭以养德，非淡泊无以明志，非宁静无以致远。夫学须静也，才须学也，非学无以广才，非志无以成学。淫慢则不能励精，险躁则不能治性。”要他们淡泊明志、宁静致远。诸葛亮本人也是严于律己，正身率人的模范，他曾向刘禅表示自己志向：“臣愿精忠报国，希望自己一直到死之日，都不使‘内有余帛，外有赢才’，这样才能不负陛下”。诸葛亮处处严格要求自己，当时朝中有人建议他按功应加官封王，但他坚持不同意，认为那是贪图名利的不道德行为。

诸葛亮说：“治国之政，其犹治家，治家者务必立其本，本立则末正矣”，“故本者，经常之法，规矩之要。”为严肃法纪，整顿吏治，令人制订了蜀国的法律《蜀科》，并且亲自撰写《八务》、《七戒》、《六恐》、《五惧》等法令条款，使官吏百姓做到有法可依。诸葛亮坚决以法惩贪，他对当时豪强地主专权自恣的局面“威之以法，限之以爵”。他执法如山，赏罚严明，即使皇帝贵戚、托孤重臣，一旦违犯法律，他一概严惩不贷。诸葛亮为严明吏治，痛斥了那些鱼肉百姓的贪官污吏，把他们归结为使人民受疾苦的“五害”，并以官吏是否有“五害”作为黜迁的标准，诸葛亮这种做法在封建社会十分罕见。

诸葛亮任人唯贤，虚怀若谷。他说“夫治国犹如治身。治身之道，务在

养神。治国之道，务在举贤。是以养神求生，举贤求安。故国之有辅，如屋之有柱。柱不可细，辅不可弱；柱细则害，辅弱则倾”。同时他广开言路，采取“攻心为上，攻城为下，心战为上，兵战为下”的策略，对后世影响极大。

苏绰的“治心与治身相结合”思想

官省则事省，事省则民清；官烦则事烦，事烦则民浊；清浊之由，在于官之烦省。——《西魏书·苏绰传》

苏绰，字令绰，西魏时京兆武功人（今陕西武功县）。他是西魏政权的重臣，政绩卓著，被当时人称为“王佐之才”，后人将他比作“管子治齐，诸葛相蜀”。

他位居高位，但清廉节约，心清如水。在公元541年，他总结以前历代统治者的经验和教训，根据当时西魏所处的环境，提出了著名的《六条诏书》：“先治心，敦教化，尽地利，擢贤良，恤狱讼，均赋役。”

“治民之本，在于治心”，首先要治心。心地清静是立身做人的根本，否则会“思虑妄生、见理不明。”这样的官员是不能治理国家的，只有用天下至公的思想才能治理人民。要“治心”，他认为：“教之以孝悌，使民慈爱；教之以仁顺，使民和睦；教之以礼义，使民敬让。”意思是用儒家的思想进行教化。“治心”的同时还要与“治身”相结合。“君身不能自治，而望之百姓，是犹曲表而求直影也。”因此为政者必须遵守儒家之道，躬行仁义，躬行孝悌，躬行忠信，躬行礼让，躬行廉干，躬行俭约，国家才能长治久安，万世太平。他认为社会要移风易俗，应该要使人民得到教化，而不能只施加刑罚。

总而言之，苏绰的《六条诏书》中这种治心与治身相结合的廉政思想，对官吏廉洁奉公、爱护百姓等方面提出了严格的要求，减轻了老百姓的负担，大大促进了当时社会经济发展。

隋文帝的“倡俭反侈”主张

王子犯法，与庶民同罪。——《隋书·律历志》

隋文帝，即杨坚，弘农华阴人（今陕西华阴县），隋朝的建立者，也是一位能体恤民情，革新政治，注重依法治国的贤明皇帝。

隋文帝的廉政思想就是“倡俭反侈”。

隋朝建立后，隋文帝对吏治进行了全面的整顿和彻底的改革，同时以身作则，注重节俭。建国之后，大臣苏威见皇宫中用白银做帐幔的钩子，觉得十分浪费，就劝隋文帝要节俭，于是他命令将所有的钩子拆除掉。

《隋书·高祖纪》记载，他统治时期：“躬节俭，平徭赋，仓廪实，法令行，君子咸乐其生，小人各安其业，强无凌弱，众不暴寡，人物殷阜，朝野欢娱，二十年间，天下无事，区宇之内宴如也。”平时，他用膳大多也就一个肉菜。在丧葬上，他说“凶礼所需，缄令周事，务从节俭，不得劳人”。同时他对自己儿子杨勇说：“自古以来，没有听说过腐化奢侈能长治久安，你是太子，应当注意节俭。如果不能上合天意，下顺民心，将来怎能继承帝业呢？”

经过他对“倡俭反侈”的大力提倡，并且以身作则，做到“令行禁止，上下化之”，在当时社会形成了一种节俭的风气。同时，他认为为政者必须赏罚分明，注重对有功绩的官员进行奖励，他的这一行为，“廉慎之誉，闻于天下”，《隋书·梁彦光传》记载：“四海之内，凡曰官人，慕高山而仰止，闻清风而自励。”齐州别驾赵轨为官清廉，老百姓赞扬他“公清若水”，隋文帝予以奖励。在他的统治期间，出现了许多清廉的官吏，政治清明、经济繁荣，出现了“开皇之治”。

唐太宗的“戒奢从俭”主张

非威德无以致远，非慈厚无以怀民。——《帝范·君体篇》

君，舟也；民，水也。水可载舟，亦可覆舟。——《贞观旨要·任贤》

唐太宗，即李世民，山西武功县人，唐朝开国皇帝李渊的次子，我国杰出封建帝王之一，缔造了一个当时世界上最强盛的国家，开创了“贞观之治”，成为后世封建社会治国的标准和理想。

唐太宗励精图治，从谏如流，勤俭治国。他的主要思想反映在《贞观政要》、《旧唐书》、《新唐书》、《资治通鉴》等书中。

他的廉政思想主要是“戒奢从俭”，从而使唐朝出现了清廉的局面。

唐太宗即位之初，他对大臣说：“君依于民，国依于民。刻民以奉君，犹割肉以充腹，腹饱而身毙，君富而国亡”，“为主贪，必丧其国；为臣贪，必亡其身。”他汲取隋亡之教训，决心整顿吏治，精简机构，提高官员素质。他说：“王者至公无私，故能服天下之心……故设官分职，以为民也，当择贤才用之”。为加强地方和中央官员的管理，使他们能够清明廉洁，他自上而下地设立了一套严密的监察制度，不仅中央有殿中侍御史、监察御史，地方上也设简点使、按察使等来考评官员政绩，他要求这些监察官吏们必须不畏权贵，勇于肃贪弹奸。至于衡量官员优劣的依据则以“四善二十七最”为标准，做到层次分明地对官员实行奖罚，因此，唐太宗时期，官僚队伍相对精练，但官员虽少亦足，因为精练的官吏，皆德才兼备，素质上乘。太宗的这些措施，加强了官员的管理，大大节省了政府财政开支，从而形成了俭朴的风气。同时他下诏书：“奢侈者，可以为戒；节俭者，可以为师”，倡导俭朴，同时自己率先垂范，以身作则。

政治的清明，与唐太宗善于纳谏分不开的，他能知错就改，他在历史上第一个明确设立了谏官监督决策的制度。唐太宗认为臣属官僚应大胆匡正规谏，不怕杀头，他自己也虚心接受批评，从没有因大臣直谏而杀过一人。魏征以犯颜直谏而著称，但太宗皆虚心纳谏，并褒奖他为“照人知得失”的明镜。唐太宗纳谏用贤，其目的是为了统治长治久安，但也在一定程度上做到了爱民、恤民、利民。同时也能博采众议，做出正确符合实际情况的“治国之策”。

对于隋朝的灭亡，他深刻体会到民众的重要性，“可爱非君，可畏非民”，意思是说君主是可爱的，但是民众是最可怕的政治力量，他常以“水能载舟，亦能覆舟”的名言警示自己，他还说：“为君之道，必须先存百姓”，劳百姓乐一人之事坚决不可为之。正是由于唐太宗采取了这些奖励生产、减轻赋役、宽简立法等富民安民的廉政措施，致使其在位二十余年间，政治修明，经济繁荣，社会安定的太平盛世，史称“贞观之治”。

唐太宗的戒奢从俭等廉政思想在中国廉政思想史上具有十分重要的地位，促进了贞观之治的出现，其中的思想对今天仍然有借鉴意义。

白居易：整顿吏治，除贪倡廉

野火烧不尽，春风吹又生。——《赋得古原草送别》

白居易，字乐天，号香山居士，生于河南新郑，是我国古代著名的诗人，被誉为“诗魔”，同时是一位杰出的政治家。

白居易生活在晚唐时期，他总结了中唐以来国君的昏庸导致国家出现严重后果的历史教训，提出要“整顿吏治，去贪倡廉”的廉政思想。

他发现当时的社会出现许多不正常的现象，“秘书校正，或以门第授；畿赤薄尉，惟以资序求。未商校其器能，不研核其才行。致使倾年以来，台官空，不知所取；省郎缺，不知所求。”于是他提出举贤进能，量才授职。他说“求贤有术，辨贤有方；方术者，各审其类，使之推荐而已。”同时他采取“厚其俸，均其禄”的政策，才能保证官吏的清廉，减少对老百姓的剥夺。

在人才任用方面，他实行“奖进贤，罪谬举”的政策，《策林》记载他“深诏有司，量其短长之才，授以大小官职。然后明察臧否，精考殿最；得人者，行进贤之赏；谬举者，坐不当之罪。”

同时他十分关心百姓的疾苦，写出了许多诗文，如《卖炭翁》等，在杭州担任刺史期间，他兴修水利，浚治水井，解决了市民的用水问题，给老百姓极大的方便，难怪他走后，杭州百姓把他在西湖修筑的长堤称为“白公堤”。（选自中国古代廉政文化集粹）

宋太祖的“勤政节俭”思想

人生天地之间，若白驹过隙，忽然而已。——《庄子·知北游》

宋太祖姓赵，名匡胤，河北涿州人，是宋朝开国皇帝。公元960年至976年在位。他即位后，结束了唐末五代以来地方割据的局面，恢复了中国的完整版图，对于经济的发展和文化的交流发挥了重要作用。

他在公元960年发动陈桥兵变，黄袍加身以后，悟出马上打天下而不能治天下的道理，实施了一系列勤政节俭的廉政措施，并取得显著效果。宋朝开国之初，百废待举，人心望治。宋太祖吸取了五代以来的治国经验和亡国的教训，以为治国只有奖廉肃贪，才可澄清吏治，利国利民。因此，他主张对贪赃枉法的官吏，必须严惩不贷。他将对赃官的处理分为弃市、杖死、流配、除籍为民等四种，对牟取暴利的赃官坚决斩首示众，以示警戒。

对于官员，宋太祖注意官员任免，认为地方官吏的好坏，有关天下危亡，为此，他曾三令五申颁布整顿为官条例，其主要内容有：整顿科举考试风气，其中包括中举士人不得称各举官为恩门、师门以及自称门生，以防止树朋立党；考场不得营私舞弊，主考官员不可以私取士，确立“剃头式”之制，即凡居官者推荐人才均需具折以闻，报请礼部，另行复试。

同时宋太祖以身作则，倡导廉政之风。他说：“沉湎于酒，何以为人？”如果皇帝沉湎于女色，那么臣民必然进行效仿，政治就无法清明。他出身寒微，即位以后，仍俭朴如前。根据历史记载，他的女儿永庆公主喜好打扮，常穿艳服，赵匡胤见后就说：“我以四海之富，宫殿悉以金银为饰，力亦可办，但念我为天下守财耳，岂可妄用。古称以一人治天下，不以天下奉一人。”帝王将相，贵在并非不能奢侈，而在有奢侈之力仍守节持俭，宋太祖便是如此，他正人正己，体恤百姓，致使勤俭之风遍及朝野，结果宋初出现了比清明富足的景象。

宋太祖以自己的言行砥砺部下和后代，倡导“勤政节俭”的廉政思想，为宋朝初年的政治清明创造了一个良好的环境，使经济得到了恢复和发展，同时对今天仍然具有一定的借鉴意义。

包拯：清廉如青天，勤政恤百姓

廉者，民之表也；贪者，民之贼也。——《乞不用脏吏》

包拯，字希仁，庐州（今安徽合肥）人，北宋中期的著名政治家，著名的清官。20多年的政治生涯中，他执法严明，铁面无私，不徇私情，一生平反冤狱，除霸爱民，其事迹在民间流传很广，有“包青天”之誉，成为中国古代廉吏的典范。

包拯从小刻苦学习，志存高远，立志为国家尽心尽力。他曾经写诗自勉：“清心为治本，直道是身谋。秀干终成栋，精钢不作钩。仓充鼠雀喜，草尽狐兔愁。史册有遗训，无贻来者羞”。他认为革除弊政，杜绝官场营私舞弊，一定要注意任用清官廉吏。国家官员，特别是那些监察官员，承担着为国忠言直谏的重任，因此一定要“能尽心敢救天下之弊，敢当天下之责者”，这样才可做到执法公正公平，政治清明廉洁。他一生“虽贵，衣服、器用、饮食如布衣时。”他留下遗书：“后世子孙，有犯赃者，不得放归本家，亡殁之后，不得葬于大茔之中。不从吾志，非吾子孙。”同时把这条遗书刻在石碑上，让后世遵守之。

包拯不仅为官清廉，而且敢谏直言。他痛恨贪赃枉法的官吏，他上书仁宗劝请其任用廉洁之士：“臣闻清廉的官吏可以作为人民的表率，而贪污的官吏却无异于人民的盗贼。现在普天之下，郡县官吏数不胜数，而官吏贪赃枉法之事却是一天也没有停止，原因就在于陛下你纵容包庇贪赃枉法之人，致使法制虽严，却形同一纸空文，所以我请求朝廷对贪污犯法者，决不宽容，要依法严惩，即使遇到朝廷大赫，也要罢免他们官职，永不任用。”包拯认为，只有这样做，廉洁官吏的秉公执法才能得到鼓励，而贪官也才知道害怕。

包拯认为一个国家治理得是否同官吏的清明是生死攸关的，他说：“廉者，民之表也；贪者，民之贼也。”把“贪”与“廉”同百姓造福相连接起来。同时他执法如山，有禁必止，铁面无私。即使在他的家乡做官，正如欧阳修说他也“平居无私书。故人、亲党皆绝之。”无论是老朋友还是自己的亲戚，他都全部谢绝，一概不见，处之公事。如果是自己的亲戚犯罪，他也违法必究，一点不留情面。在开封府，他的铮铮铁骨，无所畏惧的精神更是让老百姓拍手叫好，即使是皇亲国戚，他都绳之以法，京城曾经流行“关节不到，有阎罗包老”其意思是说包拯如阎罗王一样，不讲私情，什么关节对他都是没有用的。他的思想，在我国的廉政思想史上具有十分重要的地位。

包拯在当时和后世都享有盛名，特别在死后，作为清官的典型形象，被不同体裁的文艺作品大肆渲染，使之带有神奇色彩。随着国际上文化交流的进展，包拯这个历史人物和艺术形象还赢得了世界的声誉。虽然史料中的包拯与艺术作品中的形象相差悬殊，但包拯的一生，既能得到封建最高统治者的赏识，也受到处于水深火热中的下层人民的拥护和爱戴，作为清官确实是非常典型的。

王安石：坚持变法，理财以安民

爆竹声中一岁除，春风送暖入屠苏。——《元日》

王安石，字介甫，号半山，抚州临川人（今江西临川），北宋仁宗、神宗时著名的思想家、文学家、政治家。著作颇丰。他所发起并领导的一场规模宏大的变法运动，对中国历史的进程产生了不可磨灭的影响。

他一生以“天法不足畏，祖宗不足法，人言不足恤”的精神坚持变法，被称为“中国十一世纪的改革家。”他的廉政思想集中体现在《上仁宗皇帝言事书》中。

王安石认为，要进行政治改革，达到富国强兵的目的，首先就要对吏治进行彻底的改革。他曾任地方官吏十余年，充分体验到下层人民“丰年不饱食”、“市有弃饿婴”的贫困生活，也亲眼看见了官吏鱼肉乡里的残暴行为，所以他极力主张“发富民之藏”以救贫民饥冢，而如果富民不从，他就“痛绝之”。王安石实施新法，首先在小范围内通过实践检验，然后全国推广。而其立法措施，也贯穿着利民利国的主旨。如青苗法就是利用国家粮仓的一部分钱谷，发放农业借贷，其目的在于“教惠兴利，以为耕俭补助，衰多益寡。”农田水利法则规定了开垦荒地、兴修水利、改善农业经验、发展生产的具体内容；方田均税法则核实了土地虚实，对大族巨室诡名挟佃豪强官吏逃税避税等给予打击；甚至保甲法、均输法等也对农民利益有一定程度的保护，“释天下之农，归之畎亩”。

同时他认为，“理财”是巩固宋朝的关键。《王文公文集》记载：“夫聚天下之众者财、夫聚天下之众者莫如财，盖聚天下之人不可以无财”，所以理财很重要。他指出“理天下之财者法、法不善，则有财而莫理”，“理财”的基础是“生财”，即：“富其家者资其国，富其国者资之天下，欲富天下则资之天地。”

在用人方面，他大声疾呼：“方今之急，在于人才而已”，主张“众建贤才”即“教之、养之、取之、任之”。这些独到见解比较全面地阐述了如何培养、选拔、使用和管理官吏，对于今天仍然具有深远意义。

元世祖：整饬吏治，颁俸以养廉

君子所存大者，不能尽小人之事，或有一短；小人所拘者狭，不能同君子之量，或有一长。——《中国历代名人小传》

元世祖，即忽必烈，成吉思汗的孙子，元代开国皇帝，又称薛禅皇帝。他统一中国，建立元朝，又整饬吏治，颁俸以养廉，使国家日趋强盛，从而在历史上负有盛名。

早在中统年间，忽必烈就认识到，县令品秩虽然很低，但关系到老百姓的生活，如用人不当，就会使朝廷的恩泽不能下达，民情不能上送，因而必须用贤人担任。规定官吏的升迁的五条标准："户口增、田野辟、词讼简、盗贼息、赋役均。"五条均具备为上选，其中三项做出成绩的为中选，五件一件也没办好的一律不用。

他继承了"颁俸以养廉"的思想，即"如果犯罪俸禄停止发放，经调查核实，未曾犯罪，再进行补发。如果因犯罪至于勒令停职者，即使没有离职，也不再发放俸禄。如果因犯罪不至于勒令停职者，也未曾离职，俸禄照旧发放。官员因事告假，凡经上司批准的，俸钱照发，超过假的按规定扣除俸禄。如果官员患病，百日内俸禄照发，百日外停发，从停止俸禄一年内赴任，否则勒令致仕"。同时，他效行"汉法"，重用读书人的等做法，都被载入史册。

正是由于忽必烈整饬吏治，颁俸以养廉的廉政思想，才使元朝初期政治、经济、文化等方面得到发展，国力日趋强盛，在战争中能立于不败之地。

张养浩：勤政爱民，清廉自守

为政者不难于始，而难于克终也。——《牧民忠告·受代》

张养浩，字希孟，号云庄，济南人。元代著名的政治家、文学家。

张养浩的廉政思想集中体现在《三事忠告》即《牧民忠告》、《庙堂忠告》、《风宪忠告》中。在《牧民忠告》中，他认为官吏应该"有其任斯有其责，有其责斯有其忧。任一县之责者则忧一县，任一州之责者则忧一州，任一路之责、天下之责则以一路与天下为忧也"，认为当官就要勤于职守，尽职尽责。《风宪忠告》记载他同时以家比喻国家说："大抵一道之任，犹如一家之务必也。善为家者，其子弟族属，下逮奴隶，其性情良否，皆所当知，一成不及，则将甘为所弄而不悟，久必致是非颠倒，以贪为廉，以无能为有能，政令不行，而纪纲替矣！”

在《庙堂忠告》中，他认为“国之所以昌，四夷之所以靖，朝廷之所以隆，宗庙社稷之所以血肉悠久者，微民不能尔也。”坚持爱民是关系到国家的兴亡和事业的成败的大事。

在《风宪忠告》中，他说：“士而律身，故不可以不严也。然有官守者，则当严于士焉。有言则者，又当严于官守者焉。盖执法之臣，将以纠奸绳恶，以肃中外，以正纪纲。自律不严，何以服众？”他希望当官者要自身要求严格，克己奉公，廉洁自守，不徇私枉法，要以“诸葛孔明为丞相二十年，无尺寸之增于家”为榜样。

同时他认为，为政者应当要公正无私，“有天下之心，然后能举天下之贤”，才能把国家治理好。对那些为官不能主持正义的人，他提出“故刑罚不患用，直患于不公。”

张养浩的勤政爱民，清廉自守的廉政思想是他在几十年从政的过程中总结出来的，为缓和阶级矛盾，推动历史起到了重要作用。

明太祖：安民立业、整肃法纪、惩贪奖廉

唯俭养德，唯侈荡心。居上能俭，可以导俗，居上而侈，必至厉民。——《明太祖实录》

明太祖，即朱元璋，又名兴宗，字国瑞，明朝的开国皇帝。

他出身贫寒，少年时为地主放牛，后出家为僧人，称帝之后，更推行了一系列安民立业、整肃法纪、惩贪奖廉的廉政思想，在中国廉政思想史上具有相当重要的地位。

明太祖强调：“民者，国之本也”。“凡为治以安民为本，民安则国安。”要做到“安民”，就要以宽仁实惠安抚人民，采取了一系列恢复和发展农业生产的措施。他以“雏鸟不可拔羽，新木不可摇根”为比，形象地说出了饱经战乱的人民要实行休养生息的道理。

朱元璋指出，“为国之道，以足食为本”。发展农业生产，开辟衣食之源。他认为，宽民有二点：其一在于守民之财，其二在于息民之力。不节省

费用，则民财遏，不罢省工役，则民力困，不提倡教化，则民不知礼义，不禁贪官，则民不得聊生。明太祖以加强法制，严明纲纪作为仁惠廉政实行的保障，他下令组织人员历时三十余年编订的《大明律》，不仅吸收了唐律的成果，而且还以《律令直解》普及民间，反映他严明法纪、以法治国治民的基本思想。

朱元璋痛恨贪官污吏，《明通鉴》记载，他说："元以宽失天下，朕救之以猛。吾治乱世，刑不得不重。刑罚者，惩恶之药石也。"他以"治乱世用重典"为原则，严惩了一批贪赃不法之徒。不仅如此，为杜绝根源，他对一些行贿受贿的不法之人，同样给以充军流放。朱元璋惩贪，毫不留情，甚至不惜施以重刑。例如他严格规定：凡犯贪赃者，不准赎罪，即使遇到国家大赦，也不给他们宽恕的机会，并且以黑榜昭示天下；对于违法敛财六十两以上的官吏，则立即斩首剥皮，实草示众。朱元璋这些重惩赃吏的严峻之举，虽有矫枉过正之处，但确实也起到了澄清吏治的作用。相反，对一些廉俭之士，朱元璋则不惜征举旌表，如洪武元年（1368年），他诏令各级官员荐举人才，其科目包括有：职品正直、贤良方正、孝悌力田、孝廉等。

朱元璋认为，"安危治乱，在于能谨与否耳。自昔日有国家者，未有不以勤而兴，以逸而废。勤与逸，理乱盛衰所系也"，他劝诫官吏要兢兢业业，一心为民，"居安思危，处治思乱"，不要贪图享受。在廉吏的标准上也有自己的看法，他说，官吏贤廉与否，应该是看其可否持己廉正、推行恤民之政，能否发展生产、普及教育和使民安居乐业等。

他说："唯俭养德，唯侈荡心。居上能俭，可以导俗，居上而侈，必至厉民"。认为王公大臣应以廉洁朴素为宝，要戒骄奢淫逸，因为俭约廉洁不仅关系个人品德，而且更是施行"仁善良政"的前提。在他提倡任用廉能之吏的召唤下，明初官场出现了较廉洁的新气象。朱元璋一生躬行节俭，率领天下臣民以俭之道，如后人所说"太祖惟率先恭俭，而后立法以整齐一国，则人以朴为荣，以华为辱也，况复有法令在矣！"

张居正：一条鞭法

下流壅则上溢，上源壅则下枯。——《帝鉴图说》

张居正，字叔大，号太岳，湖北江陵（今湖北荆州）人，明朝末年著名的思想家、文学家。著有《张太岳全集》。

他以“苟利社稷，生死以之”为座右铭，惩治官吏，严惩贪墨，力主变法，推出了著名的“一条鞭法”。一直影响了后世赋税制度的改革。

明朝后期万历年间，当时社会起义不断，封建制度已经百病丛生，“吏治不清，贪官为害耳”，走向没落。要使大明王朝能够重新得到振作起来，他开出的药方是：“国家兴亡，重在治吏；朝廷兴衰，功在财政”。在政治上，张居正要求加强君主专制中央集权的政治制度，重建中央朝廷的行政权威，实现言出法随，令行禁止。贯彻“尊主权，课吏职，行赏罚，一号令”的方针，对当时的腐朽的吏治，进行大刀阔斧的整顿，严格考察各级官吏，坚持“法所当加，虽贵近不宥”的思想，考察官吏时，他做到一是定期考察，对任满的官吏及时进行考核，予以留用或辞退。在考察过程中，做到如实、严格，对主考官员也做出严格要求，如不称职，就免职。二是随事考成，即对每件公事要限期完成，不得拖延或推诿。三是探访告诫。凡是国家大事的处置必须派人实地进行调查，查明事实与奏报是否相符。

在经济方面，他实行丈量土地和赋税改革政策。1578年，他下令清丈土地，清查权贵势家的隐瞒的土地，增加政府的收入，3年后在全国推行“一条鞭法”，即改革赋税制度，把当时各种名目的赋税和劳役结合起来，赋役合一，以丁田分担役银，按亩征银。他还积极整顿财政，量入为出，节约支出。他十分重视农业，治理黄河、淮河。重视商业，要求“厚农以资商”。巩固国防，提出“饬武备、御夷狄”，重用戚继光等名将。

张居正为防止官员利用出差之际以谋私利，颁布了《给驿条例》，即官员非因公出差，不得由官府办理出差证明，沿途州县只供应出差官员的应得用度；官员不得索贿受贿，凡是朝野内外官员奔丧、升迁、调任、复任、到任之时，不得使用驿站。

张居正的这些思想，目的在于“强公室，杜私门”，加强中央集权，巩固统治阶级，对于缓解社会矛盾具有一定的积极意义。

顾炎武：针砭阿谀、澄清吏治

顾炎武，初名绛，字宁人，号亭林，江苏昆山人，我国明末清初杰出的爱国活动家和思想家，著有《日知录》等。

顾炎武在《日知录·夸毗》书中鲜明地表达了他针砭阿谀、澄清吏治的廉政思想，一针见血地揭露了当时社会佞谄谗媚的腐败风气，指出用花言巧语取媚于世之风正愈演愈烈，以至刚强制胜的正道一天天消亡，而那些佞谄小人，正如屈原所说，像油脂那样光滑，像熟皮那样柔软。面对佞谄之风，朝廷命官以怠缓随和处之，读书儒生以随俗浮沉对待，他们之所以无动于衷，只是为了想保全自己的既得利益。他们不知道，如果循行纵容主张，必将使举国之民皆变成谄媚小人，这样，他们自身以及国家都会不存在了。

顾炎武认为，礼义廉耻是治国的大纲，关系到国家的生死存亡。他对“行己有耻”的廉耻观有积极的解释，他在《与友人论学书》与《日知录·廉耻》中都阐述了这种思想，他认为：做人首先要知廉耻，“耻”就是不以自己破衣粗饭为“耻”，而是以别人不能受己恩惠为“耻”。“行己有耻”就是努力培养自己的德行，以使自己能够知道什么是羞耻。顾炎武把“德”的核心看作是耻，“知耻”，就应修德养才，去除私欲，如果有才无德，则缺少立人起码的“根基”，所以只有德才兼备，以身许国才能为天下百姓谋利益。顾炎武还把礼义廉耻看作立人治国大纲，认为它关系着国家危亡。即便是一般百姓，如果说他们不知廉俭羞耻而为所欲为，也会祸乱败亡，更何况身为国家大臣无所不为、无所不取，怎能不导致国家大乱呢？所以“耻”是礼义廉耻四者之中最为重要的。一个人之所以不清廉，乃至于违反礼义，做出种种不合乎道德的事情，原因在于不知羞耻。为官者不知廉耻，就会使国家蒙受灾难和耻辱。

黄宗羲的“工商皆本”思想

天下之治乱，不在一姓之兴亡，而在万民之忧乐。——《明夷待访录·原臣》

黄宗羲，字大冲，号南雷，浙江余姚人，明末清初著名的思想家、史学家和文学家。

明、清时期，随着经济的发展，出现了资本主义的萌芽，经济发展，贸易繁荣，社会出现了市民阶层，商人团体逐渐壮大，与此同时，意识形态也出现了变化，产生了如黄宗羲的“工商皆本”的思想。

我国封建社会一向“重农抑商”几千年来，一直把商业放在最后一位，

"仕、农、工、商"、"农、工、兵、学、商"，都是把商业放在末尾，黄宗羲针对当时的社会变动，面对现实，提出"工商皆本"的思想，对那种在经济上作本未区分，轻视商业的传统思想进行了严厉的驳斥，指出工商业和农业一样，"盖皆本也"。

他认为，构成富民的生产，并非世儒所认为的那样，仅仅是农业，而"工商为末，妄议抑之"。农业当然是经济生产的根本和基础，但工商业也同农业一样，同属促成天下安富的根本，故"工固圣王之所欲，商又使其愿出于途"，因此，他公开呼吁发展工商业，发展商品经济，认为有关国计民生的工商业应该得到保护。他的"工商皆本"论的提出，符合当时商品经济发展的需要，是对传统思想观念的明确否定，闪烁着启蒙民主主义思想的光辉，表现出一定的改革精神。

康熙的"民为邦本，勤恤为先"思想

治天下以惩贪为要。——《清圣祖实录》

康熙，本名玄烨，姓爱新觉罗，即清圣祖，顺治第三子，我国历史上杰出帝王之一。他一生除鳌拜、平三藩、收复台湾、平定漠北、亲征雅克萨、击败俄罗斯、稳定中国疆域，铸成历史上的"康乾盛世"。

他始终坚持"民为邦本，勤恤为先"即以恭俭为本，勤恤为先，关心民疾，与民休息的廉政思想。

《清圣祖实录》中，康熙说："帝王致治，首先维持风化，辨别等威，崇尚节俭，禁止奢侈"，他深刻地明白，天生之材有限，民之膏容易尽，所以，他认为做帝王的应以仁治天下，而不以威服天下，所以应恤民养民，使之能够休养生息、发展农业。康熙体察民情，每遇灾害，他都注重赈济，还多行田粮赋役蠲免之善政。为真正做到"民为邦本，勤恤为先"，康熙严令永停圈地，宣布将明代藩王庄田"更名田"，以使人民发展社会经济。

他说："致治之道，民为最要，凡是与民生有益，即益行之。"于是在1712年，他以康熙五十年丁册为准，宣布"滋生人丁，永不加赋"，此后"勿增勿减，永为定额"。这项政策的实施，减轻了广大贫困农民的赋税，促进了劳动力人口的增加。康熙在为政勤谨，惩贪倡廉方面也多有论述，这主要记载于《康熙政要》中。例如他在论及君王为政用贤时认为，一国之君，处理朝政，应有“兢业之心”，须“先人而忧，后人而乐”，而不能懈怠纵佚，任意率行；君王任用贤才，应先观其德，然后再量度其才，因为如果为官心术不正，则才学必不能用于正道；其爱民之心，令后人敬仰。

康熙认为：“致治之道，首在惩戒贪蠹”，对贪污官吏应先当教训告诫，如果始终怙恶不悛，则依法惩治，决不姑息，多次寻求革禁之法。

同时对操守廉洁者应多加奖励，“尔等为官，以清廉为第一，为清官甚乐，不但一时百姓感仰，即离任之后，百姓追思，建祠尸祝，岂非盛事”，使当时的社会出现了众多清官，更加有益于老百姓。

康熙的“民为邦本，勤恤为先”的廉政思想，铸就了全国大一统的全盛局面，成为封建帝王中的佼佼者，被后人称之为“守成之君，开创之主”。

雍正的“去奢崇俭”主张

为治之道，要在务实，不在虚名。——《清世宗圣训》

雍正，即清世宗，姓爱新觉罗，是康熙的第四子。

雍正皇帝不仅在勤政方面十分突出，而且在廉政方面也是有口皆碑，在位期间，他大力倡导去奢崇俭，不仅让全体官员都去执行，同时他自己也“躬行节俭”。

雍正说：“国家欲安黎庶，莫先于厚风俗；厚风俗，莫要于崇节俭。《周礼》一书，财用有度”，所以才能社会稳定，百姓安居乐业。

为去奢崇俭，他下令文武百官要按品级规定戴素珠、穿马褂、用坐蓐、放引马。当时就有福建巡抚黄国材奏请将服色违制者治罪。在饮食方面，他同时告诫天下官民：“每人能省一勺，在我不觉得少，而积少成多，便可多养数人。”“若暴畛天物，则必上干大怒”。他反对铺张，讲排场，曾经下令禁止民间的酬神赛会。

作为皇帝，他对自身要求也是非常严格，他说：“朕生平爱惜米谷，每食之时，虽颗粒不肯抛弃。以朕玉食万方，岂虑天瘐之不给？”而他这样做，都是为了敬重百姓，为人民做表率。就是他自己书写朱谕，所用的纸张大多是裁成的小条，有时书写不换纸条，将所述内容密密麻麻的写在一张纸上，其节俭精神可见一斑。

他在惩罚贪污的同时，还指出：“操守清廉乃居官之大本，故凡居官者，必当端其操守为根本，乃可以勉为良吏。”他以“清、慎、廉”三字赞扬下属。以“有猷、有为、有守”三条勉励封疆大吏。

作为皇帝，雍正在位的时间是很短暂的，但他在较短的时间内，大力提倡节俭，反对奢侈，去奢崇俭效果是明显的。“在位十三年，日夜忧勤，毫无土木，声色之娱”故当时国家丰盈，人民富庶。

曾国藩：“王道与霸道”论

不为圣贤，便为禽兽；莫问收获，但问耕耘。——《曾国藩家书》

曾国藩，字伯涵，湖南湘乡人。曾任内阁学士、礼部侍郎兼任兵部侍郎。著作有《曾文正公全集》。他是晚清时期一位集传统文化之大成者，也是洋务运动发起人之一。他的思想观念，对晚清的政治、经济、军事、文化等都产生了重要影响。

曾国藩深受儒家思想影响，在《曾文正公全集》中他指出官场的通病：“退缩者，同官互推，不肯任怨，动辄请旨，不肯任咎是也。琐屑者，利析锱铢，不顾大体，察及秋毫，不见舆薪是也。敷衍者，装头盖面，但计目前剜肉补疮，不文明日是也。颟顸者，外面完全，中已溃烂，章奏粉饰，而语无归宿是也。”于是他决定以礼治国。

他注意“勤以治事，恕以待人，廉以服众，明以应务”，要实现礼治，就必须把“王道”与“霸道”结合起来，即是仁政与刑罚交替使用。国家以民为本，“行仁义于天下”，使老百姓得以生存，不能过度地进行搜刮，当遇到刁民时，他主张对其进行严厉惩罚。

他认为：“施行仁政必须适度，惩恶才能安良。王道与霸道是一脉相承的，二者不可偏废”。单纯地使用王道而放弃霸道，“不治以严刑峻法，则鼠子纷起”，就会酿成大祸。在治理湘军的过程中，他也借鉴这种思想，坚持“宽严相济，剿抚并用”的方针。

同时，曾国藩崇尚朴以养廉，提出：“欲学廉介，必先知足。”对于当时的社会出现饥寒交迫的情况，而他们尚能衣食无忧，就不应再有任何奢望。他教育部下说：“守个廉字，名位日尊，岂有怕穷之理。常使在下之将官多占些便宜，士卒多治些恩泽，则人人悦服，切不可处处打算，遭人议论。得了名就顾不得利，莫作名利双收之想。”为摆脱财政困难，他提出：

"衣服饮食，事事俭约；声色洋烟，一一禁绝；不献上司，不肥家产。"

曾国藩还提出"戒傲惰以正俗"，官吏要治理好社会就要洁身自好，克服"官气太重，心窍太多，漓朴散醇，真意荡然"的不好习惯，希望官吏坚持"多做实事，少说大话，有劳不避，有功不矜"，必须做到五勤，就是指"身勤、眼勤、手勤、口勤、心勤"，这样就能够"精诚所至，金石为开，苦思所积，鬼神亦通。"

龚自珍：批判封建专制

我劝天公重抖擞，不拘一格降人才。——《己亥杂诗》之一百二十五

龚自珍，字璱人，号定庵，浙江仁和（今杭州)人，是中国近代启蒙思想的第一人，清朝杰出的思想家和文学家。著作有《龚自珍全集》。他所写的组诗《己亥杂诗》在思想性和艺术性上具有很高的造诣，对后世影响极大。

龚自珍是清朝著名汉学家段玉裁的外孙，从小就学习考据训诂，在尊重历史的基础上提出了"治世、乱世、衰世"的"三世说"。他认为，理论只是实践的基础，只有医治已经进入"衰世"的封建制度，"经世致用"才是根本归宿。

1813年，有一支起义军攻入了紫禁城，后来起义虽然失败，但却给腐败的清朝政府以沉重的打击，嘉庆皇帝十分生气，大骂大臣的无能。龚自珍针对当时的清朝政府，写出了《明良四论》，提出了著名的"君明方能臣良"的道理。他说："秦汉之前，三公可以与君主坐而论道；唐宋之时，大臣尚可从容于殿下，慷慨陈词，阐述自己的治国之策；而眼下群臣则朝夕长跪，百官唯皇帝之命是从，毫无陈述己见，发挥自己才智的余地。君臣之间，仅仅是赤裸裸的主子与奴才之间的关系。百官丧失人格，又失廉耻，要么献媚取宠，要么退缩以为老成，甚至借机而肥私囊，哪里还能有人清廉为政，为社会谋公利，为天下求太平呢？而一旦国家有事，又哪里有人能挺身而出以求振作呢？"通过这些，我们可以看到龚自珍把政治腐败、社会黑暗的根源归于封建王朝的统治者，颇有见地。

龚自珍主张对封建王朝进行改革，修改封建礼仪制度，"变通"科举制度，选择年轻有为的人才，加重内外大臣的职权，以便改变官僚集团的腐朽

面貌。他说：“一祖之法无不弊，千夫之议无不靡。自古至今，法无不移’势无不积，事例无不变迁，风气无不转移。”一旦进行改革，社会就会出现清廉的风气，就会有一大批廉洁的大臣，涌现出一代真才实学的新人，正如他的诗所说：“九州生气恃风雷，万马齐喑究可哀。我劝天公重抖擞，不拘一格降人才。”他认为在起用人才的同时，一定要“士皆知耻，则国家永无耻矣。士不知耻，为国之大耻！”就是说要注意百官的个人修养和道德品行，要求他们为国家谋求善政为第一目的。

康有为：维新变法、主权在民

大道之行也，天下为公，选贤与能，讲信修睦。——《大同书》

康有为，字广厦，号长素，广东南海(今属广州)人。著作颇丰。康有为是著名的“戊戌变法”运动的倡导者和推动者，清代的思想家和社会活动家。他倡导学习西方“平等”思想，发动和组织的维新运动，促进了人们的思想解放。

康有为出生于封建官僚家庭，祖父康赞修是道光年间的举人，父亲康达初做过江西补用知县。康有为自幼学习儒家思想，1879年开始接触西方文化。1882年，康有为到北京参加顺天乡试，没有考取。南归时途经上海，购买了大量西方书籍，汲取了西方传来的进化论和政治观点，初步形成了维新变法的思想体系。

1888年，康有为主张效法西方议会，他在《上清帝第一书》中提出消除上下隔阂、民情不通的弊病，曲折地提出了改革的要求。从1888年起至1898年的十年之间，他先后七次上书皇帝，系统地阐述自己的变法纲领和改革政治的主张。

为实现“百废并举，以致富强”的目的，康有为根据历史进化论的观点，鲜明地提出了“能变则全，不变则亡，全变则强，小变仍亡”的著名论断，极力强调尽弃旧习，涤除日弊，弥缝缺失，以开维新气象。

康有为认为，当时的中国已经到了非变不可的地步，“大势相迫，非可阏制，不变亦变！”为了推行其维新变法的主张，康有为还阐述了“主权在民”的思想即“民权论”。他认为，中国传统的君主专制制度，积弊极多，中国败弱之由，皆由此出。所以，他对君权神授的说法进行了无情的批判。

他指出，国家的君主是由人民产生，人民为国家，君主乃国家之未，主权在于人民。如果君主不能很好地为人民办事，为天下谋公利，除弊布新，那么，他就没有尽到一个做君主的职责，人民就有权把他撤换掉。同样，国家的各级大小官吏，也都由人民共举，为人民负责，如果他不能出于公心为人民谋福利，反而贪私枉法，则人民就有权将其驱逐。而当时的中国，却又恰恰是这种百弊丛生的情形。

因此，他极力主张变法维新，借以消除不合理的社会制度，以及由此产生的各种社会腐败现象，自强图新，救亡图存。在戊戌变法开始后，康有为还多次向光绪提建议设置论政之官，专门负责讨论国家政体、制度的长短利害，以求集思广益，稗补新政。他主张允许国家各级大小官吏和一般民众上书朝廷，评论时政，发表自己的观点主张。这些都体现了主权在民的思想原则。

戊戌变法运动，前后不过百天，历史上又称“百日维新”。康有为领导的变法运动固然有其进步意义，但其失败也带有一定的必然性。因为他们害怕群众甚至敌视群众。他们主张变法，但却反对革命。康有为认为“凡君主制、立宪、民主三法，必当一一循序行之，若紊其序，则必大乱。”他在《进呈法国革命记序》中，把革命描写得十分残暴吓人：“臣读各国史，至法国革命之际，君民争祸之据，未尝不掩卷而流涕也。流血遍全国，巴黎百日而伏尸百二十九万变革三次，君主再复，而绵祸八十年。”正是基于这种认识，康有为在戊戌变法以后还死抱住保皇的主张不放，坚决反对革命，最后成了阻碍历史前进的绊脚石。

但是，康有为的“维新变法、主权在民”思想，奠定了建立资产阶级共和国的思想基础。

第四章 品格言

品格格言 砥砺言行

格言，言简意赅且促人有美德，是一个人机智之精华或众人汇成的睿智。

从句法结构上，格言是相对完整、独立的句子，可以独立用来表达思想。一般，格言内容积极向上，可以作为人们行为规范的指导。因此，语言形式上简洁而精练；内容上富教育意义、是人生经验和规律的总结。

无论是出自名人口的名言、古人说的古语、流传至今的谚语、俗语，还是具有警示劝谏意义的警句、箴言等，都和格言有着千丝万缕的关系，以短促有力的词语或句子给人启迪、激励，故世代流传，成为文化信念的重要组成部分。

品格格言 砥砺言行

“大学之道，在明明德，在亲民，在止于至善。”

“古之欲明明德于天下者，先治其国；欲治其国者，先齐其家；欲齐其家者，先修其身；欲修其身者，先正其心；欲正其心者，先诚其意；欲诚其意者，先致其知；致知在格物。物格而后知至，知至而后意诚，意诚而后心正，心正而后身修，身修而后家齐，家齐而后国治，国治而后天下平……”

——《礼记·大学》

思想家、教育家孔子在这篇入世学说中提出的三纲八目可谓儒家思想学说的核心。三纲即“大学之道，在明明德，在新民，在止于至善”，意思是《大学》的宗旨在于弘扬光明正大的品德，在于使人弃旧图新，在于使人达到最完善的境界；八目即格物、致知、诚意、正心、修身、齐家、治国、平天下，意思是事物的原理一一推究明白，然后才会拥有渊博的知识，彻底了解事物；拥有渊博的知识，彻底了解事物，然后意念才会诚实；意念诚实，内心才会端正而无邪念；内心端正，然后才能提高自身的品德修养；自身的品德提高了，家庭才会整顿好；家庭整顿好了，然后国家才会治理好；国家治理好了，推而广之，然后才能使天下太平。这种对自我的内修外为也恰恰反映了孔子的教育理论，由个体延及家庭乃至国家，善达天下。

作为审计人，工作实施涉及廉政、勤政、自律、修身、诚信、公正、谦卑、道德、情趣等诸多行为情操，以孔子学说观照内心，俯拾警语格言规矩自己，照亮人生前行路途……

廉政篇

进不失廉，退不失行。

——（春秋）晏婴《晏子春秋》

【释文】进步不失去廉洁，退步不失去德行。

至廉而威。

——（汉）董仲舒《春秋繁露》

【释文】做到廉洁就会有威信。

礼义廉耻，国之四维；四维不张，国乃灭亡。

——（春秋）管仲《管子》

【释文】礼节、仁义道德、廉洁、耻辱是治理国家的四种方法，如果这四种方法得不到实施，那么国家就要灭亡。

清者莅职之本，俭者持身之基。

——《周书》

【释文】清正是做官的根本，节俭是自我修身的基础。

治民莫若平，临财莫若廉。

——（三国）王肃《孔子家语》

【释文】治理百姓莫过于公平，面对钱财莫过于廉洁。

修身慎行，敦方正直，清廉洁白，恬淡无为，化之本也。

——（汉）王符《潜夫论·实贡》

【释文】修养身心、谨慎行为、宽厚正直、清正廉洁、淡然无所为，这才是根本。

欲影正者端其表，欲下廉者先其身。

——（汉）桓宽《盐铁论·疾贪》

【释文】想要自己的影子正必须要端正自己的外表，要想下属都廉洁，必须自己先廉洁。

廉者不受嗟来之食。

——（南）范晔《后汉书·列女传》

【释文】廉洁的人不接受有损自己人格的财务。

义士不欺心，廉士不妄取。

——（汉）刘向《说苑》

【释文】有仁义道德的人不违背良心做事，廉洁的人不非分地收取别人的东西。

智者不为非其事，廉者不为非其有。

——（汉）韩婴《韩诗外传》卷一

【释文】聪明的人不会违背原则做事，廉洁的人不会违反道义占有财物。

正身直行，众邪自息。

——（汉）《淮南子》

【释文】自身端正，行为正直，各种邪念自然会消除。

树曲木者，恶得直景。

——（汉）刘向《说苑》

【释文】树木弯曲，不能得到直立的影子。比喻行为不正，就不会得到好的结果。

吏不廉平，则治道衰。

——（北宋）司马光《资治通鉴·汉纪十八》

【释文】做官不廉洁公平，那么治理国家的法纪道德就会衰败。

臣门如市，臣心若水。

——（东汉）班固《汉书·郑崇传》

【释文】登门求访的人很多，但我的心如水一样清白。

廉者常乐无求，贪者常忧不足。

——（隋）王道《中说》

【释文】廉洁的人经常为无所求而快乐，贪婪的人总是为物欲不能满足而忧伤。

直不近祸，廉不沽名。

——（北宋）宋祁、欧阳修等《新唐书》

【释文】正直会远离灾祸，廉洁会赢得美名。

苟非吾之所有，虽一毫而莫取。

——（宋）苏轼《前赤壁赋》

【释文】如果不是我所有的东西，即使是一根毫毛我也不取。

心无愧怍，则无入而不自得；心无贪念，则无往而不自安。

——（宋）罗大经《鹤林玉器》

【释文】心里没有愧疚的事情，那么无论到什么地方也不会感到不得意，心里没有贪鄙的念头之物，无论去什么地方也不会感到不踏实。

一钱亦分明，谁能肆谗毁。

——（宋）陆游《送子龙赴吉州掾》

【释文】用一文钱也明明白白、清清楚楚的，还有谁能诋毁得了呢？

为清官死，死有余荣。

——（明）朱祖文《北行日谱》

【释文】作为清官，死了也光荣。

心正自然邪不扰，身端怎有恶来欺。

——（明）冯梦龙《警世恒言》

【释文】心地纯正，奸邪的人自然不能侵扰，行为端正，凶恶之人又怎能欺负。

白璧本不瑕，青蝇亦何为?

——（明）徐渭《寄吴宣镇》

【释文】白玉本来没有一点斑点，那么青蝇又能拿它怎样呢?

不廉，则无所不取；不耻，则无所不为。

——（清）顾炎武《日知录》

【释文】如果不廉洁，那么就会没有他不能贪占的；没有羞辱，那么就会没有他不敢做的。

官能清则冤抑渐消，吏能廉则风俗自厚。

——（清）钱泳《履园丛话》

【释文】上层官员能够清正廉洁那么冤案就会渐渐消失，下层官吏能够廉洁那么风俗自然淳厚。

吏不畏吾严而畏吾廉，民不服吾能而服吾公。公则民不敢慢，廉则吏不敢欺。公生明，廉生威。

——《清碑·官箴》

【释文】当官的不是害怕我的威严而是害怕我的清廉，老百姓信服我的不是我的才能而是我的公正。如果为官公正，那么老百姓就不敢怠慢；如果廉洁，那么官吏就不会欺负百姓。公正就会更加透明，廉洁就会产生威信。

持身苟廉洁，即墨吏亦必我惭；居心苟仁明，即顽民亦将我感。

——（清）周寿昌《思益堂日札》

【释文】如果自身廉洁，即使是贪官污吏在我面前也会感到惭愧；如果持心仁爱明察，即使是刁民也会被我感化。

勤政篇

居之无倦，行之以忠。

——《论语·颜渊篇》

【释文】勤劳不知道疲倦，行为要忠心。

不义而富且贵，与我如浮云。

——《论语》

【释文】不仁义获得的富贵，对我而言就像是天上的浮云一样。

勤字所以医惰，慎字所以医骄。

——《古今格言》

【释文】勤劳可以医治懒惰，慎重可以医治骄傲。

上者，民之表也。表正，则何物不正。

——（三国）王肃《孔子家语》

【释文】做官的人，是老百姓的表率。如果做官的正直，那么还会有什么东西是不正的呢。

勤之勤之，至道非弥。

——（南朝）释慧皎《高僧传》

【释文】勤奋些再勤奋些，领悟真理的时间就不会远了。

莅官之要，曰廉曰勤。

——（南朝）胡太初《尽己篇》

【释文】做官最重要的是廉洁和勤劳。

当官之法，唯有三事，曰清，曰慎，曰勤。知此三者，可以保禄位，可以远耻辱，可以得上之知，可以得下之援。

——（宋）吕本中《官箴》

【释文】做官的规则，只有三件事情，清正、慎重、勤奋，做到这三个方向，可以保全自己的俸禄官位，可以远离耻辱，可以让上级了解，可以得到老属下的援助。

虽有忧勤之心，而不知致治之要，则心愈劳而事愈乖；虽有纳谏之明，而无力行之果断，则言愈多而听愈惑。

——（宋）欧阳修《准诏言事上书》

【释文】虽然有忧郁勤劳的心，如果不知道治理政治的重要所在，那么心愈勤劳而事情就会更加坏；即使有纳谏的明智，而没有力量果断进行，那么言语越多就会听得越迷惑。

临阵勇，临财廉，临事勤，临民仁。

——（宋）《事实类苑·德量知识》

【释文】在阵地上应当勇敢，面对钱财应当想到廉洁，做事情应当勤奋，对老百姓要有仁爱之心。

勤则寿，逸则夭；勤则有才而见用，逸则无劳而见弃。

——（清）曾国藩《曾文正公全集》

【释文】勤劳就会长寿，淫逸就会夭折；勤劳就会使有才的人得到任用，淫逸就会使无能的人出现。

在世一日，要做一日好人；为官一日，要行一日好事。

——（清）曾国藩《曾文正公全集》

【释文】在世界上活一天，就要做一天的好人；当一天官，就要做一天好事。

唯敬可以胜怠，唯勤可以补拙，唯俭可以养廉。

——（清）汪汲《座右铭类编》

【释文】只有恭敬才可以战胜怠慢，只有勤劳才可以弥补笨拙，只有节俭才可以培养廉洁。

百里才疏勤补拙；一官俸薄俭能廉。

——（清）姚步瀛撰联

【释文】虽然才疏学浅，但是勤劳可以弥补笨拙；当官俸禄很少但俭朴能够培养廉洁。

用钱宜俭，处事宜勤。

——（近代）张君劢《民族复兴之学术基础绪言》

【释文】花钱应当节俭，处理事情应当勤劳。

人生在勤，勤则不匮。

——《左传》

【释文】人民的生计在于勤劳，勤劳就不会缺衣少食。

自律篇

君子必慎其独也。

——《礼记·大学》

【释文】君子一人独处时，也必须严格要求自己。

博学之，审问之，慎思之，明辨之，笃行之。

——《礼记·中庸》

【释文】广博地学习，详细地询问，慎重地思索，明白地分辨，切实地执行。

傲不可长，欲不可从，志不可满，乐不可极。

——《礼记·曲礼上》

【释文】骄傲的习气不可以助长，世俗的欲望不可以放纵，志向不可以过高，快乐不可以过头。

男儿生身自有役，哪得误我少年时。

——张籍《乐府诗》

【释文】男儿生下来就要有一番作为，怎么会虚度自己的青春年华呢?

无功庸者，不敢居高位。

——（春秋）左丘明《国语》

【释文】对国家百姓没有贡献的人，不能担任高级职务。

见其所见，不见其所不见；视其所视，而遗其所不视。

——（战国）列御寇《列子·说符》

【释文】看要看应当看的，不要看不应当看的，观察就要观察应当观察的，而要抛开不应当观察的。

劳则思，思则善心生；逸则淫，淫则忘善，忘善则恶心生。

——（春秋）左丘明《国语》

【释文】勤劳就会多去想，越多想那么就会产生善心；越是没事情干就会想到淫乱，越是淫乱就会忘记善心，忘记善心就会产生邪恶的心理。

无稽之言，不见之行，不闻之谋，君子慎之。

——《荀子·正名》

【释文】无从核查的言论，没有见过的举动，没有听过的谋略，君子都要慎重地对待。

不以规矩，不能成方圆。

——《孟子·离娄上》

【释文】没有规和矩，就画不出方和圆。比喻行事如果没有规则，就什么事情也办不成。

自知而不自见，自爱而不自贵。

——《老子》

【释文】有自知之明，但却不自我显露；能自爱自尊，但却不自命清高。

满招损，谦受益。

——《尚书》

【释文】骄傲自满会招致损害，谦虚谨慎会带来益处。

士不可以不弘毅，任重而道远。

——《论语·泰伯》

【释文】读书人不能没有远大的抱负，因为他对社会的责任重，要走的路还很长。

目短于自见，故以镜观面；智短于自知，故以道正己。

——《韩非子》

【释文】人的眼睛无法看到自己，所以要用镜子看到自己的面容；人的智慧常常无法认识到自己，所以要用法则来纠正自己。

但攻吾过，毋议人非。

——《陈确集》

【释文】一心想克服自己的缺点，不要对别人的是非妄加评论。

世治则以义卫身，世乱则以身卫义。

——《淮南子》

【释文】在天下太平时，就要用大义来防止自身的腐化；国家动乱时，就要用自身来护卫大义。

胜任之于善也，无小而不举；其于过也，无微而不改。

——《淮南子》

【释文】圣贤的人，对于别人的长处，即使再小也不会不用；对于个人的过失，即使再小也要去改正。

利不可以虚受，名不可以苟得。

——（汉）挚峻《报司马子长书》

【释文】利益不可以平白接受，名誉不能随便获得。

不作威，不作福，靡有后羞。

——（汉）司马迁《史记》

【释文】不滥用权利，妄自尊大，将来就不会有耻辱。

财不如义高，势不如德尊。

——（汉）刘向《说苑》

【释文】钱财比不上仁义高，势力地位比不上道德尊贵。

非淡泊无以明志，非宁静无以致远。

——（三国）诸葛亮《诫子书》

【释文】不看淡名利，就无法明确志向；不平心静气，就无法深谋远虑。

欲多则心散，心散则志衰，志衰则思不达。

——《鬼谷子》

【释文】欲望过多就会思想分散，思想分散就会意志衰退，意志衰退就实现不了理想。

上不正，下参差。

——（晋）杨泉《物理论》

【释文】居上位的人行为不端正、不正派，居下位的人就会错误百出。说明领导者应该严于律己，以身作则。

水能恬淡为吾友，竹解心虚即我师。

——（唐）白居易《池上竹下作》

【释文】水性自然恬淡，无私无欲，是我的朋友；竹子中通外直，可排解内心的空虚，是我的老师。

洛阳亲友如相问，一片冰心在玉壶。

——（唐）王昌龄《芙蓉楼送辛渐》

【释文】洛阳那边的亲友如问起我，你就说，我的心犹如一块洁白的冰放在玉壶里。

老当益壮，宁移白首之心；穷且益坚，不坠青云之志。

——（唐）王勃《滕王阁序》

【释文】越老身体更加强壮，头发白了也不会改变自己的心；越是贫穷志气更加坚守，不会坠落自己像青云一样的志向。

好事须相让，恶事莫相推。

——（唐）王梵志《好事须相让》

【释文】碰到好事就要互相谦让，碰到不好的事情不要互相推脱。

施恩而不求报，奖善而不为功。

——（唐）柳宗元《与邕州李域中丞论陆卓启》

【释文】施行恩惠不寻求报答，奖励别人不是为了追求功劳。

有其得，无其位，君子安之；有其位，无其功，君子耻之。

——（宋）胡宏《胡子知言》

【释文】有高尚的德行，而无相当的职位，君子可以坦然相对；有职位而没有相当的功德，君子会为此感到羞耻。

不可以律己之律律人。

——（元）张养浩《牧民忠告》

【释文】不能拿着要求自己的准则来要求别人，也就是严于律己，宽以待人的意思。

待己当从无过中求有过，待人当于有过中求无过。

——（清）金缨《格言联璧》

【释文】对待自己，要从没有过失中发现自己的过错；对待别人，即使其有过错，也要从中找到可取的地方。

度量如海涵春育，应接如流水行云。

——《格言联璧》

【释文】对待别人，要像大海般包容，像春天孕育万物一样；应接事物，要像行云流水般自如。

名节重泰山，利欲轻鸿毛。

——（明）于谦《无题》

【释文】一个人的名誉比泰山还要重，利欲比一根鸟毛还要轻。

律己宜带秋风，处世宜带春风。

——（清）张潮《幽梦影》

【释文】对自己严格要像秋风一样，为人处世应当像春风一样。

淡泊明志，夙夜在公。

——蔡锷《南宁寓楼联》

【释文】看淡名利，志向明确，起早睡晚，为公操劳。

要立志做大事，不要立志做大官。

——孙中山

修身篇

吾日三省吾身：为人谋而不忠乎？与朋友交而不信乎？传不习乎？

——《论语》

【释文】我每天多次问自己：为人谋事没有尽心吗？同朋友交往不诚实吗？老师传授的道理没有学着去做吗？

相鼠有皮，人而无议；人而无议，不死何为？

——《诗经》

【释文】看看那老鼠还有一层皮呢，而人却这样的没有廉耻；人没有廉耻，还活着干什么呢？

人能无过？过而能改，善莫大焉。

——《左传》

【释文】有谁没有错误呢？有了过错能改，就是再好不过的事情了。

多行不义，必自毙。

——《左传》

【释文】多做不道德的事情，一定会自取灭亡。

己所不欲，勿施于人。

——《论语》

【释文】自己不喜欢的不要强加给别人。

见贤思齐焉，见不贤思而内自省也。

——《论语》

【释文】见到品德高尚的人，就应该向他看齐；见到德行不好的人，要自我反省，引以为戒。

吾善养吾浩然之气。

——《孟子》

【释文】自己善于培养自己浩然的正气。

人皆可以为尧舜。

——《孟子》

【释文】通过修身，人人都可以成为尧舜那样的人。

得志泽加于民，不得志修身见于世。

——《孟子》

【释文】得志的时候，要将恩泽施与百姓；不得志的时候，要加以修身养性，将自己的高尚品德展现于世界。

恻隐之心，仁之端也；羞恶之心，义之端也；辞让之心，礼之端也；是非之心，智之端也。

——《孟子》

【释文】同情心是仁的开端，羞恶心是通达义理的开端，谦让心是礼仪的开端，明辨心是智慧的开端。

庸言必信之，庸行必慎之。

——《荀子》

【释文】日常的言论一定要守信用，日常的行为一定要谨慎。

尽小者大，积微者著。

——《荀子》

【释文】多积累小的就会发展为大的，多积累细微的就会逐渐显著。

不诱于誉，不恐于诽。

——《荀子》

【释文】不为虚名所诱惑，不为诽谤而吓倒。

声无小而不闻，行无隐而不形。

——《荀子》

【释文】声音再小，也不会不被听到；行动再隐秘，也总会被人知道。

玩人丧德，玩物丧志。

——《尚书》

【释文】喜欢玩弄别人，就会损失自己的道德；只顾迷恋喜欢的器物，会让人丧失掉进取的斗志。

治身养性，务谨其细，不可以小益为不平而不修，不可以小损为无伤而不防。

——（晋）葛洪《抱朴子》

【释文】修身养性，即使是极其微小的地方，也务必要谨慎，不能因为小的进步微不足道就不再修养，也不能因为小的损害对大体没有影响就不加以提防。

大行不顾细谨，大礼不辞小让。

——《史记》

【释文】做大事情不要计较细枝末节，讲大礼不必在意繁文缛节。

不患位之不尊，而患德之不崇；不耻禄之不伙，而耻智之不博。

——（南朝）范晔《后汉书》

【释文】不担心自己地位不高贵，只担心自己的品德不高尚；不因为俸禄不多而感到耻辱，而是以才智不广为耻辱。

小善虽无大益，而不可不为；细恶虽无近祸，而不可不去。

——（晋）葛洪《抱朴子》

【释文】小的事情虽然没有大的好处，但不可以不做；小的坏事情虽然不会立刻招致灾祸，但却不可以不改掉。

以信接人，天下信之；不以信接人，妻子疑之。

——（晋）杨泉《物理论》

【释文】诚心诚意的对待别人，全天下的人都会信任你；不诚心诚意对待别人，就算是自己的妻子儿女也会怀疑你。

勿以恶小而为之，勿以善小而不为。

——（晋）陈寿《三国志》

【释文】不要因为一件坏事很小，就放任自己去做；不要因为一件善事很小，就轻易不做。

心欲小而志欲大，智欲圆而行欲方，能欲多而事欲鲜。

——《淮南子》

【释文】考虑问题要谨慎，但志向一定要远大；智慧思想要灵活，但行为一定要方正；才华能力要多方面，但做事不要大小都管。

德比于上，欲比于下。德比于上故知耻，欲比于下则知足。

——（汉）荀悦《申鉴》

【释文】在道德上，要与比自己高的人比，在欲望上，要和比自己低的人比。和德行比自己高的人相比，就会知道羞愧，和欲望比自己低的人相比，就会知道满足。

大丈夫宁可玉碎，不能瓦全。

——（唐）李百药《北齐书》

【释文】大丈夫宁可做玉器被打碎，也不能做陶器而得到保全。

防小人之道，正己为先。

——（宋）朱熹《近思录》

【释文】防范小人的措施，就是首先要端正自己。

知无不言，言无不尽。

——（宋）苏轼《策略》

【释文】知道的没什么不能说的，要说就不要保留。

操守欲正，器局欲大，见识欲远。

——（元）张光祖《言行龟鉴》

【释文】思想品德要正直，胸襟要广大，眼光见识要深远。

冷眼观人，冷耳听语。

——（明）洪自诚《菜根谭》

【释文】用冷静的眼光观察人，用冷静的态度听取意见。

干国家事，读圣贤书。

——（明）海瑞《座右铭》

【释文】要做为国家的事情，读圣人贤明的书。

苟利社稷，生死以之。

——（明）张居正《答福建巡抚耿楚侗谈王霸之辨》

【释文】只要对国家对社稷有利的，我就会连生命都全部献上。

但愿苍生俱饱暖，不辞辛苦出山林。

——（明）于谦《咏煤炭》

【释文】只希望老百姓都吃饱穿暖，不辞辛苦地走出山林。

逆境顺境看襟度，临喜临怒看涵养。

——（清）金缨《格言联璧》

【释文】在逆境和顺境中都能观察一个人的胸怀，面临让人欢喜的事还是让人愤怒的事都能看到一个人的涵养。

死犹未肯输心志，贫亦岂能奈我何。

——（清）黄宗羲《山居杂咏》

【释文】就是死都不能让我出卖良心，出卖灵魂；贫困又能把我怎么样呢?

求实篇

朝闻道，夕死可矣。

——《论语》

【释文】早晨听到了真理，就是晚上死了也心甘。

不登高山，不知天之高也，不临深溪，不知地之厚也。

——（战国）《荀子》

【释文】没有登上高山，不会知道天有多高，不亲自到深溪当中，不会知道地有多厚。

闻之不若见之，见之不若知之，知之不若行之。

——（战国）《荀子》

【释文】听说不如亲眼所见，亲眼所见不如深切理解，深切理解不如亲自实践。

入于泽而问牧童，入于水而问渔师。

——（秦）吕不韦《吕氏春秋》

【释文】到了沼泽地就向牧童求教，到了江边就向渔翁求教。

闻而不审，不若不闻矣。

——（秦）吕不韦《吕氏春秋》

【释文】听到传闻不加辨析，不如不听。

临渊羡鱼，不如退而结网。

——（汉）董仲舒《举贤良对策》

【释文】面对深潭希望得到鱼，不如回家织渔网。

修学好古，实事求是。

——（汉）班固《汉书》

【释文】研究学问，爱好历史，从实实在在的事物中找出正确的道理来。

百闻不如一见。

——（汉）班固《汉书》

【释文】听到一百次不如看到一次。

不入虎穴，焉得虎子。

——（汉）班固《汉书》

【释文】不进入老虎住的洞穴，怎么能得到虎崽。

操千曲而后晓声，观千剑而后识器。

——（南朝）刘勰《文心雕龙》

【释文】操演一千首曲子就知道什么是声音，观察一千把剑就知道什么是武器了。

欲人不知，莫若不为；欲人不闻，莫若勿言。

——（唐）吴兢《贞观旨要》

【释文】要想不让人知道，最好的办法是自己不去做；要想不让人听到，最好的办法就是不要说。

土能浊河，而不能浊海；风能拔木，而不能拔山。

——（唐）罗隐《两同书》

【释文】土能够让河水变得污浊，但却不能让大海变得污浊；风能将树木拔起，但却不能将大山拔起。比喻品德低下的人只能动摇庸人的思想，却不能动摇君子的气节。

为草当作兰，为木当作松；兰幽香风远，松寒不改容。

——（唐）李白《于五松山赠南陵常赞府》

【释文】如果是棵草，就要是棵寒秋漂香的兰草，如果是棵木，就要是棵经冬不凋的松木；兰草的幽香可以随风飘到很远的地方，而青松抗雪斗霜，依然不改其容颜。

知之明，则行愈达，而行之力，则所知益精矣。

——（宋）陈淳《用功节目》

【释文】道理弄得明白，实践起来就更加畅达；实践得力，知识又加深了。

学者贵于行之，而不贵于知之。

——（宋）司马光《答孔文仲司马户书》

【释文】做学问的人贵在实行，而不是贵在知道。

纸上得来终觉浅，绝知此事要躬行。

——（宋）陆游《冬夜读书》

【释文】从书本上得来的东西，终究觉得浅薄，要有深刻而透彻的理解，非亲身实践不可。

知之愈明，则行之愈笃；行之愈笃，则知之益明。

——（宋）朱熹《三朝名臣言行录》

【释文】知道越清楚，做起来也就越踏实专一，做得越踏实专心，知道得也就越清楚了。

说得一丈，不如行取一尺。

——（元）王珲《玉堂嘉话》

【释文】夸口说能得一丈，还不如用实际行动获得一尺。

尚行，则笃实之风行焉；尚言，则诡谲之风行焉。

——《渔樵对问》

【释文】崇尚实践，厚道诚实的风气就会盛行起来；崇尚空谈，虚伪狡诈的风气就会盛行起来。

力行而后知之真。

——（清）王夫之《四书训义》

【释文】亲身实践才能对事物了解得真切。

正气篇

人无善志，虽勇必伤。

——《淮南子》

【释文】人如果没有一个好的志向，即使勇敢，也必定要遭受伤害。

天行健，君子以自强不息。

——《易经》

【释文】君子处事，就应该像天那样高大刚毅而自强不息，自我力求进步，永不停息。

三军可夺帅，匹夫不可夺志也。

——《论语·子罕》

【释文】军队可能丧失掉自己的主帅，但一个普通的人不能丧失自己的志向。

苟日新，日日新，又日新。

——《礼记·大学》

【释文】每天让自己更新，那就日日更新，不断进入新的境界。

路漫漫其修远兮，吾将上下而求索。

——屈原《离骚》

【释文】人生的道路艰难而漫长，为了实现理想，我将升天入地去追寻和探索。

志之难也，不在胜人，在自胜。

——《韩非子·喻老》

【释文】立志的难度不在于战胜别人，而在于战胜自己。

天将降大任于斯人也，必先苦其心志，劳其筋骨，饿其体肤，空乏其身，行拂乱其所为。

——《孟子·告天下》

【释文】上天要将大任降临给某人时，一定会先让他的内心经受痛苦，让他的身体经受劳累，使他经受饥饿，经受贫穷，使他的行为遭受不顺。

丈夫为志，穷当益坚，老当益壮。

——（南朝）范晔《后汉书·马援列传》

【释文】大丈夫立志，越是处境困难时越是坚定不移，越是年老，其志向越是雄壮。

老骥伏枥，志在千里；烈士暮年，壮心不已。

——（三国）曹操《步出夏门行》

【释文】老的千里马伏在马棚里，但它仍然想要驰骋千里；有志之人虽然到了暮年，但其雄心仍然不会改变。

志不求易，事不避难。

——（南朝）范晔《后汉书·虞诩传》

【释文】立志向不求轻而易举就能完成，但做事绝不要回避困难。

壮士不死则已，死即举大名耳，王侯将相宁有种乎？

——《史记·陈涉世家》

【释文】英雄志士不死就罢了，要死就要死得轰轰烈烈，难道那些王侯将相都是天生的贵种吗？

刑天舞干戚，猛志固常在。

——（晋代）陶渊明《读山海经十三首》

【释文】虽然刑天被砍掉了头，但他仍然挥舞着盾牌和斧头，他勇猛的斗志是永远存在的。

男儿何不带吴钩，收取关山五十州。

——（唐）李贺《南园十三首》

【释文】男子汉为何不带上战刀，将五十州的失地收回呢？

愿保金石志，无令有夺移。

——（唐）孟郊《同年春宴》

【释文】但愿能够保持金石般坚定的志向，不要有任何动摇。

业精于勤，荒于嬉；行成于思，毁于随。

——（唐）韩愈《进学解》

【释文】学业所以专精，在于勤奋，所以荒废，在于散漫；事情做得好，在于深思熟虑，做得不好，在于因循随俗。

人生志气立，所贵功业昌。

——（唐）陶瀚《赠郑员外》

【释文】人生立下大志，最可贵的是为国家建功立业。

长风破浪会有时，直挂云帆济沧海。

——（唐）李白《行路难》

【释文】总有一天会扬起高高的风帆，乘风破浪在沧海上航行。比喻困难时应该满怀信心，相信自己的抱负一定能够实现。

老当益壮，宁移白首之心？穷且益坚，不坠青云之志。

——（唐）王勃《滕王阁序》

【释文】人老了志气更加旺盛，怎能因为头发变白就改变自己的雄心壮志呢？处境艰难而意志更加坚定，决不会丧失自己的凌云壮志。

良马不念秣，烈士不苟营。

——（唐）张籍《西州》

【释文】好马不会贪恋马厮中的饲料，有抱负的志士也不会贪图眼前的利益。

千淘万漉虽辛苦，吹尽狂沙始到金。

——（唐）刘禹锡《浪淘沙》

【释文】虽然上千遍的淘洗，上万遍的过滤十分辛苦，但只要泥沙除尽，就会得到金子。

男子千年志，吾生未有涯。

——（宋）文天祥《南海》

【释文】好男儿有着远大的志向，就算奋斗一辈子也没有尽头。

沧海可填山可移，男儿志气当如斯。

——（宋）刘过《盱眙行》

【释文】沧海可以填平，高山可以移走，男儿的志向应该如此。

古之立大事者，不唯有超世之才，亦必有坚忍不拔之志。

——（宋）苏轼《晁错论》

【释文】古代能够成就大功，建立大业的人，不仅具有超出常人的才能，也具有坚韧不拔的意志。

我生待明日，万事成蹉跎。

——（明）钱福《明日歌》

【释文】如果一生当中，什么事情等到明天去做，那么什么事情都要荒废了。

皇天不负有心人。

——（清）李宝嘉《文明小史》

【释文】上天不会辜负有恒心的人。

志士惜年，贤人惜日，圣人惜时。

——（清）魏源《默觚》

【释文】有志之士珍惜每一年的时光，贤德之人，珍惜每一天的光阴，而圣人则会珍惜每一寸的光阴。

诚信篇

君子以言有物而行有恒。

——《周易》

【释文】君子说话要实在有据，行为要持之以恒。

信言不美，美言不信。

——老子《道德经》

【释文】真话听起来不那么好听，好听的话不一定真实。

居住恭，执事敬，与人忠。

——《论语·子路》

【释文】生活态度要端正，办事要认真，待人要诚恳。

言必信，行必果。

——《论语·子路》

【释文】说了就要守信用，做了一定办到。

人而无信，不知其可也。

——《论语·为政》

【释文】一个人如果不讲信用，真不知道怎么能行。

诚信者，天下之结也。

——《墨子》

【释文】讲诚信的人，不论任何人都会与他结交。

政者，口言之，身必行之。

——《墨子》

【释文】从政的人，必须言行一致。

口能言之，身能行之，国宝也。

——《荀子》

【释文】嘴里能讲出来，又能身体力行，这样的人才是国家的珍宝。

小信诚则大信立。

——《韩非子》

【释文】小的方面的信义坚实可靠，那就能建立大的信誉。

必诚必信，勿之有悔。

——《礼记·擅弓上》

【释文】一定要诚实，一定要守信，不要中途懊悔。

君子寡言而行，以成其信。

——《礼记》

【**释文**】君子不夸夸其谈，而是用实际行动使人信任。

君子信誓，不迁于时。

——（汉）王粲《赠蔡子笃》

【**释文**】君子的真诚誓言，不因时间推移而改变。

精诚所至，金石为开。

——《后汉书·广陵思王荆传》

【**释文**】用最大的诚意对待，就是金石也能打开。

不信不立，不诚不行。

——（宋）晁说之《晁氏客语》

【**释文**】不守信用就不能立身，不忠诚老实就到处碰壁。

信而又信，谁人不亲？

——（秦）吕不韦《吕氏春秋》

【**释文**】十分诚信的人，谁不喜欢亲近呢？

虽有诚信之心，不知权变，危亡之道也。

——（汉）桓宽《盐铁论》

【**释文**】虽有诚信的态度，不知适当变化，也会导致灭亡。

人之所助在信，信之所本在诚。

——（宋）欧阳修《新唐书》

【**释文**】人所依靠的是信用，信用的根本是诚实。

惟笃实可以当大事。

——（宋）杨时《二程粹言·论事篇》

【**释文**】只有诚信忠实才能担当重任，处理大事。

说得便须行得，方名言行无亏。

——（宋）张伯端《西江月》

【释文】说到做到，才能表明你言行一致。

进学不诚则学杂，处事不诚则事败，自谋不诚则欺心而弃己，与人不诚则丧德而增怨。

——（宋）程颢、程颐《二程集·论学篇》

【释文】学习不诚就会学业不满，办事不诚实就会使事情失败，自谋不诚就会欺心害己，待人不诚就会损害道德而增加怨恨。

轻诺者信必寡，面誉者背必非。

——（宋）林逋等《省心录》

【释文】轻率承诺的人必定少信用，当面奉承的人一定背后说坏话。

不可乘喜而轻诺。

——（明）洪自诚《菜根谭》

【释文】不要在高兴的时候就随便答应别人。

公正篇

出公理，则远者自亲；行为私，则子母相怨。

——《管子·形势》

【释文】出于公心，就是疏远的人也会亲近你；徇私舞弊，即使是母子也会彼此埋怨。

政者，正也。子帅以正，孰敢不正？

——《论语·颜渊》

【释文】为政者就要行为端正。你带头端正，谁敢不端正？

公生明，偏生暗。

——《荀子·不苟》

【释文】公正使人明察真伪，偏私使人陷入昏暗。

义者，百事之始也，万利之本也。

——《吕氏春秋》

【释文】仁义道德，是做任何事情的开始，是取得利益的根本。

公正而无邪，故谗人不得入。

——《晏子春秋》

【释文】公正无邪，诽谤的人就不能乘虚而入。

官正而国治。

——《礼记·文王世子》

【释文】官吏公正，国家就会安定富强。

爱而知其恶，憎而知其善。

——《礼记·曲礼》

【释文】喜爱而知道其缺点，厌恶而知道其优点。

公正无私，一言而万民齐。

——《淮南子·修务训》

【释文】为政公正无私，说一句话能使千万民众团结一致。

正直者顺道而行，顺理而言，公平无私，不为安肆志，不为危易行。

——（汉）韩婴《韩诗外传》

【释文】正直的人沿着正道行事，按照道理讲话，公正无私，不因为安逸富贵而放纵意志，也不因为危难而改变品行。

有公心必有公道，有公道必有公制。

——（晋）傅玄《傅子·通志篇》

【释文】有公心定有公道，有公道一定有公正的制度。

有正必有正德，以正德临民。犹树表望影，不令而行。

——（晋）傅玄《傅子》

【释文】有端正的思想一定有端正的品德，用正直的品德来对待百姓，就像树起的华表能够看到影子一样，不令而行。

克己奉公。

——《后汉书·祭遵传》

【释文】严格要求自己，以公事为重。

尽公者，政之本也；树私者，乱之源也。

——《晋书·刘颂李重列传》

【释文】尽心为公是从政之本，旨在谋私是祸乱之源。

激浊扬清，嫉恶好善。

——（唐）吴兢《贞观政要》

【释文】荡弃污浊，发扬正气，憎恨丑恶，爱好友善。

圣人不利己，忧济在元元。

——（唐）陈子昂《感遇》

【释文】圣人不为一己之私，他所要关心扶助的是天下百姓。

居上者不以至公理物，为下者必以私路期荣。

——（唐）房玄龄《晋书》

【释文】如果上级不能以大公无私来处事，下属则必然利用权力谋取私利。

官不可以私予人，人不可以私取官。

——（唐）房玄龄《晋书》。

【释文】官职不能以私人目的赠予，人们也不可以私利为目的取得官职。

用人者，无亲疏、新故之殊，唯贤、不肖为察。

——（宋）司马光《资治通鉴》

【释文】选人不能有亲疏新旧之分，只有贤与不贤是唯一审查标准。

心术不正，则事事不正。

——（明）薛喧《读书录》

【释文】心里想的如果不公正，那么什么事情都会不心正。

君子小人之分，在乎公私之间而已。

——（清）钱泳《履园丛话·示子》

【释文】君子和小人的区分，无外乎如何对待公与私。

宁向直中取，不可曲中求。

——（明）《增广昔时贤文》

【释文】应当符合道义地去获得，不应该违反道义地去索取。

居官者，公则自廉。

——（明）钱琦《钱子语测》

【释文】当官的人，做事情的时候保持公正自然就会清正廉洁。

一公则万事通，一私则万事闭。

——《袁子正论》

【释文】只要公正所有的事情都顺利，如果有私心就会什么事情都做不成。

根深不怕风摇动，树正无愁月影斜。

——（明）《增广贤文》

【释文】树根很深就不怕大风摇动，树长得很直就不愁月亮照的影子是斜的。

天下为公，是谓大同。

——（清）康有为《政论集大同书》

【释文】天下是公众的，也就是大同世界了。

心不正，则道力不尽。

——（清）谭嗣同《仁学》

【释文】心不端正，那么道义的力量就不能充分发挥。

见事贵乎理明，处事贵乎心公。

——（清）金缨《格言联璧》

【释文】观察事物贵在明白道理，处理问题责在出以心心。

先去私心，而后可以治公事；先平己见。而后可以听人言。

——（清）金缨《格言联璧》

【释文】去掉私心然后才能管理公事，去掉个人成见然后才能听不同的意见。

谦卑篇

战战兢兢，如临深渊，如履薄冰。

——《诗经·小雅》

【释文】做事要小心谨慎，就像站在深渊旁边和走在薄冰上。

满招损，谦受益。

——《尚书》

【释文】自满带来损害，谦虚对人有益。

不矜细行，终累大德。

——《尚书》

【释文】不严肃地对待小节，最终要损害大德。

君子泰而不骄，小人骄而不泰。

——（春秋）《论语》

【释文】君子安详舒泰而不盛气凌人，小人傲气却不安详舒泰。

轻则寡谋，骄则无礼。

——（春秋）左丘明《国语》

【释文】轻率就缺少谋略，骄傲就不顾礼节。

江海所以能为百谷王者，以其善下之，故能为百谷王。

——（春秋）老子《道德经》

【释文】江海能成为众多山谷溪水的总汇处，是因为江海比山谷低，因此它们才成为山谷溪水的总汇。

功成而弗居。

——（春秋）老子《道德经》

【释文】成功了也不居功自傲。

知人者智，自知者明。

——（春秋）老子《道德经》

【释文】能了解别人的人是智者，能了解自己的人是明白人。

慎始如终，则无败事。

——（春秋）老子《道德经》

【释文】像开始一样谨慎到底，就不会有做不好的事情。

知不知，上；不知知，病。

——（春秋）老子《道德经》

【释文】知道自己的无知，是聪明；不懂装懂，以无知为知道，是坏毛病。

有若无，实若虚。

——（春秋）《论语》

【释文】有学问就像没有学问一样，满腹知识却像一无所知一样。

善则称人，过则称己，则民不争。

——《礼记》

【释文】成绩归于他人，错误自己承担．这样，百姓就不会彼此相争了。

君子慎始，差若毫厘，谬以千里。

——《礼记》

【释文】君子谨慎事情的开始，因为开始有毫厘之差，将来的差错就有千里之大。

身贵而愈恭，家富而愈俭，胜敌而愈戒。

——（战国）《荀子》

【释文】身份高贵，越要谦恭；家中富有，越要节俭；战胜了敌人，越要加强戒备。

桃李不言，下自成蹊。

——（汉）司马迁《史记》

【释文】桃树李树不会说话，但因为花朵美丽，看花的人很多，会在树下踩出个道来。

勿以身贵而贱人，勿以独见而违众。

——（三国）诸葛亮《出师》

【释文】不因地位高贵就不尊重别人，不因有独到见解就不听众人的意见。

无贵无贱，无长无少，道之所存，师之所存。

——（唐）韩愈《师说》

【释文】无论出身高贵或贫贱，无论年龄大或小，真理和知识在谁那里，谁就是我的老师。

惧满溢，则思江海下百川。

——（唐）魏征《论时政疏》

【释文】担心骄傲自满，就常想江海是怎样容纳下千百条河水的。

慎重则必成，轻发则多败。

——（宋）苏轼《拟进士对御试策》

【释文】慎重就一定成功，轻率大多会失败。

天下之事，成于惧而败于忽。

——（宋）吕祖谦《东莱集》

【释文】天下的事情，成功是由于小心谨慎，失败是由于疏忽大意。

虚己者，进德之基。

——（明）方孝孺《侯域杂赋》

【释文】虚心和律己是增进德行的基础。

为人第一谦虚好，学问茫茫无尽期。

——（明）冯梦龙《警世通言》

【释文】做人第一是谦虚，做学问是一件没有尽头的事情。

虚心然后能尽心。

——（宋）张载《语录》

【释文】只有虚心，然后才能尽心做大事。

不赫赫取誉，不察察为明。

——（元）柳贯《谧议》

【释文】不靠炫耀自己来捞取名声，不把吹毛求疵当作明察。

自智者，无明也；自材者，无能也。

——（宋）崔敦礼《刍言》

【释文】自以为智慧就谈不上什么聪明，自以为有才能就没有什么能力。

不见空稻壳，得意抬头高。不见结实稻，低头不骄傲！

——冯玉祥《冯玉祥诗选》

【释文】头抬得高得意的都是瘪稻，头低下去不骄傲的都是实稻。

奉献篇

志士仁人，无求生以害仁，有杀身以成仁。

——《论语·卫灵公》

【释文】有志向和道德的人，不会因贪生而损害仁义道德，只会舍弃生命来成全仁义道德。

进不求名，退不避罪，唯民是保，而利合于主。国之宝也。

——（春秋）孙武《孙子兵法》

【释文】在战事中将领进攻和退守都不从个人的名利得失出发，而是为国家为民众的利益着想，这才是国家的宝贵人才。

死而不亡者，寿也。

——（春秋）老子《道德经》

【释文】身死而品德名声不被后人所忘的人才是真正的长寿。

兵有五致：为将忘家，逾垠忘亲，指敌忘身，必死则生，急胜为下。

——（战国）尉缭《尉缭子·兵教下》

【释文】军队有五项要求：受命为将要忘记家，离家保卫边疆要忘记亲人，临阵杀敌要不能贪生，抱定必死信念方得到生存，急于求胜是不可取的下策。

仰不愧于天，俯不怍于众人。

——（战国）《孟子》

【释文】抬头无愧于上天，低头无愧于众人。

人固有一死，或重于泰山，或轻于鸿毛。

——（汉）司马迁《报任安书》

【释文】人生固有一死，有的重于泰山，有的轻于鸿毛。

苟利社稷，则不顾其身。

——（汉）马融《忠经》

【释文】只要对国家有利的，就不顾生死去做。

生为百夫雄，死为壮士规。

——（三国）王粲《咏史诗》

【释文】生是男儿中的英雄，死是壮士中的模范。

捐躯赴国难，视死忽如归。

——（三国）曹植《白马篇》

【释文】为国家的苦难献出自己的身躯，把死当作回家一样。

见利争让，见义争为，有不善争改。

——（隋）王通《中说》

【释文】见到利益争着谦让，见到正义的事抢着去做，有不完善的地方就积极改正。

寄语丈夫雄，苦乐身自当。

——（唐）李益《从军有苦乐行》

【释文】寄语英雄男儿，苦乐都由自己承担。

大丈夫行事，当磊磊落落，如日月皎然。

——（唐）房玄龄《晋书》

【释文】大丈夫做事情，应当胸怀坦荡，如同日月一样光明正大。

先天下之忧而忧，后天下之乐而乐。

——（宋）范仲淹《岳阳楼记》

【释文】在天下百姓担心忧虑之前自己先担心忧虑，在天下百姓开心快乐之后自己才开心快乐。

但令身未死，随力报乾坤。

——（宋）文天祥《指南录》

【释文】只要生命还未停止，都要尽力报效国家。

一年三百六十日，多是横戈马上行。

——（明）戚继光《马上行》

【释文】一年三百六十天，大多是在沙场征战骑马度过的。

君子之为君子也，一人死而万人寿，一人痛而万人愈；一人忧而万人乐，一人劳而万人逸。

——（明）庄元臣《叔苴子内篇》

【释文】君子之所以是君子，是因为他一个人死了而使万众长寿，一个人伤痛而使万众康复，一个人忧伤而使万众快乐，一个人疲累而使万众得到安逸。

金瓯已缺总须补，为国牺牲敢惜身？

——（清）秋瑾《祖国沉沦感不尽》

【释文】金瓯是指盛酒的器皿，这里指国土。国土已经被侵占总要收回来，为国家不惜牺牲个人生命。

大丈夫当不为情死，不为病死，当手杀国仇而死。

——黄兴《为吴池题词》

【释文】大丈夫应当不为感情而死，不为生病而死，应当为杀掉国家的仇敌而死。

度量篇

君子以厚德载物。

——《周易》

【释文】君子用自己的宽厚容纳天地万物。

君子坦荡荡，小人长戚戚。

——《论语·子路》

【释文】君子胸怀坦荡，无忧无虑；小人心胸狭隘，常常忧虑重重。

恭则不侮，宽则得众。

——《论语》

【释文】自重就不会受辱，宽厚就会得到大众拥护。

高山仰止，景行行止。

——《诗经》

【释文】崇高的道德如巍峨的高山一样让人敬仰，光明的品行如宽广的道路让人行走。

必有忍，其乃有济；有容，德乃大。

——《尚书》

【释文】君子必须能够忍耐才能有成就，能够容纳才能提高自己的品德。

己欲立而立人，己欲达而达人。

——《论语·雍也》

【释文】自己想要有所树立，马上想到也要让别人有所树立；自己想要通达，马上想到也要让别人通达。

爱人者人恒爱之，敬人者人恒敬之。

——《孟子》

【释文】爱别人的人才会受到恒久的爱；尊敬别人的人，才会受到恒久的尊敬。

成大功者不小苛。

——（汉）刘向《说苑》

【释文】能成就大功业的人，对小事不苛求。

外宽而内直，自设于隐括之中，直己而不直人。

——（汉）韩婴《韩诗外传》

【释文】对人宽松而对自己严格，沉浸在默默地自我修养当中，严格要求自己而不苛求别人。

人之浅则无道德。

——（汉）黄石公《素书》

【释文】人浅薄就没有道德修养。

天称其高者，以无不覆；地称其广者，以无不载；日月称其明者，以无不照；江海称其大者，以无不容。

——（三国）曹植《求通亲亲表》

【释文】苍天能称得起高，是因为它什么都可以覆盖；大地能称得起广阔，是因为它什么都可以承载，太阳和月亮能称得起明亮，是因为它们什么都可以照耀；长江和大海能称得起宏大，是因为它们什么都可以容纳。

用得其长，则才无或弃；偏诘其短，则触物无可。

——（晋）葛洪《抱朴子》

【释文】用人长处就不会遗漏人才，专门挑剔苛求短处那所遇见的人、物都不能用。

水至清则无鱼，政至察则众乖，此自然之势也。

——（唐）房玄龄《晋书》

【释文】水太清就没有鱼，为政过分苛刻、明察，民众就会乖张，这是自然之理。

记人所长，忘人所短。

——（唐）张九龄《敕渤海王大武艺书》

【释文】记住一个人的长处，忘记一个人的短处。

以大度兼容，则万物兼济。

——（宋）《事实类苑》

【释文】以宽容大度对待万物，那万物就能相互得益。

人不可貌相，海水不可斗量。

——（元）无名氏《小尉迟》

【释文】评判一个人不能光看他的长相，测量海水多少不可以用斗量。

泰山不却微尘，积小垒成高大。

——《名贤集》

【释文】泰山不拒微尘，所以积小成大。

志量恢宏纳百川，遨游四海结英贤。

——（元）马致远《陈抟高卧》

【释文】度量大的人心中可以容纳千川百壑，遨游四海能结交许多英雄贤良。

英雄者，胸有大志，腹有良谋，有包藏宇宙之机，吞吐天地之志也。

——（明）罗贯中《三国演义》

【释文】英雄，都是心胸有很大的志向，肚里有很好的策略，能够藏得住宇宙万物，能够吞吐天地宏大志向的人。

天地本宽，而鄙者自隘。

——（明）洪自诚《菜根谭》

【释文】天地本来广阔，但浅薄的人自己把它弄小了。

大其心，容天下之物；虚其心，受天下之善；平其心，论天下之事；潜其心，观天下之理；定其心，应天下之变。

——（明）吕坤《呻吟语》

【释文】放宽心胸，容纳天下事物；谦虚谨慎，接受天下仁善；平心静气，分析天下事情；潜心钻研，纵观天下事理；坚定信念，应付天下变化。

人非圣贤，孰能无过。

——（清）汤斌《汤子遗书》

【释文】人不是圣贤，怎么能没有过错？

开诚心，布大度。

——（清）康有为《上清帝第一书》

【释文】打开真诚的心，广布宽容的度量。

君子以细行律身，不以细行取人。

——（清）魏源《默觚下·治篇》

【释文】君子在小事情上严格要求自己，却不以小事情衡量别人。

大着肚皮容物，立定脚跟做人。

——（清）金缨《格言联璧》

【释文】度量放大点做事，脚跟站稳点做人。

毋毁众人名，以成己善；毋没天下理，以护己过。

——（清）金缨《格言联璧》

【释文】不能用毁掉他人的声誉来成就自己的美名；别不顾天下的公理去掩饰自己的过失。

海纳百川，有容乃大；壁立千仞，无欲则刚。

——（清）林则徐

【释文】大海接纳千百条河流，由于能够容纳而广阔；石壁立起来高达千丈，由于没有私欲而刚直。

情趣篇

与朋友交，言而有信。

——（春秋）《论语》

【释文】人与人交往，要守信用。

赠人以言，重于金石珠玉。

——《荀子》

【释文】赠人有益的话，比送人金银珠宝更宝贵。

益者三友，损者三友。友直，友谅，友多闻，益矣；友便辟，友善柔，友便佞，损矣。

——（春秋）《论语》

【释文】有三种有益的朋友，也有三种有害的朋友。与正直、诚实和博学的人交朋友，是有益的；同奉承、讨好、巧言令色的人交朋友，是有害的。

君子成人之美，不成人之恶，小人反是。

——《春秋》

【释文】君子成全人的好事，而不帮助人干坏事，小人则相反。

君子和而不流。

——《礼记》

【释文】君子和蔼待人，但不轻易随波逐流。

君子之交淡如水。

——《庄子》

【释文】君子与人交往就像水那样清淡。

古之君子，交绝不出恶声。

——《战国策》

【释文】古时候的君子，即使断绝了来往，也不会说对方的坏话。

二人同心，其利断金；同心之言，其臭如兰。

——《周易》

【释文】两个人一条心，产生的力量会把金子折断；同心同德的话语，就像兰花一样芳香。

同事之人，不可不审察也。

——《韩非子》

【释文】做着同样事情的人，对其中的区别一定要认真审察辨析。

交友以义，不慕势利。

——（秦）孔鲋《孔丛子》

【释文】交朋友要讲道义，不要羡慕有钱有势的人。

朋而不心，面朋也；友而不心，面友也。

——（汉）扬雄《法言》

【释文】朋友不交心只是表面的朋友，心心相印才是真正的朋友。

同志为友。

——（汉）许慎《说文解字》

【释文】志同道合才是朋友。

一死一生，乃知交情；一贫一富，乃知交态；一贵一贱，交情乃见。

——（汉）司马迁《史记》

【释文】生死关头，才知道交情的真伪；贫富转变，才知道交情的深浅；地位变化，交情的真假才能看到。

以财交者，财尽则交绝；以色交者，华落而爱渝。

——（汉）刘向《战国策》

【释文】以财物与人交往，财物尽了交情也就断了；以美色与人交往，华色衰了爱情也就变了。

君子亮直，行不柔辟；友贱不耻。诲焉是益。

——（三国）王粲《反金人赞》

【释文】君子诚实耿直，行为就不会软弱乖僻，朋友地位卑贱不是耻辱的事情，认真教诲使其受益。

不强交，不苟绝。

——（隋）《中说》

【释文】不勉强交友，也不随便和朋友绝交。

朋友之交，不宜浮杂。

——（晋）葛洪《抱朴子》

【释文】交朋友，不能杂乱轻浮。

落地为兄弟，何必骨肉亲。

——（晋）陶渊明《杂诗十二首》

【释文】人一生下来，本来就像兄弟一样，又何必骨肉相连才称得上亲呢?

海内存知己，天涯若比邻。

——（唐）王勃《杜少府之任蜀州》

【释文】四海之内有朋友存在，那么即使远在天涯也像是邻居一样。

良友不可以不明，明之而理全；恶人不可以不拒，拒之而道显。

——（宋）李昉《太平御览》

【释文】对好友不能不真诚坦率，真诚坦率才能保全和坚持真理；对恶人不能不抵制，抵制才能表现和彰显德行。

君子必隆师而亲友。

——（宋）周敦颐《师友》

【释文】君子必然尊重老师，亲近朋友。

不正而合，未有久而不离者也。

——（宋）朱熹《近思录》

【释文】不以正道交朋友，时间长了，没有不分手的。

良言一句三冬暖，恶语伤人六月寒。

——（明）《名贤集》

【释文】一句好话会使人即使在严寒的冬天也感到温暖，一句坏话会使人即使在六月天也会感到寒冷。

人休不择就交，话休不想就说，事休不思就做。

——（明）吕坤《呻吟语》

【释文】人不要没有选择就结交，话不要没有想好就出口，事情不要没有考虑就去做。

道义相砥，过失相规，畏友也；缓急可共，死生可托，密友也。

——（明）苏浚《鸡鸣偶记》

【释文】道义和学业上相互砥砺，对缺点和错误直言相劝的是敬畏的朋友；以心相交、缓急与共的是亲密的朋友。

畏友胜于严师。

——（清）申涵光

【释文】一个敬畏的朋友胜于严格的老师。

患难见朋友。

——（清）慵讷居士

【释文】在困难中可以看到真正的朋友。

道德篇

德不孤，必有邻。

——《论语》

【释文】有道德的人不会孤单，有德的人必会来亲近他。

万事莫贵于义。

——《墨子·贵义》

【释文】所有的事情没有比仁义道德更珍贵的。

德，福之基也；无德而福隆，犹无基而厚墉也，其坏也无日也。

——《国语·晋语六》

【释文】有仁义道德是幸福的根基，没有道德而享有幸福，就像没有地基的围墙，很快就会坏掉。

人莫知其子之恶，莫知其苗之硕。

——《礼记·大学》

【释文】人往往由于溺爱不知道自己孩子的缺点，由于不满足不知道自己的禾苗长得好。

天见其明，地见其光，君子贵其全也。

——《荀子》

【释文】天显示它的光亮，地显示它的宽广，君子看重的是道德品质的完善。

见色而忘义，处富贵而失伦，谓之逆道。

——《晏子春秋》

【释文】看到女色就忘记仁义道德，处于富贵当中就开始丧失人伦，可以说是违背天理的。

富润屋，德润身。

——《礼记·大学》

【释文】富贵可以让屋子修饰得华美，而道德可以润泽人的身心。

有阴德者必有阳报，有阴行者必有昭名。

——《淮南子·人间训》

【释文】暗中施行道德一定会得到明显报答，暗中修行一定获得显赫名声。

君子见过忘罚，故能谏；见贤忘贱，故能让；见不足忘贫，故能施。

——《淮南子》

【释文】君子看到了过失，即使自己受到惩罚也要把该讲的话说出来；看到贤明的人尽管自己的地位不高也要让位给他；见到有人不富足尽管自己也很穷但也要施舍。

食其食者，不毁其器；食其实者，不折其枝。

——《淮南子·说林训》

【释文】有道德的人吃完食物，不会毁掉器皿；摘果实吃的人，不会折断树的枝子。

欲致其高，必丰其基；欲茂其木，必深其根。

——（晋）葛洪《抱朴子·循本》

【释文】要想建造高楼，必须让地基牢固；要想使树茂盛，必须让树根很深。

世能知善，虽贱犹显；不能明白，虽尊犹辱。

——（汉）王充《论衡》

【释文】世上的人能够明白仁义道德的，虽地位卑贱也能彰显出来；如果不能辨别善恶，即使处于高位也是耻辱的。

人甚有利而大无义，虽甚富，则羞辱大恶。

——（汉）董仲舒《春秋繁露》

【释文】有的人财富很多但他不讲仁义道德，这种人过得很富有但也是可耻可恶的。

无德而贿来，祸之胎也。

——（汉）王符《潜夫论》

【释文】没有道德而受贿，那么就是祸害的开始了。

丈夫有义者，虽贫能自乐也。而无大义者，虽富莫能自存。

——（汉）董仲舒《春秋繁露》

【释文】大丈夫讲仁义道德，虽然贫苦也能自己得到快乐。如果不讲仁义道德，虽然很富有但是也不能存在。

君子行不贵苟难，说不贵苟察；名不贵苟传，唯其当之为贵。

——（汉）荀悦《申鉴·杂言下》

【释文】君子的行为不把随随便便的难事当成可贵，学说不把随随便便的认识当成可贵，名声不把随随便便的流传当成可贵。只有以他的符合礼义为可贵。

德比于上，欲比于下。德比于上故知耻，欲比于下故知足。

——（汉）荀悦《申鉴·杂言下》

【释文】在德行上要和高于自己的人比，在欲望上要和低于自己的人比。和德行高的人相比，故有羞愧之心，和欲望低的人比，故而知道满足。说明不断提高自己品德修养，不要一味追求名利。

君子行德以全其身，小人行贪必亡其身。

——（汉）刘向《说苑》

【释文】君子施行仁义道德，是使自己品德更加完整；小人进行贪污，必然会把自己灭掉。

千里始足下，高山起微尘。

——（唐）白居易《续座右铭》

【释文】一千里的路程开始于脚下，高山是靠一点点微小的尘土积累起来的。

不患无位，而患德之不修也；不忧其贱，而忧道之不笃也。

——（唐）罗隐《两同书》

【释文】不必担心没有官做，而担心自己的仁义道德不完整；不担忧自己的地位下贱，而担忧自己对道义掌握得不够深厚。

一德之立而百善从之。

——（宋）杨时《河南程氏粹言》

【释文】一个人如果有道德，那么百善都会跟从他。

有源之水，寒冽不冻；有德之人，厄穷不塞。

——（宋）胡宏《知言》

【释文】有源泉的水，即使天寒也不会冻结；有仁义道德的人，再贫穷困难也不会使道路阻断。

无官何患，无钱何惮，休教无德人轻慢。

——（元）张养浩《山坡羊·述怀》

【释文】没有官做不必担心，没有钱也不必害怕，切莫没有道德让人瞧不起。

种树者必培其根，种德者必养其心。

——（明）王守仁《传习录》

【释文】种树的人必须培育树的根，有仁义道德的人必须培养自己的心。

节俭篇

俭节则昌，淫佚则亡。

——《墨子·辞过》

【释文】节俭就能繁荣昌盛，纵欲放荡就会灭亡。

去无用之费，圣王之道，天下之大利也。

——《墨子·节用》

【释文】统治者要取消掉不实用的开支，这是开明君主治理国家之道，对天下百姓有很大好处。

以俭得之，以奢失之。

——《韩非子·十过》

【释文】靠节俭得到，以奢侈失去。

俭，德之共也；侈，恶之大也。

——《左传·庄公二十四年》

【释文】节俭是所有有道德的人都有的；奢侈，在不好的道德中排在首位。

克勤于邦，克俭于家。

——《尚书》

【释文】为国家做事一定要勤奋，在家庭生活一定要节俭。

惰而侈，则贫；勤而俭，则富。

——《管子·形势解》

【释文】懒惰而且奢侈，就会贫穷；勤劳而且节俭，就会富有。

生财有大道，生之者众，食之者寡，为之者疾，用之者舒，则财恒足矣。

——《礼记·大学》

【释文】创造财富有其道理，就是使创造财富的人增多，消费的人减少，生产的人加快速度，消费做到细水长流，这样财富就可以持续增长了。

足国之道，节用裕民，而善藏其余。

——《荀子·富国》

【释文】国家富足的道理在于节俭使者百姓富裕，而且要善于储藏节余。

生之有时而用之亡度，则物力必屈。

——（汉）贾谊《新书》

【释文】庄稼生长是有季节的，如果享用它没有一定的限度，那么财物很快就会消耗尽。

有国者未尝不以恭俭也，失国者未尝不以骄奢也。

——（汉）韩婴《韩诗外传》

【释文】得到国家的无不是恭敬节俭，失去国家无不是骄傲和奢侈。

处贵戒之奢，守满持之约。

——《隋书》

【释文】身处富贵时一定要告诫自己不要奢侈，坚守自己的富足一定要坚持节约。

历览前贤国与家，成由勤俭破由奢。

——（唐）李商隐《咏史》

【释文】看看历史以前的国家和家庭，成功的都是进行节俭，破败的都是因为奢侈浪费。

俭开福源，奢起贫兆。

——《魏书·李彪传》

【释文】节俭是幸福的起源，而奢侈浪费则是贫苦的征兆。

由俭入奢易，由奢入俭难。

——（宋）司马光《训俭示康》

【释文】由节俭到奢侈容易，由奢侈到节俭困难。

一日一钱，千日一个。

——（宋）罗大经《鹤林玉露》

【释文】一天挣一个钱，一千天花掉一个。

俭约，所以彰其美也。

——《资治通鉴·梁纪》

【释文】勤俭节约，是应该发扬的美德。

奢者心常贫，俭者心常富。

——《谭子化书》

【释文】奢侈的人心里常常感到贫穷，节俭的人心里总是感到富有。

俭约不贪，则可延寿；奢侈过求，受尽则终。

——《饮食绅言》

【释文】节约而且不贪婪，可以使人长寿；奢侈浪费太多，用完也就生命终结了。

勤与俭，治生之道也。不勤，则寡之；不俭，则妄费。

——《训俗遗规》卷三

【释文】勤劳和节俭，是一个人养生的方法。如果不勤劳，收获就很少；如果不节俭，那么会很浪费。

用不节，财何以丰，民不苏，国何以安。

——（宋）《省心录》

【释文】用度不节俭，财物怎么可以丰厚；民众不苏醒，国家又怎么能够安宁。

富国之术，不在乎聚敛而在惜费。

——（宋）辛弃疾《九议》

【释文】富国的方法，不在于聚集财物，而在于珍惜节俭费用。

常将有日思无日，莫持无日想有时。

——（明）张居正《张太岳集》

【释文】常常在富有的时候想想没有的时候，不要等到没有的时候想富有。

唯俭养德，唯侈荡心。

——《明通鉴》

【释文】只有节俭可以培养一个人的美德，只有奢侈会使人心变得放荡。

不患不富，患不知节。

——（明）张居正《请裁抑外戚疏》

【释文】不要担心不富有，而要担心不知道节俭。

一粥一饭，当思来之不易；半丝半缕，恒念物力维艰。

——（明）朱柏庐《朱子治家格言》

【释文】一碗粥一碗米饭，应当想到它的到来不容易；半截丝半截线，都经常要想到是很艰辛的劳作成果。

节俭朴素，人之大德；奢侈华丽，人之大恶。

——（明）薛暄《读书录》卷七

【释文】节俭朴素，是一个人的重要美德，奢侈华丽，是一个人最大的罪恶。

三寸之管而无当，不可满也。

——（明）张居正《请裁抑外戚疏》

【释文】粗不过三寸的管子，如果没有底，永远也填不满。

取之有制，用之有节则裕；取之无制，用之不节则乏。

——（明）张居正《论时政疏》

【释文】取的时候要有制度，用的时候要有节俭，那么就会富裕；取的时候没有制度，用的时候又不节俭，那么就会贫乏。

数千金拮据而成，数十金零星而尽。

——（清）朱舜水《中原阳九述略》

【释文】数千金节俭也能积累起来，数十两黄金零零星星很快就会花掉。

身自不俭，断不能范家；家之不俭，必至于累身。

——（清）汪辉祖《佐治药言》

【释文】自身不节俭，一定不能做家庭的典范；一个家庭不节俭，必然会连累到自身。

第五章 读经典

诵读经典 回味悠长

在中国汉语语境中，经典一般是指儒家载籍、宗教典籍和文献典籍。顾名思义，经典是指具有典范性、权威性的著作，直白地说就是经过历史选择出来的最有价值的书。

古今中外，各个知识领域中那些典范性、权威性的著作，就是经典。尤其是那些重大原创性、奠基性的著作，更被单称为“经”，如老子、论语、圣经、金刚经。有些甚至被称为经中之经，位居群经之首，比如中国的《易经》，佛家的《心经》等。

甲骨文的“典”是个会意字，上面是册字，下面是大，合起来就是大本大册的书。

中国文化浩瀚如海，读经典无疑是一种智慧。

诵经典，赋心智。

诵读廉政经典文，如清风拂心，心澄意远……

爱莲说

（宋）周敦颐

水陆草木之花，可爱者甚蕃。晋陶渊明独爱菊；自李唐来，世人盛爱牡丹；予独爱莲之出淤泥而不染，濯清涟而不妖，中通外直，不蔓不枝，香远益清，亭亭净植，可远观而不可亵玩焉。

予谓菊，花之隐逸者也；牡丹，花之富贵者也；莲，花之君子者也。噫！菊之爱，陶后鲜有闻；莲之爱，同予者何人；牡丹之爱，宜乎众矣。

【译文】

水上和陆地上草本木本的花中，可以喜爱的有很多。晋代陶渊明唯独喜爱菊花。自从唐朝以来，世上的人们很喜爱牡丹。我唯独喜欢莲花，它从淤泥中生长出来，却不受淤泥的沾染；它经过清水的洗涤后，却不显得妖媚。它的茎中间是贯通的，外形是笔直的，不生枝蔓，不长枝节。香气传播得越远越清幽，它笔直洁净地立在那里，（人们）可以远远地观赏它们，却不可靠近去玩弄它。

我认为，菊花，是花中的隐士；牡丹，是花中富贵的花；莲花，是花中的君子。唉!（感叹词，在此作助词，以加重语气。）对于菊花的喜爱，在陶渊明之后就很少听说了。对于莲花的喜爱，像我一样的还有什么人？对于牡丹的喜爱，人该是很多了。

【美文赏析】

莲花，曾是古往今来文人笔下高歌咏叹的对象，但大多数文人都是惊叹于它的清姿素容，并将其形诸笔端；而这篇散文精品却独辟蹊径，通过对莲的形象和品质的描写，歌颂了莲花坚贞的品格，从而也表现了作者洁身自爱的高洁人格，不与世俗同流合污和对追名逐利世态的鄙视和厌恶。

从内容上看，这篇文章可明显分为两部分：前一部分对莲花高洁的形象极尽铺衬描绘之能事；第二部分则揭示了莲花的比喻义，分评三花，并以莲自喻，抒发了作者内心深沉的慨叹。

文章的前一部分，写出了莲花的高贵品质。首先，“出淤泥而不染，濯清涟而不妖”句，写出了莲花身处污泥之中却纤尘不染，不随世俗、洁身自爱和天真自然不显媚态的可贵精神；其次，“中通外直，不蔓不枝”，写出了它空管挺直、不牵扯攀附的高尚品质；再次“可远观而不可亵玩”，写出了莲如傲然不群的君子一样，凛然不可侵犯。

前文所说的一切，事实上是作者人格的写照，是作者心志的自明，关于这一点，我们可以从文章的第二部分得到证明。正如作者所说：“莲之爱，同予者何人？”其间的潜台词就是感慨于像他一样具有莲花之洁的人实在太少了。

文章第一段以菊花和牡丹衬托，表明自己独爱莲花，并描绘莲花的形象，赞美莲花的品格。第二段与菊花的“隐逸”、牡丹的“富贵”相比较，点明莲花“君子”的比喻意义，表明作者对君子的向往之情和洁身自好的生活态度。

全文以托物言志，以莲喻人，通过对莲花的描写和赞美，歌颂了君子“出淤泥而不染”的美德，表达了作者不与世俗同流合污的高尚品格和对追名逐利世态的鄙弃和厌恶。

在写法上，《爱莲说》具有“说”这一文体的共同特点，即托物言志。文章从“出淤泥而不染”起，以浓墨重彩描绘了莲的气度、莲的风节，寄予了作者对理想人格的肯定和追求，也反射出作者鄙弃贪图富贵、追名逐利世态的心理和自己追求洁身自好的美好情操。同时，文章还运用了对比、反衬的手法，在文中几次以菊、牡丹反衬莲之美；还把菊花的隐逸，牡丹的富贵和莲花的高洁相对比，使“爱莲”这一主题得以加深，没有空洞的说教，而是通过三种形象的对比的高明手法，达到深化主题的目的。文章以一个“爱”字贯通全文，把爱莲这一主题落到了实处，也把爱莲描写得淋漓尽致。这首诗在语言上也同样富有特色，那就是优美简练，的确是如莲之美——“不蔓不枝”，没有多余的无用之语。其重点是“出淤泥而不染，濯清涟而不妖”。这一句与“近朱者赤，近墨者黑”表达的意思恰好相反。其中心句为：“莲，花之君子者也。”

古人写文一般都是借物抒怀，同样的一句话，都有两层意思，一层喻物，一层抒怀。同样，“出淤泥而不染，濯清涟而不妖”也有第二层抒怀意思。隐喻作者本身具有“出淤泥而不染，濯清涟而不妖”的高尚品格。实际上，他说的意思就是：官场黑暗，要在官场上保持自己高洁的品格，就如同莲花出淤泥而不染那么难。这也是他为官的经验总结，因为他不想同流合污。而“濯清涟而不妖”，不过是作者的一种良好愿望罢了。所以百花之中独莲而能为，弥足可贵也。

周敦颐的《爱莲说》从“水陆草木之花，可爱者甚蕃”开篇，深沉大气，既点明了《爱莲说》之莲也属水陆草木之花，也点明了莲的可爱，只是“甚蕃”者里的之一罢了。这为他下文的“予独爱莲”埋下了顺理成章的伏笔。如此开篇，出笔皆成不凡，吸人眼球。接下去周敦颐并没在甚蕃里纠缠，只是直接缩景。一句“晋陶渊明独爱菊”，更加明确了题意，陶渊明可以爱菊抒怀，我怎不可独爱莲呢？

接下句“自李唐来，世人甚爱牡丹”，像是重复，但实为加深语意也，而且此句入文，让对比感更为强烈，为其求莲之高洁铺下了引子。大意是周敦颐本人独爱莲与晋陶渊明的爱菊避世不同，他要在尘世中当个出淤泥而不染的君子。这种在污世保持清白与独自避世求真的心态，与众人皆羡富贵（牡丹）的从众心态是有着思想境界上本质的区别，这为爱莲说所要表达的“出淤泥而不染”做了最好的铺垫。

下句周敦颐就直接进入了正题“予独爱莲之出淤泥而不染，濯清涟而不妖，中通外直，不蔓不枝，香远益清，亭亭净植，可远观而不可亵玩焉”，写莲之语，爱莲之心，喻莲之志，可谓一气呵成，看似是对莲的直观描写，其实字字句句皆是借莲之表象倾诉心衷也。语言超凡脱俗，而回味却是隽永绵长，越品越有滋味。

收篇，周敦颐先用花进行比喻，让花的特性喻人，虽平淡，但比喻贴切，让人读来也别有一番滋味。“予谓菊，花之隐逸者也；牡丹，花之富贵者也；莲，花之君子者也”。此平淡之句接上节“晋陶渊明独爱菊；自李唐来，世人盛爱牡丹；予独爱莲……”可谓浑然一体，不着丝毫痕迹。而更重要的是，借花喻人，将陶渊明的避世，世人皆追求荣华富贵的心态描写得淋漓尽致，而无一言直接指责。在文章结尾，作者一叹真正隐逸的高士极少，二叹品格高尚的君子罕见，三叹贪慕富贵的俗人很多，耐人寻味，发人深省。

周敦颐通过这样的对比，将自己比喻为君子。君子难为，犹胜于避世也。从这一点来看，周敦颐有些孤芳自赏的意思。不过周敦颐也有些自知之明，接下去他发出了深沉的感叹“菊之爱，陶之后鲜有闻；莲之爱，同予者何人？牡丹之爱，宜乎众矣”。是的，滚滚红尘，又有多少人能避世以求一份真呢？晋有陶渊明，可现在却听都没听到还有人会这样做的。或是像我一样的，在尘世中能相守一份纯净的，有着我这样追求君子风范的，又有几人？大多数的人，皆在红尘世事中从众罢了。从这里可以看出，周敦颐是高傲的，他那种不从众只求纯净的心态，在碌碌尘世中是难能可贵的。他感叹，是因为世风日下，大多数人皆被世事玷染也。

本文托物言志，表达了作者不慕名利，洁身自好，不与世俗同流合污的态度，同时也表达了作者对追名逐利，趋炎附势的鄙弃。歌颂了君子“出淤泥而不染，濯清涟而不妖”的美德，表达作者不与世俗同流合污的高尚情操。

文章高风亮节，清雅脱俗，精短，朗朗上口，有押韵，实为古文中难得的精品短篇。而且一文双解，内容厚实而意境深远。加上其文近似白话，易读易解，所以成了流传后世、脍炙人口的佳品。在赏析此文的时候，如果能感动于文中的志节，这也就是读此文的最佳所得吧。《爱莲说》的结构，我们可以概括为：一条线索，即以对莲的喜爱为线索；两个陪衬，以水陆草木之花为莲的总陪衬，以菊和牡丹为莲的旁衬和反衬；三种类型，即爱菊花、爱牡丹、爱莲花指代三种人，菊花指隐居避世的人；莲花指品德高尚不愿与世俗同流合污的人；牡丹指追求富贵高傲之人。

【周敦颐与莲池】

周敦颐(公元1017年—1073年)，字茂叔，号濂溪，谥号元公，宋营道楼田堡（今湖南道县）人，原名敦实。世称濂溪先生。中国北宋时期思想家、理学家、哲学家。北宋理学的创始人，他的理学思想在中国哲学史上起到了承前启后的作用。周敦颐志趣高远，博学力行，有古人之风，他的学问、气度，也感动过许多人来追随他学习，其中最著名的，就是程颐、程颢两兄弟，他们后来都成了南宋一代著名的理学家。

母舅龙图阁学士郑向任分宁（修水）主簿，调南安军司理参军，移桂阳令，徙知南昌，历合州判官、虔州通判。熙宁初知郴州，擢广东转运判官，提点刑狱。所到之处，皆有实绩。“在合州郡四年，人心悦服，事不经先生之手，吏不敢决”。晚年知南康军，治所在今星子县城。曾游览庐山，为庐山的山水所吸引，在其自为诗中道：“庐山我爱久，买田山中阴。”因筑室庐山莲花峰下，前有溪，合于湓江，取营道故居濂溪以名之，遂定居于此，并将原在故里的母亲郑木君墓迁葬于庐山清泉社三起山。敦颐卒，亦附葬于母亲墓旁。以后子孙世居江州，后裔绵衍。周敦颐是学术界公认的理学派开山鼻祖。“两汉而下，儒学几至大坏。千有余载，至宋中叶，周敦颐出于舂陵，乃得圣贤不传之学，作《太极图说》、《通书》，推明阴阳五行之理，明于天而性于人者，了若指掌。”《宋史·道学传》将周子创立理学学派提高到了极高的地位。

周敦颐先后于1067年在湖南邵州（今湖南邵阳）、1071年江西南康建有爱莲池。据朱熹《邵州特祀濂溪先生记》和彭谨《爱莲亭记碑》两文均说周敦颐1067年“以永州通判摄邵州事”，《爱莲池记碑》记载：“周子在邵州衙东北隅辟池种莲”，《湖南乡土地理志》记载：“周敦颐以永州淬摄邵州事……辟池种莲”，清雍正时期编辑的《古今图书集成》之《方舆汇编、职方典、宝庆府古迹考一》记载：“爱莲池，周敦颐先生观莲处，在邵著《爱莲说》”。

淳熙六年（公元1179年），朱熹调任南康知军，满怀对周敦颐的仰慕之情，重修爱莲池，建立爱莲堂，并从周的曾孙周直卿那儿得到周敦颐《爱莲说》的墨迹，请人刻之于石立在池边。朱熹赋诗道：

闻道移根玉井旁，
花开十里不寻常；
月明露冷无人见，
独为先生引兴长。

廉耻

顾炎武（明末清初思想家）

五代史冯道传论曰：“‘礼、义、廉、耻，国之四维；四维不张，国乃灭亡。’善乎管生之能言也！礼、义，治人之大法；廉、耻，立人之大节。盖不廉则无所不取，不耻则无所不为。人而如此，则祸败乱亡亦无所不至。况为大臣而无所不取，无所不为，则天下其有不乱，国家其有不亡者乎？”

然而四者之中，耻尤为要，故夫子之论士曰：“行已有耻。”孟子曰：“人不可以无耻。无耻之耻，无耻矣。”又曰：“耻之于人大矣！为机变之巧者，无所用耻焉。”所以然者，人之不廉而至于悖礼犯义，其原皆生于无耻也。故士大夫之无耻，是谓国耻。

吾观三代以下，世衰道微，弃礼义，捐廉耻，非一朝一夕之故。然而松柏后凋于岁寒，鸡鸣不已于风雨，彼昏之日，固未尝无独醒之人也。

顷读颜氏家训，有云：“齐朝一士大夫，尝谓吾曰：‘我有一儿，年已十七，颇晓书疏。教其鲜卑语及弹琵琶，稍欲通解，以此伏事公卿，无不宠爱。’吾时俯而不答。异哉，此人之教子也！若由此业，自致卿相，亦不愿汝曹为之！”嗟呼！之推不得已而仕于乱世，犹为此言，尚有小宛诗人之意；彼阉然媚于世者，能无愧哉！

【译文】

五代史冯道传评论说：“礼、义、廉、耻是国家的四个纲纪；这四个纲纪不能伸张，国家就会灭亡。”说得好啊！管仲如此善于立论啊！礼、义是治理人民的重要法则；廉、耻是培植人民的重要操守。因为不廉洁就没有什么不贪取的，不知耻就没有什么不敢做的。人如果像这样，那么灾祸、颓败、变乱、灭亡，也就没有不降临的了。何况身为大臣若是没有什么不贪取，没有什么不敢做的，那么天下哪有不混乱，国家哪有不灭亡的道理呢？

可是在这四个纲纪当中，知耻是最为重要的，所以孔子的在谈论士人的道理时说：“对自己的所作所为要有羞耻心。”孟子说：“人不可以没有羞耻心。能将无耻视为最可耻的事,则终身必能远离耻辱。”又说：“羞耻心对于人是很重要的，从事投机应变巧术的人，是没什么事情会感到羞耻的。”他们会这么说的原因，是由于一个人如果不廉洁，到了违背礼节损害道义的地步，那原因都是出自没有羞耻心啊。所以身为士大夫如果没有羞耻心，这可说是国家的耻辱。

我看夏商周三代以后，世风衰退，正道也没落了，背弃礼义，舍去廉耻，不是一天一夜的缘故所造成。可是在岁暮天寒时节松柏仍旧坚持到最后凋谢，在风雨交加的日子，公鸡依然不停地啼鸣报晓，而在那众人都昏睡沉迷的时候，当然也不会没有特别清醒的人啊！

我最近阅读颜氏家训，其中有段内容说：“齐朝有一个士大夫，曾经告诉我说：‘我有一个儿子，年纪已经十七岁了，略微懂得一些书表奏章，教他说鲜卑话，以及弹奏琵琶，也快要熟练理解了，凭着这些本事，去侍奉王公卿相，没有不疼惜他的。’我当时低着头不回答。真是奇怪啊！这个人这样教导孩子！倘若用这种卑鄙的方式，去换取富贵，如果循着这样的学习过程就能够求得公卿宰相的高位，我也不希望你们这样做！”可叹啊！颜之推是因为没有办法避免，才在混乱的时局中做官，尚且说出这番话来，还存有小宛诗人不同流合污的心情，那些鬼鬼祟祟讨好当今异族的人，能不感到惭愧吗？

廉耻论

洪亮吉（清）

洪亮吉（1746—1809年），清代文学家。初名莲，又名礼吉，字君直，一字稚存，号北江，晚号更生居士。安徽歙县人，生于江苏阳湖（今常州）。清乾嘉时期著名的诗人、学者，并因人口方面的学说而著称。洪亮吉自幼丧父而刻苦读书，与同里黄景仁、孙星衍友善，并得袁枚、蒋士铨的赏识。乾隆五十五年（1790年）考中进士，授翰林院编修，充国史馆编纂官。与大诗人张问陶齐名，合称张洪。后督贵州学政。嘉庆元年回京供职，以越职言事获罪，充军伊犁。五年赦还，从此家居撰述至终。

廉耻之将，可使御敌；廉耻之吏，可使牧民；廉耻之士，可使入道。将不廉耻，虽胜不足喜也，是胜不敌败也；吏不廉耻，虽才能不足用也，是利不偿害也；士不廉耻，虽大儒不足重也，是得不补失也，贡、鲍、两龚，可谓廉耻之士矣；龚遂、朱邑，可谓廉耻之吏矣；李广、赵充国，可谓廉耻之将矣。三者不能并得，则廉耻之士为最。

重廉耻之士，风俗所转移也。东汉之风俗何以盛？曰重廉耻也。东汉末之风俗何以渐坏？曰败廉耻也。东汉之风俗败于胡广，继之而甚者马融也，继之而甚者王朗、华歆也，又继之而甚者王浑、王衍也。胡广之欺世以中庸，王衍之盗名以风流，故风流者，寡廉鲜耻之别名也；中庸者，亦寡廉鲜耻所窃之名也。然则廉耻何以重？曰士不敢慕风流而已矣。廉耻之道何以峻？曰士不敢饰中庸以欺世而已矣。夫数百年积之、数百人养之而坏于一二人者，东汉是也。故卓茂、鲁恭尚不救末流之失。一二人坏之而沿及数百人，沿及数百年者，五代之冯道是也。故王朴、范质亦尚蒙节士之讥。然冯道破廉耻于礼义废绝之日，罪不过为小人；胡广诸人堕廉耻于名节甚盛之朝，而世复称为儒者。使孔子而在则两观之，诛者必胡广也。

孟子曰："耻之于人大矣。"管子曰："礼义廉耻谓之四维。"居今日而欲使医者进药，大黄芒硝之症也。舍大黄芒硝之用，而欲参苓是服，则脏腑不已滋其毒乎？居今日而欲救风俗之弊、性情之失，则修廉耻之时也。舍廉耻之务而唯中庸自饰，则心术不已滋其害乎？夫流俗之士不切于日用，人犹觉之，至一号为中庸，而遂不敢置议，此则害之尤甚者也。呜呼！自非有圣人出，正华士少正卯之诛，吾恐中庸之名不绝，即廉耻之道不敦也。

廉政赋

王金铃

著名作家、翻译家、当代辞赋家，中国作协会员，国家一级作家，中国辞赋院院长，中国艺术研究院中国文化研究所研究员、舜文化研究室主任，中国翻译协会理事，山东省翻译协会会长，淄博市作家协会主席。文学著作主要有《虞舜大传》、《靖康之变》、《访欧散记》、《齐赋》、《奥运赋》、《糖都赋》、《航天赋》、《廉政赋》等。

试谓天下大事，孰者为重?曰为民；为民大事孰者为重?曰清政；清政大事孰者为重?曰倡廉。“夫廉者，政之本也”，是为吏治之首要，司政之惟途，治国之大行者。政之廉，持公正节，行俭恤民，尚贤使能，广世约身。政之廉，亦勤亦谨，亦言亦行，端悫无欺，上通下明。政廉若是，民必安，业必兴，国必盛，长安之治可期矣。

然世间万物，正反相倚，祸福同门。浊消而清显，腐除而廉存，倡廉必以反腐而立也。

夫腐者，贪赃枉法，渎职擅权。伪苛暴戾，佞猾奸谄。以权谋私，敛亿万欲壑难平；骄奢淫逸，违纲纪溺海忘返。是类种种，国怒民怨。其害始而不防，滥而不除，终酝不虞之大患焉。

昔有巨木参天者，翠盖盈亩，雄干八围，趋荫憩戏者众，乐而失察虫蚀之害。一日，风雨骤至，訇然折地。路人闻睹而悲，方识内朽久矣，徒兴迟医之叹。

呜呼!夫折木之警，其理何异腐恶危世之喻欤?是故，历来昌明之世，皆谋防微杜渐之策，皆重督监肃贪之律。廉政文化，吏治典范，如长水明炬，不息绵源。唐、虞置谏鼓谤木，秦、汉设监御司直。诸葛勤政，陆贽修身，包拯无私，于谦清白。最是近世楷模，如星布天。气清若风，学而追步，效而争先，励后昆而继前贤！

壮哉，今日之中华，千载之盛世。改革步开放之路，发展立科学之观。外执和谐世界之帜，睦邻修远；内行恤农富民之政，除课消税。万众同心，抗灾异于不测；八方共誉，办奥运于空前。国势益振，成大象于霄域；国威益隆，晤万邦于宅庭。更赖我党有识，安而防危，盛而忧衰。施政于倡廉，立党为公；树典于反腐，执政为民，其善莫大矣。

然廉政之功，事非一蹴而就，业无一劳永闲，是为历艰历久之役也。故尔，鉴今谋远，定要略于“标本兼治，综合治理”；立规范于“惩防并举，注重预防”。要言十六，方针是举，大政司南。

夫贪腐之患，顽症痼疾也，寻常安能奈何?是以亦戒亦惩，政善律严。戒则纠风约纪，医患救坠；惩则法鞭勿软，执法如山。殃民大贪者，刮骨疗毒，不怕匿深遁远；祸国巨恶者，刑动三铡，管他爵高位显。于是鬼魅丧胆，闻而潜踪；正义扬眉，趋而向善。剔朽肃贪之举，其效可瞻焉。

嗟夫，人心如涛，荡浊涤非。浩浩然，荡荡然，谁与争远？众望也，气清山河壮，政廉大旗展!

【译文】

说起天下大事，什么是最重要的?是“为民”。要做好为民大事，什么是最应注重的?是“清政”。要做到清政，什么是首先要着手解决的?是“倡廉”。因为廉洁是施政之根本，是衡量和判定官吏作风首先要看重的方面，是行政者在操守和行为方面应遵循的唯一正确准则，是治理国家中的崇高理念和规范。所谓廉政，包含主持公道；为人正派；办事节俭，关心群众疾苦；尊崇道德高尚的人；使用有能力的人；天下为念而处处为公，严于律己而遵纪守法；“廉政”还要在工作上勤勤恳恳，认认真真；言必行，行必果；做人诚实，不能欺瞒；上情下达，既对上负责，又对下负责。真的做到廉政的这些方面，人心社会安定，国家就会昌盛，就有可能达到人们盼望的长安久治的局面。

然而，世间万物，有正就有反，相互依存；有福就有祸，是对立的统一。污浊的东西消除了，清白的东西才能彰显出来。腐败铲除了，廉洁方能存立。要提倡廉洁，必须同时也要反对腐败，才能行得通。

那么，什么是腐败呢?贪污受贿；歪曲破坏法律；滥用权力；专横独断；

伪善苛刻；粗暴乖张；搬弄是非；狡黠不忠；用权利谋求私利，敛聚成亿成万的金钱财产仍满足不了自己的私欲；骄奢淫逸，在腐化堕落的深渊中眼看就要溺死了还不知悔过回头。上述种种，国家愤怒，人民怨恨。这些有害的东西，开始时若不加防范，蔓延了不加铲除，最终会酿成难以预料的大祸。

过去有一棵参天大树，翠绿的树冠张开有一亩大，树干粗得需八个人才能搂过来。很多人赶过去乘凉、玩乐和休憩，光顾得快乐而没有注意树中的虫害。有一天，狂风暴雨突然来到，那棵大树“訇”的一声折断倒在地上。路上的人听说过去一看很感悲憾，这时才发现里面被虫早已蛀空了，望着折倒的大树，只能发出徒劳无益的感叹而已。

啊!大树轰然折断的警示，其情岂不和腐恶对国家和政权危害的道理一个样吗?所以，古往今来，凡是昌盛清明的时代，都很重视如何对腐败采取防微杜渐的办法；都很重视加大监督和肃清贪腐的行政建设和法令法规的约束和执行。廉政文化，吏治方面好的典型范例，如同长流不断的河水和照耀历史的火炬一样，前传后继，绵延不断。唐尧、虞舜曾设置敢谏之鼓和诽谤之木，秦朝、汉代还专门设立监督检察机构和清吏肃贪的司直官员。三国时的诸葛亮，一生为政勤勤恳恳；唐代的陆贽严格要求自己，所以敢于直言谏事；北宋时的包拯，铁面无私，执法如山；明朝的于谦，一生廉洁，虽冤死而清白永留人间。最应该值得赞许的是近代的英模人物，可谓贤能辈出，就像散布在天上的星星。他们的浩然正气像人间的一股清风，大家争相学习效仿。继承先辈的优良传统并把它一代代传下去。

何其壮伟啊!今天的中华，是几千年以来的昌盛之世。国家采取改革开放的政策，贯彻执行科学发展观。对外高举和谐世界的大旗，与近邻为友，与远邦和睦；对内采取恤农富民的政策，取消了实行了二千六百多年的农业税。亿万人民同心同德，成功抗击一次次突然发生的大灾大害；世界各国同声称赞，中国举办了一次空前成功的奥运会。我们国家的势力越来越强，在外空航天领域成就了一番大事业；我们国家的威信越来越高，在家门内频繁接待众多来访的国家元首和友人。更赖我党高瞻远瞩，时处安定而不忘预防危险，国势昌盛而犹记防止衰败。施政倡廉，立党为公，制典反腐，执政为民，这是一项很英明的方针。

但要想使廉政收到实效，绝不是一蹴而就的，也不可能一劳永逸，它是一项既艰难复杂又需长期持之不懈的事业。所以，参照现实，考虑长远，制定“标本兼治，综合治理”的重要策略；建立“惩防并举，注重预防”的规范和措施。这很重要的十六个字，是我们实施廉政要遵循的方针，也是该项重大政策的行动指南。

谈到贪污腐败的危害，历来是一种艰于治理的顽症。一般地对待，很难消除。所以既要防范劝诫，又要严惩不贷。政策要好，法律要严。所谓戒是指纠正不正之风，制定各项规定纪律以约束行止，对犯有错误的人采取治病救人的方针，尽力从悬崖边把他拉回挽救下来。至于说到惩罚，要动真的，执法绝不手软，要像山一样不能动摇。对危害民众的重大贪污罪犯，要像从骨头上把毒刮掉一样彻底根除，不管它藏得多深，跑得多远。对祸国之贼，要像过去动用龙头、虎头、铜头之铡那样处以重刑，不管他官多大，位多高。这样一来，祸国殃民利己害人的人，一听到法不容情便会怕得收敛起来，不敢再胡作非为，那些主持正义的人们会扬眉吐气，争相做好事做善事。于是剔除腐朽肃清贪污的作为，其效果就会很可观了。

啊，人心不可违，它像大江大河的波浪一样，浩浩荡荡，谁也比不上它久远!人民大众共同期盼：风气清正，山河更加壮丽美好；政治廉明，红旗永远飘扬舒展!

廉政论

劳燕

廉政，关乎我党执政为民立党为公之宏旨，关乎执政党生死存亡，历来是党和国家之重器。

天下大事，重在为民。为民大事，重在清政。清政大事，重在倡廉。廉者，政之本也，吏治之首要，司政之惟途，治国之大行也。

政之廉，持公正节，行俭恤民，尚贤使能，广世约身。

政之廉，亦勤亦谨，亦言亦行，端悫无欺，上通下明。

政廉若是，民必安，业必兴，国必盛，长安之治可期矣。

廉以清为本，洁身自好；政以德为重，大公无私。

廉政文化，吏治典范，如长水明炬，不息绵源。

唐、虞置谏鼓谤木，秦、汉设监御司直。夫廉政者，晏婴节俭，诸葛勤政，陆贽修身，包拯无私。况钟秉公执法，两袖清风。召父杜母谋治，兴利为民。王翱清正廉洁，秉公执法，“门无私谒”。王安石“非吾所有，虽一毫而莫取”。应天尊海瑞，疾恶如仇，为官清廉。董宣“问斩”之险，唯求万民之正气。于谦“身死”勿惧，要留清白在人间。一钱太守夸刘宠，二不尚书范景文。三汤巡抚誉汤斌。四知刺史传杨震，“深夜辞金”。五朝廉吏刘毅，严惩贪黩，“京师肃然”。十年理财颂刘晏，律己廉勤显身手。秋霜春露思先泽，霞蔚云蒸启后人。

赞曰：丹可磨不可夺色，兰可燔不灭其馨。玉可碎不改其白，金可销不夺其赤。

最是近世楷模，如星灿烁。

周恩来布衣总理，高山仰止。方志敏清贫为官，敌酋惊服。牛玉儒两袖清风，一片冰心。焦裕禄一心为民，死而后已。一心为公孔繁森，宁公而贫。万事民先郑培民，雪域莲花祁爱群。

气清若风，学而追步，效而争先，励后昆而继前贤。

身在民中察民情，民在心中解民忧，心中有民政必勤，心中有法行必规。

守清贫摒贪欲，留正气还天地。谢繁华志淡泊，遗清名于乾坤。

能吏寻常见，公廉第一难。

执政为民，首在立人。

张扬个性，觉悟尊严，确立自我意识，学会独立思考，决不人云亦云。

社会流弊所至，夷峻而不湮卑，风潮剥蚀，人而不立，立身必沉乎凡庸，从政必沦于空壳，特立独行，卓尔不群者必无生存空间。更睹近世人生，每托平等之名，实乃愈趋于恶浊，庸凡凉薄，日益以深，顽愚之道行，伪诈之势逞，而气宇品性，卓尔不群之士，乃反穷于草莽，辱于泥涂，个性之尊严，人类之价值，将咸归于无有，则常为慷慨激昂而不能自已也。

执政之立人，不可不知廉政之操守，不可不知廉洁之理念，不可不改平庸之生活方式，不可不立立身处世之行为规范。

立人举事，不可不先新执政之制度。

制度要改革，要健全，要常新，要化成。廉洁要监察，要细化，要拓展，要延伸。

倡导“三重”：重责任，树正气。重学习，强修养，增底气，敢担当、顾大局。重团结，聚人气，促和谐、谋发展。防队伍退化，练素质内功。破思想僵化，意志弱化，立理想航灯。强化领导力，提高执政力，严实监督力，坚固向心力。

劝今之诸官，权为民所用，情为民所系，利为民所谋。同清正廉洁“长相守”，与声色犬马“零距离”。治庸治懒，唤醒休眠道德，“小节”不守，大节准丢。艰苦奋斗，反对安逸享乐。厉行节约，反对铺张浪费。奉献社会，反对唯利是图。恣欲纵行，得意失终生，慎始慎独，律己得康宁。是以亦戒亦惩，政善律严。戒则纠风约纪，医患救坠。

廉以清为本，天无私覆，地无私载，明无私照，官之魂，民之仰也。古今廉者，国而忘家，公而忘私，利不苟就，害不苟去。心如规矩，志如尺衡，正直如绳。廉以修身，俭以养德。淡以明志，宁以致远。廉洁自律，以身作则，恪尽职守，勤政为民。

肝胆相照因报国，除缪化，立党为公。以人为本，体恤民生，与民同心。

世间万物，正反相倚，祸福同门。浊消而清显，腐除而廉存，倡廉必反腐也。

夫腐败者，贪赃枉法，渎职擅权。伪苛暴戾，佞猾奸谄。以权谋私，敛亿万欲壑难平。骄奢淫逸，违纲纪溺海忘返。其害始而不防，滥而不除，终酝不虞之大患焉。是类种种，国怒民怨。腐恶危世。腐恶危世，顽症痼疾也，其害始而不防，滥而不除，终酝不虞之大患焉。

今之贪官，抛古今之廉言正行，弃组织之谆谆教诲，以公众之权，贪一己之利，善为自谋，锱铢必盗。李嘉廷，权不可谓不高，然贪如饕餮，利欲熏心。成克杰，位不可谓不重，然欲壑难填，得陇望蜀。贪如火，不遏则燎原，欲如水，不遏则滔天。香饵上口，终将为钓者所捕，翅缚重金，岂可能振翅高飞。行善如登，行恶如崩。

历来昌明之世，皆谋防微杜渐之策，皆重督监肃贪之律。惩腐利剑，激浊扬清，党纪法规，岂容玷污。喜中央反腐风暴日强。剑指贪腐 切除病灶。破党内腐败，重法治法典，严惩害群之马。惩则法鞭勿软，执法如山。

于是鬼魅丧胆，闻而潜踪。殃民大贪者，刮骨疗毒，不怕匿深遁远。祸国巨恶者，刑动三铡，管他位高权重。正义扬眉，趋而向善。剔朽肃贪之举，其效可瞻焉。人心如涛，荡浊涤非。浩浩然，荡荡然，谁与争远。

《廉政准则》新颁，反腐倡廉建设规范重申。

鉴今谋远，知要略于“标本兼治，综合治理”，立规范于“惩防并举，注重预防”。此十六要言，方针是举，大政司南也。

壮哉，中华。

外执和谐世界之帜，睦邻修远，晤万邦于家园。内行恤农富民之政，除课消税，成大象于九州。

施政倡廉，立党为公。顺天应人，励精图治。安而防危，盛而忧衰。树典反腐，善莫大焉。

壮哉，中华。

改革步转型之路，涉水弥深，发展立科学之观，举足重轻。

要看银山千重浪，开窗放入大江来。

政廉若是，民必安，业必兴，国必盛，长安之治可期矣。

（此文发表于2012年5月4日的凤凰论坛、中华辞赋报2012年5月12日）

钱本草

张说（唐）

“钱，味甘，大热，有毒。偏能驻颜采泽流润，善疗饥寒，解困厄之患立验。能利邦国、污贤达、畏清廉。贪者服之，以均平为良；如不均平，则冷热相激，令人霍乱。其药，采无时，采之非理则伤神。此既流行，能召神灵，通鬼气。如积而不散，则有水火盗贼之灾生；如散而不积，则有饥寒困厄之患至。一积一散谓之道，不以为珍谓之德，取与合宜谓之义，无求非分谓之礼，博施济众谓之仁，出不失期谓之信，入不妨己谓之智。以此七术精炼，方可久而服之，令人长寿。若服之非理，则弱志伤神，切须忌之”。

【译文】

“钱，味甜，性热有毒，却能预防衰老，驻容养颜。可以治疗饥饿寒冷，解决困难，效果明显。可以有利国家，可以污损贤达，只是害怕清廉。贪婪之人服用以不过分为好，如果过度，则冷热不均，引发霍乱。这味药，没有固定的采摘时节，无理采摘的使人精神损伤。如果只积攒不发散，会有水火盗贼等灾难。如果只发散不积攒，会有饥寒困顿等祸患。一积攒一发散称为道，不把他当作珍宝称为德，取得给予适宜称为义，使用正当称为礼，接济大众称为仁，借还有期称为信，不用它伤害自己称为智，用这七种方法精练此药，才可以长久地服用它。可以使人长寿，如果不这么服用，则会智力减弱精神损伤，这点需要特别注意”。

【张说与《钱本草》】

《钱本草》文系唐朝名臣张说仿古传《神农本草经》体式和语调撰著的一篇奇文。此文乃作者总结人生七十年之阅历，苦心孤诣而成。区区200余字便把钱的性质、利弊、积散之道描写得淋漓尽致，以钱喻药，诊治时弊，利害之论，颇富哲理，寓教深刻，堪称奇文。

张说(公元667—730年)，字道济，洛阳人。武则天时曾授太子校书，后任黄门侍郎等官职。睿宗时进同中书门下平章事，因为助睿宗以太子李隆基(玄宗)监国，唐玄宗继位后受到重用，任中书令，封燕国公，擅长文辞，当时朝廷重要文件多出其手，时有“大手笔”之称谓。曾任朔方节度使。张说为官时好物贪财，敛钱好利，排斥异己，事发后被贬到岳阳做了一个地方官。这时，张说才有所醒悟，认识到人离不开金钱，但金钱也能害人，于是就写下了奇文《钱本草》，张说经历了60多年的人生道路，事业可谓一帆风顺，青云直上，且有40多年的做官经验，积17年的修史功底，为了财物和金钱栽了个大跟头。张说痛定思痛，写下这一奇文，对后世颇有警戒意义。

【解读感思】

“本草”，即是药材，把钱作为药材来论述药理，不敢说后无来者，起码也是前无古人。张说首先给“钱”这种特殊的草药的药性定位为“味甘、大热、有毒”，准确生动，入木三分。“钱不是万能的，但是没有钱是万万不能的。”这句耳熟能详的俗言道出了钱的不可或缺，钱能让人有饭吃、有衣穿、有房住，保证人们的生存，所以“味甘”。但对钱的追求要有度，要讲道，超出了度和道，便会让人变得疯狂，挖空心思往钱钻，导致“大热”，成了金钱的奴隶。钱是有药性的，服过头便会产生副作用，会“中毒”，使一些贪婪的官员最终锒铛入狱，命断黄泉路，这印证了一位哲学家的话：“人不能把金钱带进坟墓，但金钱可以把人带进坟墓。”

张说接着分解钱的药理。小钱能“疗饥”，解人燃眉之急，救人于水深火热之中；大钱则能“邦国”，让国家富强起来。钱能“污贤达”，但亦“畏清廉”，如果人人都能正气浩然、拒腐防变，钱害就不存在了。“贪者服之，以均平为良；如不均平，则冷热相激，令人霍乱。”钱财多占者，最好将多余的钱财用于社会，否则祸害无穷，社会就不太平了。“其药采无时，采之非礼则伤神。”钱要取之有道，不能乱捞，不然神灵便要降罪下来。“如积而不散，则有水火盗贼之灾生；如散而不积，则有饥寒困厄之患至。”钱要会积攒，又要会花到实处，否则会有灾难至；如果只会花钱而不会挣钱，那就只有受贫困饥饿之份了。

最后，张说告诫世人，获取钱财要讲“道、德、义、礼、仁、信、智”，此所谓“君子爱财取之有道”。在讲究“七术”的基础上获取的钱财就可以“久而服之，令人长寿”，不然就会“弱志伤神”。

观今官场怪病多，劝为政者多读《钱本草》，理解原意，掌握精髓，多学做人之道，为官之道，益世之道，长寿之道，常修为政之道，常修为政之德，常思贪欲这害，常怀律己之心。

一位哲人说：“钱可以买到房屋，但买不到家；钱可以买到药物，但买不到健康；钱可以买到伙伴，但买不到朋友；钱可以买到虚名，但买不到实学；钱可以买到小人心，但买不到君子志。”

真如著名作家霍桑曾说：“并非像平常说的那样，金钱是一切邪恶的根源，而对金钱的贪图，即对金钱过分的贪婪追求，才是一切邪恶的根源。”

钱神论

选自《晋书·隐逸列传·鲁褒传》

鲁褒，字元道，西晋文学家，生卒年不详；南阳（今属河南省）人。好学多闻，以贫素自立，隐居不仕，人莫知所终。《晋书·隐逸传》谓："元康之后，纲纪大坏，(鲁)褒伤时之贪鄙，乃隐姓名，而著《钱神论》以刺之。"今所见《钱神论》，系严可均《全晋文》据《晋书·鲁褒传》、《艺文类聚》、《初学记》合抄而拼成的。此文虽名曰"论"，其实仍然沿袭辞赋问难之体。文中虚拟司空公子与綦毋先生的问答，极论钱之妙用如神，而语带诙谑，揶揄笑骂，恣肆酣畅。文中精彩之处颇多，如司空公子讪笑綦毋先生不知权变一段，其语本出自典籍；以世俗口吻而唐突圣典，实寓讽世之深意。又如"公子拊髀大笑"，论述钱的价值及功用一段，尤为生动辛辣："为世神宝，亲之如兄，字曰'孔方'。失之则贫弱，得之则富昌。无翼而飞，无足而走，解严毅之颜，开难发之口。"显然都是愤世嫉俗之语。据本传称，此文一出，即为当时痛疾时世者所传诵。

昔神农氏没，黄帝、尧、舜教民农桑，以币帛为本。上智先觉变通之，乃掘铜山，俯视仰观，铸而为钱。使内方象地，外圆象天。大矣哉！钱之为体，有乾有坤。内则其方，外则其圆。其积如山，其流如川。动静有时，行藏有节。市井便易，不患耗损。难朽象寿，不匮象道；故能长久，为世神宝。亲爱如兄，字曰"孔方"。失之则贫弱，得之则富强。无翼而飞，无足而走。解严毅之颜，开难发之口。钱多者处前，钱少者居后。处前者为君长，在后者为臣仆。君长者丰衍而有余，臣仆者穷竭而不足。《诗》云："哿矣富人，哀此茕独！"岂是之谓乎？

钱之为言泉也！百姓日用，其源不匮。无远不往，无深不至。京邑衣冠，疲劳讲肆；厌闻清谈，对之睡寐；见我家兄，莫不惊视。钱之所祐，吉无不利。何必读书，然后富贵。昔吕公欣悦于空版，汉祖克之于嬴二，文君解布裳而被锦绣，相如乘高盖而解犊鼻，官尊名显，皆钱所致。空版至虚，而况有实；嬴二虽少，以致亲密。由此论之，谓为神物。

无位而尊，无势而热。排朱门，入紫闼；钱之所在，危可使安，死可使活；钱之所去，贵可使贱，生可使杀。是故忿诤辩讼，非钱不胜；孤弱幽滞，非钱不拔；怨仇嫌恨，非钱不解；令问笑谈，非钱不发。洛中朱衣，当途之士，爱我家兄，皆无已已，执我之手，抱我始终。不计优劣，不论年纪，宾客辐辏，门常如市。谚曰："钱无耳，可暗使。"又曰："有钱可使鬼。"凡今之人，惟钱而已。故曰：军无财，士不来；军无赏，士不往；仕无中人，不如归田；虽有中人而无家兄，不异无翼而欲飞，无足而欲行。

子夏云："死生有命，富贵在天。"吾以死生无命，富贵在钱。何以明之？钱能转祸为福，因败为成，危者得安，死者得生。性命长短，相禄贵贱，皆在乎钱，天何与焉？天有所短，钱有所长。四时行焉，百物生焉，钱不如天；达穷开塞，赈贫济乏，天不如钱。若臧武仲之智，卞庄子之勇，冉求之艺，文之以礼乐，可以为成人矣。今之成人者何必然？唯孔方而已！故曰："君无财，则士不来；军无赏，则士不往。"谚曰："官无中人，不如归田"。虽有中人，而无家兄，何异无足而欲行，无翼而欲翔！使才如颜子，容如子张，空手掉臂，何所希望？不如早归，广修农商，舟车上下，役使孔方。凡百君子，和尘同光，上交下接，名誉益彰！

【译文】

过去神农氏死了以后，黄帝、尧、舜便教导人们耕作养蚕，后来在交易中就以使用丝织品为主。有非常聪明的人先知先觉，便改变了交易的方式，他们开出一座铜矿，然后俯视大地，仰观上天，将铜铸成了叫作"钱"的东西。因为天圆地方，所以把铜钱里面的孔铸成方的，好像大地；把铜钱外面铸成圆的，好像天穹。

作为一个实体，有天也有地。它的内部效法地的方，外部效法天的圆。把它堆积起来，就好像山一样；它流通起来，又好像河流。它的流通与储蓄，都有一定的规则。在街市上使用会很方便，不用担心他有所损耗。它很难腐朽，好像那些长寿的人；它不断地流通却不会穷尽，就像"道"一样运行不息，所以它能够流传这么久。它对于世人，如同神明宝贝，大家像敬爱兄长那样爱它，便给他起了个名字叫“孔方”。没有了它人们就会贫穷软弱，得到了它人们就会富足强盛。它没有翅膀却能飞向远方，它没有脚却能到处走动。它能够使威严的面孔露出笑脸，能使口风很严的人开口。钱多的人干什么都能占先，钱少的人便得乖乖地排在后面。排在前面的人就是君长，而排在后面的只是臣仆。那些作为君长的富足并且闲钱很多，而那些作为臣仆的贫困并且钱财远不够用。《诗经》里说：“富人哪，总是那么欢乐；孤独的人，好可怜！”难道指的就是这个吗？

“钱”得名于“源泉”的“泉”，所以百姓每天都要用到它，钱的源泉是不会缺乏的。再远的地方它也能去，再深的地方它也能到。那些京城中的达官显贵，在学校中总是疲倦得打不起精神，对于清谈一事也极厌恶，每遇清谈之类的事，便瞌睡得不行，可是见到孔方兄便不同了，没有人不惊醒凝视的。钱所能够给人们带来的祐护，可以说是吉祥没有不利的。为什么要读了书以后达到富贵呢？“学而优则仕”“高官厚禄”只要有钱，就会有享不尽的功名利禄。照这么说来，钱这东西可真是神物了。

它没有地位却受人尊敬，没有势力却那么红火，它能够推开富贵官宦之家的朱门、紫闼。有钱的地方，可以化危机为平安，可以让死的重新复活；可要是没钱了，那贵的就要变成贱的，活的也能把它杀了。所以，和人争辩、打官司，没有钱是没有办法胜利的；势孤力单，没有出仕的人，没有钱就不会被提拔。愁怨愤恨，没有钱就没有办法化解；好的声名，没有钱便不可能被传播。

洛阳城中的富贵人家，身居官位的那些人，对于孔方兄的热爱，从来都不曾停止。他们拉着它们的手，一直抱它们在怀中，不管它们的样子是优是劣，也不管它们有多大年岁。在孔方兄的家中，宾客们总是聚得满满的，门前就同集市一样热闹。谚语说：“钱虽然没有听觉，却可以暗中指使别人做事。”这话难道是假的吗？又说：“有钱便可以役使鬼神。”那么更何况是人呢？

子夏说：“死生是命运所决定的，富贵是上天所决定的。”我却以为，死生并非命运所决定，富贵也不过因为钱而已。怎么知道是这样的呢？因为钱可以转祸为福，变失败为成功，使危险的人变得平安，使死人得以生还。性命的长短，官位、俸禄的高低，都是在于钱的多少，天又怎么能决定呢？如此说来，天有它的短处，钱有它的长处。对于四季的运行，万物的生长，钱肯定比不上天的作用；而使穷困的人显达，使处境窘迫的人得以摆脱，上天的力量就不如钱大了。如果有臧武仲的智慧，卞庄子的勇敢，冉求的才艺，再用礼仪和音乐来修饰，就可以算得上一个完人了。然而如今要成为一个完人又何必那样？只靠孔方兄便可以了。

钱，可以使政治上不得志的人变得通达，使富贵的人过得温暖、舒适，使没有钱的人变得勇猛、凶悍。所以说，国君没有钱财士人就不会前来，国君没有奖赏士人就不会到他那。谚语说："做官如果没有靠山，那还不如归田务农。"即使有在朝的官员，却没有孔方兄，那么和没有脚却想要行走，没有翅膀却想要飞翔又有什么分别呢？即使你的才学和颜回一样好，容貌和子张一样漂亮，手里没有钱却想要奋起，有什么希望呢？还不如早些回家，大力发展农商吧。在人们的来往中，对于孔方兄的使用，所有的人，包括所谓的君子，其实都是一样的。在上下交接钱的时候，可是特别能显示出一些人的生命和地位啊。

【美文赏析】

钱币是由于社会发展进步，上智先觉者创造出它的形制，在商品交易中优越于币帛，作为流通媒体永存。这都是对钱币"为世神宝"的积极意义的阐发。

然而，钱币会造成以它为价值标准的贫富两极分化的社会状态，金钱能使人眉开眼笑，能使人说出最难启齿的话，能赋予人们不同的地位和命运。文中富人欢乐穷人愁的思古伤今慨叹，含有作者惶惑和对茕独者的哀怜之情。

正是从这种认识和情感出发，文章第二层就进一步写钱币深广地渗入各社会领域，对封建政治统治的腐蚀与破坏从当代衣冠士族的厌闻清谈，见钱惊视，总结到"何必读书，然后富贵"，"钱之所祐，无吉不利"，从历史显赫人士事迹转而描写人情世态，渲染以虚拟人物的亲身经历，点明以流传的俗谚口碑。这构成一幅畸变衰朽的封建仕途官场风俗画。

可贵的是，作者对当时社会风气的批判，矛头直指权门势要、甚至最高的封建统治者。历史上吕公、汉高祖为"空版"、"赢二"动情系心，司马相如、卓文君也被金钱所拨弄；现实中金钱昂然进出公侯府第、"朱门"、"紫闼"，甚至皇宫内苑。门第尊卑，权位予夺，仕路穷困显达，决狱生杀胜败，以至人际交往，世态炎凉，这些由堂皇庄严的封建政治权威及制度规章等决定的社会统治秩序的运行，在其强大横暴的表象之下，无不暗中为金钱势力所操纵，金钱仿佛成了主宰人们命运的上帝。这是封建主义政治权力颓败于发展起来的货币势力面前的真实深刻的典型图画。

随着金钱势力的无限扩大，必然地产生了席卷全社会的货币拜物教现象。货币拜物教，就是我们通常所谓的拜金主义，它是指人们把货币看成神秘的、超自然的、支配人们命运的力量，因而对货币产生的迷信和崇拜，文中概括出的“有钱可使鬼”五个字，正指出了这一点。作者在揭示这些政治畸变现象时目光犀利，态度冷静，平易和缓的语言里流露出强烈的鄙视嘲讽之情。无所粉饰，不加叹挽，没有盛世复归的呼唤，兴利除弊的规谏。这又超出于士大夫赋作者的思想境界，表现出作者的才识胸襟。

但作者并未就此煞住，而又在第三层再写钱币对精神领域传统观念的冲突与亵渎拜金主义的歪风，给社会人心造成了灾难性的戕害。这一段中先引据子夏名言，揭示出儒家标榜的天命论的不可信。作者以现实主义的眼光，看到了天命论观念倾毁的进步意义，也对货币发展具有的积极社会意义抱有欣赏的态度，然而主旨还在于揭示出货币力量对传统的合理观念的扭曲。儒家标榜的人生价值观念，是以智勇才艺加之以礼乐修养，发展自身成为完人，实现人的最高价值。按照司空公子崇信的观念，有钱就有了完美人格，腐蚀了人们对真正完美人格的追求，这就造成了人们精神世界里的巨大悲剧。作者进而写出这种悲剧的种种恶果，描绘了人类精神世界里是非善恶颠倒的一幅风情画，使文章的批判更进一层，揭示出当时社会上存在的一种时代悲剧，至今仍有一定现实意义。

黄铜中方身份来历部分缺佚。从全文看，拟意为姓黄名铜字中方，是钱的代表者。它从合于五行、处处皆有、家世尊贵等方面阐明钱币的积极意义；又揭示出过分崇拜钱币治世之力是末世乱政。醒世讽时的主旨和文体结构格局都合宜得体。

第六章 抒心声

铿锵抒臆 嘉言懿行

演讲又叫讲演或演说，是指在公众场所，以有声语言为主要手段，以体态语言为辅助手段，针对某个具体问题，鲜明、完整地发表自己的见解和主张，阐明事理或抒发情感，进行宣传鼓动的一种语言交际活动。

短短10分钟，台下可能几个十几个10分钟精心准备，TA的所做如果不是如TA所说，TA有那份底气吗？

加强自身建设 塑造审计形象

李兆新（东阿县审计局）

翻开中国审计的历史，源远流长。审计作为一种社会经济现象，是随着社会经济的发展，当财产所有者与经营管理者出现分离，形成委托和受托经济责任关系之后，基于经济监督的客观需要而产生的，作为国家审计来说，她启蒙于西周，发展在隋唐，真正成立审计机构是在南宋，那时就称为审计局（司、院）。但是，审计事业的实质性发展是在1978年党的十一届三中全会以来，1982年12月4日，五届人大五次会议通过了修改的《中华人民共和国宪法》，规定我国建立审计机关，实行审计监督制度；1983年9月15日，国务院正式设立审计署，随后地方各级政府的审计机关也相继产生，并颁布了一系列审计法规，20多年来，各级审计机关卓有成效地开展了审计监督工作。

当前，审计工作面临着向效益审计、现代审计转型的新形势，我们要以审计创新为动力，以提升审计成果质量为核心，以加强审计业务管理为基础，以“人、法、技”建设为保障，采取积极有效的措施，加快向效益审计、现代审计转型，推动审计事业又好又快发展。要实现以上目标要求，加强审计文化建设和自身建设非常必要，我们要按照刘家义审计长提出的“责任、忠诚、清廉、依法、独立、奉献”的审计人员核心价值观为引领，塑造审计形象，恪守审计职业操守，坚守审计职业道德,继续把和谐、廉洁、质量、监督、奋进五种形象创“五型机关”建设作为总抓手，积极倡导文明审计，塑造审计机关的良好形象。审计要发展，创新是关键。争先是一种目标，是一种精神；争先是压力，更是动力。要弘扬“依法、求实、严谨、奋进、奉献”的审计精神，多想工作，多讲奉献，不断增强凝聚力和战斗力，展示审计人员健康向上，热情乐观，积极进取，奋发有为的精神面貌。

塑造聊城形象，我们要学会接纳人，大千世界，无奇不有。各种人和事，形成千姿百态的世界人，人都有自己的生存法则和价值观。只有在尊重他们的基础上，接纳他们，公正的对待他们，才能与他们和谐相处，共同发展和进步。

塑造聊城形象，我们应有奋进的心态。持续不断的追求进步，实现更高层次的发展和达成更大目标，保持奋进的心态，坚持学习。唯有学习，才能保持蓬勃向上的朝气、昂扬有为的锐气。保持奋进的心态，就要有自己的理想自己的目标，内在的精神追求，积极向上的价值观。心有多大，舞台就有多大。在社会发展上，贡献出自己的力量。

从我做起，从现在做起，从点滴做起，在做好自己本职工作的同时，加强学习，增强自身的文化素质，发现自身的不足，对待任何事要有充分的信心，以积极的心态去面对每一项工作，在平凡的岗位上，我还要继续努力，以自己的实际行动为聊城市的文明形象工作添砖加瓦，为聊城市文明城市建设贡献一份自己的力量。

东阿审计廉政文化建设记

闫慧忠（东阿县审计局）

“廉政是一把琴，可以弹奏一生的幸福；自律是一杯茶，可以品味一世的清香；正气是一支笔，可以写出终身的辉煌；清风是一首歌，可以唱出永恒的欢乐”。这句话犹如一个个跳动的音符，轻轻地拍打着我们的心灵，向我们传递着清廉的讯息；每次看到那一幅幅悬挂的格言警句、廉政漫画，那些格言掷地有声、发人深省，漫画诙谐幽默、令人捧腹。这些字幕、格言、漫画,时时刻刻地提醒着我们：执政勿忘为民，掌权贵在清廉。

这就是我们东阿审计人创建廉政文化的一个缩影，是东阿审计人集体智慧的结晶。

廉政文化实现了廉政与文化的有机结合，使我们通过文化这一群众喜闻乐见的形式，让廉政教育的内容入眼、入脑、入心，增强了我们对廉政教育的感性认识，从而在思想上、心灵上、意志上、行为上给我们以启迪、感召和力量。廉政文化这朵绽放的奇葩，从它诞生的那天起就散发着醉人的芬芳，它犹如春风，时刻引导着每一位审计人向着以廉为荣的方向迈进，它犹如春雨，时刻浇灌着东阿审计那盛开的廉洁之花！

当你每天都收到1条廉政短信，你会做何感想呢？你的廉洁之心、为民之情是不是会在收到短信的刹那间,得到了升华和提高？而这一切，正是东阿县审计局创新廉政文化载体、增强廉政文化感染力的一个重要组成部分。为了使廉政文化建设置身于群众、扎根于基层，拥有强大的生命力，我们不断创新廉政文化载体，用丰富多彩的主题活动，推动着廉政文化建设向更高水平、更高档次迈进。“读书修德，以德律己”的读书心得交流活动，引导着广大审计干部读廉文、思廉政、修官德、养正气；“廉政爱心在审计”活动。使每一位审计干部在“办一件实事、做一件好事、解一件难事”的奉献中得到了廉政熏陶；“说廉事、写廉字、唱廉歌、跳廉舞”活动，鼓励着每位审计干部淡泊名利、信守平凡，清清白白做人、踏踏实实做事；“树廉政典型，剖析典型腐败案件”活动，有效地增强了广大审计干部廉洁从政的自律意识；“廉政座右铭”征集活动，让每位审计干部剖析了自己的内心世界，及时清除了内心深处的不廉洁意识。

廉政文化建设既有赖于团队的整体拉动，也离不开每个人作用的发挥。期待着每一位审计人，都能挥洒起自己的豪情，发挥自己的才智，为我们提供寓教于理、寓教于文、寓教于乐、群众喜闻乐见的廉政文化精品，以优秀的廉政文化，展示审计干部的良好形象，以赢得社会各界的理解与尊重。

乘风破浪会有时，直挂云帆济沧海。

廉政文化已成为东阿审计人必不可少的精神食粮，成为东阿县审计局廉政文化建设中一道靓丽的风景线，它在潜移默化中促进了我们“以廉为美、以廉为乐、以廉为荣、以贪为耻”良好风尚的形成，它如春雨、如甘霖，时时刻刻滋润着我们的心田，鼓舞着我们为“加快奔小康，建设新东阿”贡献我们的力量。

守住审计人的生命线

白璐（东昌府区审计局）

党的十八大吹响了反腐倡廉的号角，强调反对腐败、建设廉洁政治，是党一贯坚持的鲜明政治立场，是人民关注的重大政治问题，要坚持中国特色反腐倡廉道路，做到干部清正、政府清廉、政治清明。审计机关作为经济监督部门，廉政建设是其自身建设的重要组成部分。作为一名审计人，我深感责任重大，义不容辞。在我们审计系统，廉，就是生命。因为廉是审计职业道德规范和廉政制度的最根本的要求，是审计人员职业道德修养好坏与否、执行廉洁纪律松严与否的最终体现。

我们的领导经常教导我们，身正方能带人，律己才能服人，正人先正己，我认为这既是审计干部职工廉洁自律的标尺，更是我们审计人的生命线。在廉政建设上要如履薄冰，如临深渊，小心谨慎。我们应牢牢记住：在政治上，理想信念丢不得；在思想上，宗旨观念忘不得；在经济上，不义之财要不得；在组织纪律上，法制观念淡不得；在生活作风上，权钱交易做不得。

审计工作没有丰厚的待遇，也没有显赫的地位，更没有如潮的掌声。伴随他的只是枯燥的数据、厚厚的账表、辛勤的汗水和如山的责任。作为一个专门从事经济监督的部门，要促进依法行政、维护经济秩序、推进廉政建设、履行审计职责，就要树立起文明审计、依法审计、廉洁审计的良好形象，因此，一名合格的审计干部必须要爱岗敬业，无私奉献，要耐得住寂寞、守得住清贫，只有两袖清风，自身“免疫”，才能充分发挥审计的“免疫系统”的作用，促进经济又好又快发展。

审计“八不准”纪律被广大审计人员称为“高压线”，是预防审计风险、提升审计质量的关键，也是我们党风廉政责任建设的最佳落脚点。我们注重把监督重点放在审计一线，制定了审计公示、审计回访、廉政档案、意见征询等四道拒腐保廉的屏障，主动防范和抵御各种侵蚀。审计组进点时要求在被审计单位公布审计“八不准”纪律，也就是清晰地向外界透露这样一个信息：审计人员在监督别人的同时，也主动邀请别人监督自己。同时向被审计单位发放审计廉政情况回执单，增强审计人员的自律意识。局领导采用抽查的方式到审计现场，了解审计组在被审单位的工作情况、廉洁从审情况，使审计组审计到哪里，廉政监督的触角就延伸到哪里。重要审计项目、社会关注的热点事项的审计报告都在网上及时公布，以接受社会各界的监督，努力打造“阳光审计”形象。

实践证明，我们所坚持的道路是对的，近年来，审计在经济建设中发挥的作用越来越重要，审计机关在人们心目中的威望也越来越高，除了与广大审计人员兢兢业业履行责任外，还与审计机关公正清廉的整体形象密不可分。审计工作有钢的纪律，审计干部有铁的心肠。无论亲朋好友，平常百姓，上级领导，下属单位，一视同仁，心底无私，客观公正。纪律是工作原则，是行为规范，是考验我们的试金石。在物欲横溢，充满诱惑的今天，我们审计干部要经得起灯红酒绿的考验，耐得住糖衣炮弹的袭击，在情与法，是与非面前始终保持清醒的头脑，坚守阵地，躬耕水城经济的一方净土。这就是我们的审计人，一群肩担道义、严于律己、坚持原则的人，为水城人民展示清正廉洁、爱岗敬业、勇于挑战的审计人。

审计是清苦的，更是光荣的，正如一位审计长所言：“我们选择了审计这个职业，就必须无怨无悔，就必须做到责任、忠诚、清廉、独立、奉献”。

树立廉政意识 养成自律风范

王蕾（东昌府区审计局）

“为政清廉才能取信于民，秉公用权才能赢得人心”。古往今来，有多少清正廉洁、务实为民的清官廉吏受到百姓的崇敬与爱戴，古有于成龙、包拯、海瑞，今有孔繁森、任长霞、杨善洲，他们的事迹震撼人心，久久传颂。无论历史如何变迁，无论时代怎样发展，廉洁清正永远是时代的呼唤，勤政廉政永远是人民的期盼。对我而言，作为一名审计工作者，在固定资产投资审计这个岗位上，更要树立廉政意识，养成自律风范，严谨细致、客观公正，才能经得起时代的考验，为新时期审计事业做出自己的贡献。

廉洁从审、坚守纪律是我们在审计战线的工作原则。无论什么工作，原则都是不可忽视的底线，审计工作更是如此。只有坚持住这一底线，我们的世界观、人生观和价值观才不会扭曲，思想道德的防线才会牢不可破。在这个平凡的岗位上，我要求自己尽职尽责做好每一件事。因为我知道，在被审计单位眼中，我所做的不仅代表个人，更代表单位的集体形象。我们都是普通人，工作和生活里总会面对各种各样的诱惑，有些人经不住糖衣炮弹的攻击，甘于沦为腐败的战俘。然而，历史明鉴，在利益面前的一时软弱，最终会触及法律的高压线，到时追悔莫及。所以，必须牢固树立个人廉政意识，形成潜在的约束力，掌牢审计工作的船舵，使之永不偏离航道。

树立廉政意识，我们必须对法律心怀敬畏，严格、公正执法，维护法律的尊严。依法审计是审计工作的关键，倘若执法不当、执法不严，不仅会破坏审计工作的公正与尊严，更会给我们带来无尽的审计风险。在审计干部队伍中，有极少数人没有在反腐倡廉的前哨阵地上站好岗，无视党纪国法，一步步滑向了犯罪的深渊还浑然不觉，实在应引以为戒。我们要自觉树立廉政意识，敬畏法律，不越雷池半步，谨慎行事，执法公平公正，让法律的光辉照进审计工作的每一个环节，让法律的尊严展现在每一张审计人员的脸庞。

树立廉政意识，我们必须时刻审视自己的言行，有则改之，无则加勉。身处审计这样一个国家机关、执法部门，不可避免地会面临各种诱惑。我们必须时刻反省自己的行为，不断进行自我批评和教育，将偏离正常轨道的思想和行为遏止于萌芽之中，淡然面对各种利诱，绷紧坚守廉政的心弦，严格遵守“八不准”等廉政纪律，在大是大非面前始终保持清醒的头脑。所谓“千里之堤，溃于蚁穴”，在审计工作中，只有防微杜渐，严于律己，才能构筑起心中的那道“廉政防火墙”，才能向人民群众交出一份满意的答卷。

树立廉政意识，我们必须塑造文明审计、依法审计、廉洁审计的良好形象。只有时刻心怀对审计工作的热情，勇于担当，爱岗敬业，克己奉公，才能不断增强自身的“免疫力”，审计工作才能有秩序地开展起来。我们要坚持改进工作作风，发扬艰苦奋斗精神，让人民群众不断看到实实在在的成效和变化。“星星之火，可以燎原”，如果廉政建设是一棵参天大树，每一份对廉政自律的坚守，都将化成这树上的一片绿叶，只要我们共同努力，它一定能枝繁叶茂、荫庇后人。

反腐倡廉已成为全社会的共识，身处一线的我们，任重道远。在审计中，我们严控中介机构协审这个特殊环节，积极化解组织风险、杜绝寻租行为；严把建设领域中廉政风险高、群众呼声大的关键环节，如拆迁、招投标等，使民心工程的效果落到实处。塑造一个勤政廉政的环境，有赖于打造一支廉洁奉公的队伍，贯彻十八大关于党风廉政建设的精神，继续发扬优良传统，更好地促进基层经济建设与发展。

在其位，谋其职，尽其责。在对某中学宿舍楼工程结算审计时，我们发现，该项目计划批复投资220万元，施工方以181万元的较低价格取得中标资格，竣工结算时又以变更及高于市场的价格签证据实结算，工程原报造价达到239万元，与我们依据市场价格计算出的造价有较大出入，并且对方拒不接受审后造价。为使对方心服口服，审计人员要求对方提供物料采购发票和中标工程量清单，起初施工方以资料丢失或找不到为由，不予提供，我们提出可到建委或招标公司索取，对方只好拿出中标工程量清单并接受我们采用的市场价格，经与中标工程量清单核对，发现施工方以压低措施费、少报部分项目工程量等方式低价中标该项目；在对施工方进行批评教育后，我们本着客观公正，实事求是的原则，对该项目审减造价38万元，项目审减率达16%，为东昌府区财政挽回了经济损失。

“清如秋菊何妨瘦，廉似梅花不畏寒”，历经时代的风起云涌，廉政是块永不褪色的试金石。新形势下，我们要抓住机遇，迎接挑战。在实际的工作中，经得住考验，受得了磨砺，秉公执法，廉洁从审，不负党和国家的重托，不负人民群众的厚望，时刻牢记肩负的职责与使命，树立清正廉洁、严于律己、爱岗敬业的审计形象，以务实的态度、廉洁的作风投入到审计工作中，真正成为社会的经济“卫士”。

我是审计人 我们在一起

张曼（高唐县审计局）

我永远不会忘记：2010年10月28日。就在那一天，我走上了工作岗位，成为一名光荣的审计工作者。迈出大学校门，从学生到打工妹再到审计人员，可以说是我人生最重大的转折。和许多同龄人相比我是幸运的，所以我时常想，怎样做才对得起这份工作，才能无愧于审计事业的光辉和神圣呢？我曾悉心请教过许多老同志,他们说，你还年轻，一定要好好干，前途一片光明。但也有朋友劝我说，蹲机关如坐井观天，不如出去闯闯，闯出自己的一片天。面对种种回答，我也曾一度茫然与困惑，然而，当我亲眼看见身边的许多同志爱岗敬业、默默耕耘的感人事迹的时候；当我感受到我们的集体是那样的齐心协力、团结向上的时候，我就认定自己这辈子是审计人了，我在心中对自己说：要融入这个集体中去，爱岗敬业、任劳任怨、以苦为乐、无私奉献。

我成为一名审计人时间虽短，但见证或者听说了同事们的艰辛和欢笑。和他们在一起我懂得了什么叫恪尽职守，什么叫无私奉献，什么叫开拓创新，什么叫锐意进取。

想想也是，我们在一起，又有谁会选择落后呢？我们在一起，又有什么做不到的呢？

曾几何时，鲁西大地冰天雪地，风大路滑，同志们冒着风雪，踩着滑滑的冰泥，测量验收公路，寒冷的风吹得耳朵和脸都木了，四十多里的漫漫长路走得脚都麻了。晚上停水停电，点蜡烛整理资料，用冰水洗脸刷牙，可是同志们在一起，就够了，相视一笑，化逆境为顺境，互相帮助，互相鼓励，凭着我是审计人这个信念，圆满地完成了任务。

曾几何时，在电力系统投资审计工作中，盛夏烈日，热浪灼人，正午时分，同志们沿着长长的公路，在树林田野中测量检查埋在土里的电杆，每一根都没有落下，20天的时间走过了十几个乡镇办事处的田田坎坎，总路程达800多里，每天汗水都湿透了衣背，可同志们依然是相视一笑解烦忧，所有的劳累瞬间化为乌有。

曾几何时，在县污水处理厂投资项目审计中，我局的王宜文主任带领审计组，早八点，晚六点，犹如做工一样准时。臭气熏天、蚊虫叮咬，工作环境之恶劣可想而知，但审计组迎难而上，扛着几十斤重的检测设备爬高坡、下地沟、趟污水，绝不放过一个细节。偌大的污水处理厂的角角落落都留下审计组带尺测量的痕迹。艰辛总是和欢笑在一起，因为我们有一个坚定的信念：我们是审计人，我们在一起。

在我们的身边，还有许许多多优秀的审计干部，他们为了工作，舍小家，顾大家。为了取证材料的准确翔实，他们牺牲了多少个节假日，放弃与亲人的团聚，投入到枯燥无味的数字和报表中；为了审计报告的及时上报，他们夜以继日，苦思冥想，写出了一篇篇精美的华章；为了保护国家和人民的财产不受侵占，他们日夜守卫，不敢有丝毫的懈怠，有人累倒在工作岗位上，有人带病坚持工作，有人父母身体不好不能照顾，有人孩子年幼无暇顾及……正是因为有了他们无私的奉献，才铸就了审计事业辉煌的成绩，才开创了高唐不断发展的审计事业！

我有理由相信，大家和我一样，凭着我是审计人这个信念，只要我们团结在一起，审计工作将会无往不胜，审计事业将会蒸蒸日上！

审计人的底气

张曼（高唐县审计局）

2003年6月25日，审计署首次在第一时间全文公布了牵涉很多重要部门的审计报告。一大批中央部委被公开曝光，报告在用词上也少有以前的含糊和温和，代之以“疏于管理和监督”等严厉的字眼。自此，广大人民群众的视野里有了审计这个以前并不熟悉的厉害角色。在人们眼里，审计人是严厉的，再小的疑点和问题也会揪住不放；审计人是无情的，即使是要害部门违规也毫不客气；审计人是无畏的，哪怕遇到人身威胁打击报复也在所不惜。审计人面对党和政府、面对审计对象、面对人民群众时都是那样胸有成竹，底气十足。

作为一个审计人，我们的底气来自哪里？

我们的底气，来自于党中央、国务院以及各级审计领导机关的全力支持和持续激励。李金华审计长卸任后曾在与网友交流时坦言他在任的十年间没有听到两任总理对审计署说过一个“不”字：没有说过哪些不能干，哪些不同意你干，哪些要怎么样，只要依法，总理都会依法支持。时任山东省省长姜大明就任伊始，就提出了“审计工作只能加强，不能削弱”的重要意见。刘家义审计长来山东视察时，充分肯定了审计厅和市县审计局的工作，并对山东审计系统提出的紧紧围绕省委、省政府工作中心开展工作，形成的“五种观念”，提出的“五个更加突出”，建设“五型机关”的工作思路予以高度评价。基层审计工作，更是时时刻刻感受到省市领导机关的关怀和鼓励，省市审计机关每年都投入大量人力物力组织基层审计人员业务培训，今年更是投入巨资更新办公设备，用现代化装备武装审计队伍，使我们拓宽了工作的视野，工作技能和效率得到了大幅提升。

我们的底气，来自于人民群众的殷切期许和严厉监督。自从2003年“审计风暴”席卷全国以来，人民群众熟悉了审计署，了解了审计工作，每年都对审计报告怀着一种特殊的期待。人民群众的要求不断提高，令每个审计人感到自豪的同时也给我们带来了与日俱增的压力。我们不怕生活清苦，不怕任务繁重，不怕威逼利诱，但我们怕人民群众对审计工作不满意、不信任。也正因为如此，我们必须在工作中全力以赴，将以前的枕戈待命、整装待发变为现在的避雷针、防火墙，全面发挥审计“免疫系统”的功能。财政资金用到哪里，审计就跟进到哪里。

我们的底气，来自于对工作的无比热爱和对事业的无限忠诚。我们有幸作为国家财政的“守夜人”，保证国家财产安全。想到国家和人民对我们委以重托，我们除了无怨无悔的奉献，还能再给她些什么呢！奉献是崇高的精神境界，是美好的人生追求，也是成就事业的前提。维护财经秩序、加强廉政建设、促进经济社会健康发展是审计人的神圣职责。审计人要勤于奉献，不辞辛苦，在平凡的岗位上奉献出自己的聪明才智，干出不平凡的业绩。审计人要自觉把个人的理想追求同审计事业紧紧联系在一起，自觉服务祖国，无私奉献社会，坚贞不渝，开拓进取，锐意创新，在火热的审计事业中谱写出人生绚丽的华章。

我们的底气，来自于审计队伍洁于身心，廉于从审。审计人只有严格自律，才能洁于身心，才能脱离低级趣味，自律是洁于身心的一种风格、一种情操、一种境界、一种修养。审计人洁于身心就是要生活固守清俭，自行修洁，艰苦朴素，高风亮节，不存私心，不谋私利，视审计纪律为“高压线”，坚持依法审计和文明审计；做到常修为政之德，常思贪欲之害，常怀律己之心，真正经受住各种诱惑的考验，保持洁净的身心。做到在千般诱惑，万种笼络面前，须臾不可忘记把关守节，凡是党纪国法禁止的，就要自觉“画地为牢”，“不越雷池一步”，保持审计人的高尚品格，切实维护审计的执行力和公信力。

奉献是一种对热爱的全心倾注，一种对承诺的反复践行，一种对信念的长期坚守，一种对理想的不懈执着。一种漠视喧嚣的沉静，一种淡泊名利的坦然，一种自我实现的追求，一种造福社会的渴望。报国的梦想在这里重新编织，求知的欲望在这里重新燃烧，生命的征程在这里出发——

在这个令人自豪的岗位上，审计人将一生的努力和忠诚奉献给这个伟大的审计事业，奉献给这个伟大的共和国！

这就是审计人的底气！

加强作风和廉政建设为审计事业保驾护航

曲新栋（冠县审计局）

在党的十八大精神指导下的审计工作，与时俱进、开拓创新，取得了长足的进步，但离时代的要求还有一定的差距，加快审计事业发展的任务还很艰巨，“逆水行舟，不进则退”。目前，尽管我们拥有很多的发展机遇，但同时也面临着很多挑战，没有一支过硬的审计队伍，没有一种求真务实的工作作风，促进审计事业又好又快发展将成为一句空话。因此，必须通过加强作风和廉政建设，形成加快审计事业发展的凝聚力；增强加快审计事业发展的战斗力；提高加快审计事业发展的创造力。

新形势下加强作风和廉政建设，坚决反对腐败，是审计必须抓好的重大政治任务。作风和廉政建设直接影响着审计的权威和形象，影响着审计执政能力的提高。作为履行经济监督职责的审计机关，站在反腐倡廉的第一线，必须充分认识到加强作风和廉政建设的重要性。一方面要认真履行监督职责，查处违纪违规问题，严厉打击腐败行为，切实发挥审计在维护经济秩序，促进作风和廉政建设等方面的职能作用。另一方面，要搞好自身廉政建设，严格执行审计纪律，确保客观公正地行使审计职权。冠县审计局始终以“加强党性修养，坚持廉洁从审”为工作的切入点，坚持把作风廉政建设作为审计工作的生命线。先后出台了《冠县审计局工作人员守则》、《廉政建设制度》、《审计工作人员八小时以外行为规范》等一系列促进作风和廉政建设的文件，并在全局开展了贯彻学习《中国共产党党员领导干部廉洁从政若干准则》的教育活动，真正做到入脑、入心，使廉政准则成为我们安全审计、健康成长的保障线，廉洁审计、秉公用权的警示线，严守纪律、不可逾越的高压线；使广大审计干部进一步增强政治意识、大局意识、责任意识和廉政意识，进一步筑牢思想道德和党纪国法“两道防线”。坚持“教育、制度、监督并重和惩防并举、注重预防”的方针，持之以恒狠抓作风和廉政建设，推进作风和廉政建设责任制和反腐败工作任务的落实，有力地发挥了审计监督对全县经济发展的保障和促进作用。

局主要领导以高度的政治责任感，围绕“强化意识、忠于职守；强化管理，一岗双责；强化自律、廉洁审计”的方针， 促进了作风和廉政建设责任的履行。身为冠县审计局副局长的李朴同志一身正气，坚持原则，不徇私情。了解他的人都清楚，李朴同志时时刻刻把握的一条原则就是：看人要准，交友要慎，八小时之内严守，八小时之外严格要求。只认法与理，是他的一贯作风。几年来，他多次把提着烟酒前来通融的人拒之门外，被审计单位安排的宴请、娱乐一一谢绝的事不胜枚举。无私品自高，气正自凛然，李朴同志用自己的廉洁行动印证了一名审计官的胸怀和品格，也使开展的每一项审计工作真正达到“实事求是，客观公正”，使开展的每一项审计工作有力、有威、有誉。他认真学习了《中国共产党纪委处分条例（试行）》，《中国共产党党员领导干部廉洁从政若干准则（试行）》以及近年来颁布的一系列廉政条规和中央的重要指示精神，在不断提高自身政治鉴别力和政治敏锐性的同时，严格规范机关行为，提高全局人员的思想素质和工作能力，与机关各科室签订了《廉政建设责任书》，定期组织全体人员学习有关廉政建设的政策、条例，局机关工作作风有了明显改善，干部的政治思想素质有了进一步的提高，保证了审计队伍的纯洁性，在社会上树立了良好的审计形象，使冠县审计局的作风廉政建设不断取得新成绩。讲学习、讲正气、讲政治，在冠县审计局蔚然成风。

作为审计事业新兴力量的我，首先要树立正确的世界观、人生观和价值观，坚持和发扬“勤思好学、苦练内功”的精神，刻苦钻研审计知识和专业技能，对于基础性业务知识要从学深、学透、学全上下功夫，对于在审计实践中碰到的难点要迎难而上，苦学深钻，开拓创新，化解难题。其次加强自己的思想作风，增强做好审计工作的责任感和使命感，为自己奠定坚实的思想政治基础。最后时刻警惕和坚决抵御腐朽没落思想和生活方式的侵蚀，培养积极健康的生活情趣，始终保持高尚的精神追求，不断增强自身的免疫力。

“过去的先进不等于现在的先进,现在的先进不等于永远的先进”。由此,我们要增强忧患意识,通过不断地加强和改进思想作风、领导作风、工作作风、生活作风、廉政建设,发挥“正能量”，来提升审计工作水平、树立审计的权威和形象，为审计事业“保驾护航”。

弘扬廉政审计文化
打造勤廉审计队伍

武方雯（阳谷县审计局）

阳谷县审计局始终把弘扬廉政文化作为创建文明机关的重要举措，坚持教育为先导，创新载体机制，努力用健康向上的廉政文化占领审计人员的思想阵地，着力打造勤廉的审计队伍，营造了尊廉、崇廉、倡廉、守廉的浓厚氛围，创造良好的审计执法环境。主要做法是：

加强领导，健全机制，保障审计廉政文化顺利开展

局党组高度重视廉政文化建设工作，致力于通过开展审计廉政文化建设，发挥廉政文化影响人、塑造人的积极作用，构建以文倡廉、以文促廉的廉政文化建设格局。为保障审计廉政文化建设的开展，在组织领导方面主要建立了“三个机制”：一是组织领导工作机制。成立了由张景伟局长任组长，各科室负责人为成员的审计廉政文化建设工作小组，形成了各负其责、齐抓共管、将发挥各自优势、相互融合的工作格局，为顺利开展审计廉政文化建设发挥了保障作用。二是落实责任机制。坚持审计廉政文化与审计各项工作结合，按照上级部署要求，结合实际，研究制定审计廉政文化创建的具体意见，通过“一岗双责”责任机制，落实好廉政文化建设内容，确保廉政文化建设扎实有序展开。三是考评激励机制。将审计廉政文化建设纳入廉政考核内容，把副科级以上领导干部参加审计廉政文化建设的情况纳入述职述廉，充分调动广大审计人员积极参与审计廉政文化的热情，保证了审计廉政文化建设的落实。

强化引导，深入发动，筑牢廉洁从审的思想根基

廉政文化的重点，是培养审计人员的核心价值观，要树立正确的价值观首先是要进行教育学习。我局始终把廉政教育作为每年审计培训学习计划的

重要内容，不断创新学习形式，丰富学习内容，增强教育的针对性、生动性和实效性。一是强化理念教育。局党组确立了“从政以廉为本，工作以勤为先”的廉政工作理念，通过举办廉政知识讲座、研讨培训等形式，组织学习了《中国共产党党内监督条例》、《中国共产党纪律处分条例》、《党员领导干部廉洁从政若干准则》、新《审计法实施条例》、新《审计准则》，提高了全体党员干部法律法规知识水平，强化了廉洁从审意识，营造出“崇廉、学廉、践廉”的风气，教育审计人员努力做到以责立志、以德立身、以能立业、以行立信。二是加强示范教育。师范教育是激励党员干部廉洁从政的重要方式。我局组织全体干部职工学习杨善洲、金岚岚等先进模范任务的先进事迹，引导党员干部学典型，做勤廉公仆。三是深化警示教育。组织干部职工观看警示教育片，利用反面典型警示大家，引导干部职工算好“政治前途、经济得失、家庭幸福、人身自由”四笔账，不断强化遵纪守法意识，使审计干部“违规事不做、禁令区不闯、高压线不碰”。四是坚持“以人为本”，发挥廉政文化的亲和力。注重把廉政风险防控与思想教育工作相结合，广泛开展谈心、谈话活动，并设立监督举报电话，接受社会大众的监督，进一步构建较为完善的廉政风险防范体系。

紧贴实际、突出重点、形成廉政文化建设的浓厚氛围

注重发挥廉政文化整合优势，把各种宣传形式结合起来，让社会、被审计单位和广大审计人员时时处处感受到审计廉政文化的存在。一是强化政务公开。我局逐步推行从审计职责到审计结果的公开，对部分审计项目实行了公告，社会反映良好，增强了审计人员进一步依法行政、透明执法的意识。二是加大宣传力度。积极组织参加县里的各项宣传工作，扎实做好政风、行风评议活动，对群众提出的意见和建议，认真进行梳理和反馈，并制定整改措施，认真抓好落实。三是丰富文体生活。坚持开展经常性的机关文体活动和各类专题讲座，引导审计干部职工培养高尚兴趣，追求积极健康的文化时尚。邀请专业的体育教师进行授课，在锻炼身体的同时，使同志们以更加高昂的士气投入到审计工作中。

常抓不懈，形成廉政文化建设长效机制

认真执行党风廉政建设责任制，成立廉政文化建设小组，坚持“一岗双责”。制定了廉政文化建设意见和实施方案，建立了廉政文化建设的保障制度。注重把廉政监督贯彻于审计工作的全过程，坚持以加强对审计一线的监

督为重点，对审计组实行审前谈话制度，推行审计公示制度，召开审前座谈会，邀请派驻纪检组参加审计进点会。

同时，定期召开各种廉政建设座谈会，集思广益，整合廉政文化资源，调动干部、家庭、社会等各方面的积极性、主动性和创造性，形成积极支持廉政文化建设的良好局面。

通过加强审计廉政文化建设，进一步增强了全体审计人员的廉政意识，有力地促进了阳谷县审计工作的顺利开展。

我们的选择

张继洋（莘县审计局）

今天，我们眼前的世界呈现出了前所未有的缤纷和嘈杂；物质生活多样化的高度发达，金钱和权力的致命诱惑，我们的内心世界面对着来自四面八方的诱惑和冲击；我们也许有些疑问：我们追求的是什么，我们想得到什么，我们应该创造怎样的价值，我们曾一度坚信和执着追求的目标是否在经受着各种价值观的挑战？我们该怎么选择？

鸟儿选择了天空，因为它有一双能够飞行的翅膀；鱼儿选择海洋，因为它有一条能够畅游的尾巴；骏马选择草原，因为它有矫健的身姿。我们，也有自己的选择，我们选择了我们挚爱的，高尚的审计事业，恪守着我们的职业道德。我们和我们身边的每一个人都为自己的青春、人生、事业选择着。然而，随着社会的大踏步前进，尤其在物欲横流的冲击下，有的人依然选择做人的清清白白、坦坦荡荡；有的人却选择了一条精神家园日益颓废的道路，在金钱和权利面前情愿顶礼膜拜、俯首称臣，一旦瞄好机会，即刻该出手就出手，国家钱财就此惨重流失。

“心不动，则不痛，心若动，则必痛”或许这句话引用在这里更合适，心不动是坚守着良心的执着信念，是恪尽职责的清贫操守，是清醒敬畏的思想根基；心动则是面对阿谀谄媚的逢迎、金钱利益的诱惑极易背弃理想信念，丢失道德伦理，走上蜕化变质、腐化堕落的道路。图的只是一时之快，留的却是千古骂名。看你怎么选择！

记得有这么一个故事：在春秋时期，宋国有一个人得到了一块玉石，他将它献给齐国的大夫子罕。子罕却不肯接受。献玉人对子罕说：我曾把这块玉石拿给做玉器的工匠看过。工匠认为这是一块非常难得的宝石，所以才敢拿来献给您，可您为什么不接受呢？子罕说：我为人处事以不贪为宝，你以玉为宝。如果我把玉石收下，那么我们两个都失掉了宝。我不收，这样我们各人就有各人的宝石啊！这是发生在2600多年前的事，尽管它跨越了漫漫的历史长河，但它却如同一面清亮的铜镜，折射出古人淡泊名利、廉洁奉公的优秀品德，这也是一种选择，廉洁和腐败的选择。

且不说，孔繁森、焦裕禄这些优秀共产党员，也不用说王有德、王小花这些优秀人物，他们，大家已经耳熟能详，就说我的身边，审计局这个大家庭里，就有这样一些共产党员，他们数十年如一日地默默工作，时时刻刻牢记“依法审计，服务大局”的宗旨，以自己的行动履行着共产党员的忠贞誓言，在他们平凡的身影背后时常散发着共产党员所特有的魅力。是的，他们顶着烈日穿过玉米地，为的是农民地上物赔偿清点无误，换来了农民满意的笑容。是的，他们冒着严寒实地丈量为的是确保财政资金的万无一失，换来的是为县财政资金节省近千万。是的，夜深人静的时候办公室里有他们忙碌的身影，换来的是成功的喜悦。是的，还有那贫困户、孤寡老人紧紧握住送来温暖的双手，抓住的是百姓那颗暖暖的心，我们既然钟情于“金的品质”就勇敢做出“叶的奉献”。是的，这就是他们选择，无悔的选择，高尚的选择，他们的选择就是“责任、忠诚、清廉、依法、独立、奉献”。

我们没有迷失，我们正在恪守着我们的职业道德，我们无悔于我们的青春，无愧于人民，我们坚守着自己良心的执着信念，这就是我们的追求，这就是我们的所得，这就是我们创造的价值，我们坚信和执着追求的目标不能改变，也不会改变。生命原本短暂，它是一步一个脚印走下来的旅程，在你迈出下一步的时候，应该觉得选择的是一条阳光大道，向着你选择的这个方向前进，你将谱写生命的新篇章。

青春是人生中最美丽的季节，她孕育着早春的生机，展现着盛夏的热烈，暗藏着金秋的硕实，昭示着寒冬的希望，充满诗意而不缺乏拼搏的激情，时尚浪漫而又饱含着奋斗的艰辛。当一个人的青春融汇到一个时代、一份事业中，这样的青春就不会远去，而这份事业也必将在岁月的历练中折射出耀眼的光芒。而正是这个阶段，就更需要我们明确自己的人生目标，更需要我们拥有廉洁的人格与情操！

做人民利益的守护神

王昊颖（莘县审计局）

作为审计系统的一名普通干部，我常常在思考：审计工作如何在服务经济发展中发挥越来越重要的作用？如何真正发挥经济社会“免疫系统”的功能？我想，唯有牢记“责任、能力、形象”，守住廉洁从审的生命线，才能无愧于“经济卫士”的称号。

审计工作没有丰厚的待遇，也没有显赫的地位，更没有如潮的掌声。伴随他的只是枯燥的数据、厚厚的账表、辛勤的汗水和如山的责任。作为一个专门从事经济监督的部门，要促进依法行政、维护经济秩序、推进廉政建设、履行审计职责，就要树立起文明审计、依法审计、廉洁审计的良好形象，因此，一名合格的审计干部必须要爱岗敬业，无私奉献，要耐得住寂寞、守得住清贫，只有两袖清风，自身“免疫”，才能充分发挥审计的“免疫系统”的功能，促进经济又好又快发展。

莘县审计局党组高度重视审计队伍的廉政建设，把廉洁从审看作是我们审计人的生命线，将责任意识、廉政意识贯穿于审计工作全过程。

审计“八不准”纪律被广大审计人员称为“高压线”，是预防审计风险、提升审计质量的关键，也是我们党风廉政责任建设的最佳落脚点。我们注重把监督重点放在审计一线，制定了审计公示、审计回访、廉政档案、意见征询等四道拒腐保廉的屏障，主动防范和抵御各种侵蚀。审计组进点时要求在被审计单位公布审计“八不准”纪律，也就是清晰地向外界透露这样一个信息：审计人员在监督别人的同时，也主动邀请别人监督自己。同时向被审单位发放审计廉政情况回执单，增强审计人员的自律意识。局领导采用抽查的方式到审计现场，了解审计组在被审计单位的工作情况、廉洁从审情况，使审计组审计到哪里，廉政监督的触角就延伸到哪里。重要审计项目、社会关注的热点事项的审计报告都在网上及时公布，以接受社会各界的监督，努力打造“阳光审计”形象。

实践证明，我们所坚持的道路是对的，近年来，审计在经济建设中发挥的作用越来越重要，审计机关在人们心目中的威望越来越高，除了与广大审计人员兢兢业业履行责任外，还与审计机关公正清廉的整体形象密切相关。审计工作有钢的纪律，审计干部有铁的心肠。亲朋好友，平常百姓，上级领导，下属单位，一视同仁，心底无私，客观公正。纪律是工作原则，是行为规范，是考验我们的试金石。在物欲横溢，充满诱惑的今天，我们审计干部经得起灯红酒绿的考验，耐得住糖衣炮弹的袭击，在情与法，是与非面前始终保持清醒的头脑，坚守阵地，躬耕地方经济的一方净土。这就是我们的审计人，一群肩担道义、严于律己、坚持原则的人，为我们展示了清正廉洁、爱岗敬业、勇于挑战的审计形象。

审计是清苦的，更是光荣的，正如刘家义审计长所言：“我们选择了审计这个职业，就必须无怨无悔，就必须做到责任、忠诚、清廉、独立、奉献”。让我们把人生最美好的年华倾注在审计工作这片热土上吧！让我们守住廉洁从审的生命线，展开执着奉献的翅膀，向着更高更远的目标飞翔！

以廉强审 以审助廉

米娜（临清审计局）

审计作为保障国家经济社会健康运行的“免疫系统”，承担着维护国家经济安全的神圣职责和历史使命，是预防和打击腐败的有力武器。审计人员的作风和廉政建设是审计工作的生命线，正确履行法定职责，严格规范从政行为，是审计机关和审计人员执行审计业务、履行审计监督职能所应具备的最基本的条件。作为一名审计工作者，我充分认识到只有转作风，强廉政才是我们审计机关的生命线，并深知：其身正、不令则行；其身不正，虽令不从。在廉政审计方面始终对自己高标准、严要求，切实加强自己的品德修养，能够自觉地加强党性、党风、党纪和廉政方面的学习，不断加强世界观、人生观、价值观的改造，坚持立党为公、执政为民，做到权为民所用，情为民所系；坚决贯彻执行党的路线、方针、政策，恪守审计的职业道德，时时刻刻用一个审计人员的标准规范自己的言行。注意做到常思贪欲之害，常怀律己之心，常排非分之念，常修为仕之德，坚持把轻名利、远是非、正心态和纳言、敏行、轻诺作为自己的行为准则，时刻做到自重、自省、自警、自励。进一步强化了依法从审、廉政为民的思想意识，增强了自觉抵御腐朽思想侵蚀的能力。

记得我到审计局的第一天起，前辈们就教导我，审计是一种权力，更是一种责任，是法律赋予我们的，是党和人民交给我们的。审计工作没有丰厚的待遇，也没有显赫的地位，更没有如潮的掌声；伴随的只是枯燥的数据、厚厚的账本、辛勤的汗水和如山的责任。审计人要用好这个权利，靠的就是转变作风勤政廉政。

审计人员要转作风强廉政就要求我们对法律心存敬畏，严格执法，正当执法。审计执法是审计工作的关键，倘若执法不当，就会给我们带来无限的审计风险。相传明太祖朱元璋曾问手下群臣：“天下何人最快乐？”大家各抒己见，有的说“功成名就者最快乐”，有的说“富甲天下最快乐”，有的说“高官俸禄者最快乐”。可朱元璋听了连连摇头。唯独听到万纲说“畏法度者最快乐”时，朱元璋才频频点头。“畏法度”就是敬畏法律而老实守法，熟知法律而循规蹈矩，畏惧法律惩罚而不越雷池，自觉做廉政官员，做守法公民。畏法度者，视法度为高压线，行事谨慎，永远不触犯法律，他们堂堂正正，光明磊落，所以快乐。古人尚且明白这个道理，我们更应该“畏法度”，做一个快乐的审计人。

审计人员要转作风强廉政，还需要我们做到“吾日三省吾身”，经常检讨自己的言行。时常反省自己的行为，才能尽早地发现错误，及时补救和改过。身处审计这样一个执法部门，不可避免会面临各种陷阱、利诱和交易，如被审计单位的吃请、礼品等各种形式的贿赂。因此，在审计工作中我们要时常地将自己的行为与审计纪律等要求进行对照，对偏离正常轨道的行为及时进行纠偏，不断地进行自我批评和教育，使我们的思想和行为总在正常的轨道内行驶。如果我们没能做到时常反省自己，也许会在不知不觉中我们犯下许多错误，等到我们发现这些错误想要改正的时候，却发现已经没有改正的机会了。其实，许多领导干部因为没有及时检讨和改正自己的错误，自己一步步走向了犯罪的深渊还浑然不觉。我们要以此为戒，从点滴做起，防微杜渐，筑牢心中那道“廉政防火墙”。

审计人员要转作风，强廉政，就需要我们树立正确的世界观、人生观和价值观。审计干部不是圣人，在思想认识上也总会存在这样那样的毛病，特别是有些人爱慕虚荣，喜欢和其他人比吃比穿比房比车，比来比去就有失落感了。这样一来，在形形色色的诱惑面前，在能够腐败的时候，也许思想道德的防线就失守了……前一段时间，我们观看了《忏悔录》，现在仍然很有感触。那些领导干部在跨进腐败之门前，绝大多数都是善良、诚实、正直的人。但是随着职务的升迁，权力的增加，在各种糖衣炮弹的轰炸下，他们的欲望不断膨胀，逐渐放松了对自己的要求，扭曲了自己的世界观、人生观和价值观，在权钱面前他们意志防线土崩瓦解，最终触及了法律的高压线，身陷囹圄，落得个家破人亡，让世人唾骂的下场。

路是走出来的，历史是人写出来的，人生的每一脚印都在书写自己的历史。无论历史如何发展，无论时代怎样变迁，转作风强廉政永远是时代的呼唤永远是人民的期盼。我们伟大的祖国正逢盛世，我们的审计责任重大、使命光荣；雄关漫道真如铁，而今迈步从头越。临清审计局的干部职工在局领导的带领下，转作风，强廉政，正豪情万丈，信心百倍，向着新世纪的征途阔步迈进，再创审计新的辉煌！

转变作风人人有责
勤政廉政从我做起

张莉（临清市审计局）

如果说审计是国民经济运行的卫士，是领导决策和民众的眼睛，那么我们每一名合格的审计人员，都是党委政府的谋士，是维护国家财经法纪的卫士，是打击经济犯罪的勇士。近年来，审计在经济社会发展中的作用越来越重要，审计机关在人们心目中的位置越来越崇高，特别是在物欲横溢、充满诱惑的大环境下，广大审计人员能够经得起灯红酒绿的考验，耐得住糖衣炮弹的袭击，在情与法、是与非面前始终保持清醒头脑，坚守阵地，维护地方经济的一方净土，这些得益于我们广大审计人员兢兢业业、认真履职，得益于大家能够坚守公正清廉、廉洁奉公的良好形象。

党的十八大如一缕春风，把转变工作作风、密切联系群众的种子播撒在了祖国的大江南北，浸润到了每一名国家公职人员的心中。新时代、新形象，新目标、新辉煌。作为我们每一名审计人员，都要始终牢记习总书记所说的“打铁还需自身硬”，把作风和廉政建设当作我们工作的高压线和生命线，真正做到肩担道义、严于律己、坚持原则，真正做到清正廉洁、爱岗敬业、奉公守法。我们是这样说的，也是这样做的。近段时间以来，临清市审计局局领导干部带头学习十八大精神和中纪委全会精神，各科室掀起了一股改进工作作风、坚持勤政廉政的热潮，同志们纷纷进行自我剖析，认真反思自己的一言一行，找出问题症结并加以改正，思想认识和精神境界有了新拓展，工作能力和业务水平有了新提升。

物必先腐而后虫生。一句简单明了的话语警示着我们，唯有坚守信仰，升华境界，提高本领，才能成为新时代合格的审计人员；唯有转变作风，廉洁自律，两袖清风，才能不辱神圣卫士的光荣使命。我们将与时俱进，加强学习，做本行业的专家能手。权威在精通的业务中方能确立。作为审计人员，需要掌握的知识有很多，不仅要学习审计知识、财会知识，还要学习金融知识、法律知识；不仅要借鉴其他同志的工作方法和经验，更要善于摸索和总结审计工作的新思路、新方法，只有加强学习，历练心智，我们才能成为工作的行家里手，才能为这个社会贡献更多力量。我们将转变作风，优化服务，做奉献社会的优秀典范。审计工作有钢的纪律，审计干部有铁的心肠。无论是亲朋好友、平常百姓，还是上级领导、下属单位，在审计工作面前，都必须一视同仁、心底无私、客观公正。但是刚正不阿的背后，需要我们有一颗火热的服务之心、奉献之心，面对我们的服务对象，彬彬有礼，热情周到，用一言一行、一举一动去展现审计人员的良好素质和风范，用我们的辛勤劳动换来经济社会的和谐稳定，让人民群众真正体会到我们的工作价值。我们将严格自律，勤政廉政，为地方经济发展保驾护航。面对金钱贿赂，断然回绝；面对威胁利诱，不会有一丝动摇。没有什么能比人民的重托更神圣，没有什么能比国家的利益更重要，没有什么能比审计人员的尊严更崇高。在这场没有硝烟的战争中，需要我们时刻坚守自己的本分，做到自重、自省、自警、自励，真正把心思用在工作上，把智慧用在创新上，把精力用在服务上。以我们的实际行动，用审计这把利剑，斩断伸向国家和人民利益的黑手，捍卫国家和人民的利益。

一个人最珍贵的是品质，最高尚的是情操，最难得的是正义和对国家的忠诚，我愿和每一位审计同人一道，不断转变作风、勤政廉政、敬业奉献，全心全意为审计事业贡献更大力量！

风清舵正自远航

高爽（聊城市审计局）

习近平亲自倡导并实践的这场始于“车轮和舌尖”的作风革新，相信带给每一个人的触动是空前的、思考是深入的。

在我们平时生活工作中，经常出现这样的情况：身处同样的制度，同样的环境，在得与失、廉与贪之间，经过一番吹拉弹唱之后，听到的是风格迥异的曲子。有的人勤字当头，唱一首《爱拼才会赢》；有的人以奉献开路，谱一曲《生命在于奉献》；而有的人却贪字“挂帅”，奏一段《致命害虫》。

一个贪字，它到底给极少数滑倒的同志带来了什么呢？

贪，折断的是家庭团圆这根弦。从今往后，相伴的将是冰冷铁窗。君不见，高堂明镜悲白发，朝如青丝暮成雪，家庭的欢乐早已被牢狱所剥夺。

贪，毁掉的是事业前程这条路。从今往后，他将拐入人生的隔离区，丢失了进取的自信、没有了亲朋好友的相伴，事业的意义早已被法律的威严所封杀。

贪，失去的是康足富裕这份福。我们讲着春天的故事，改革开放富起来，今天的康足富裕生活就因为这么一个贪字，足以让他坠入深渊。一个丢失道义的人，物质的意义早已被精神的荒芜所抛弃。

贪，剥夺的是人格尊严这个义。在法律日趋成熟的今天，天网恢恢，疏而不漏，一个贪字就等同于一个囚犯的囚字，生活的意义早已被道德判了终身监禁。

“清如秋菊何妨瘦，廉似梅花不畏寒”，无论历史如何变迁，无论时代怎样发展，廉洁永远是时代的需要，正气永远是人民的期盼。

廉政建设的任务是全方位反腐败，而审计的任务，是在经济领域反腐败。中国审计风暴一次次刮来，一次次检验了审计的根基是否牢固；审计人员一次次揭露出党政干部在经济领域的腐败问题，也一次次地强化了审计的根基，推进了廉政文化的进步。

审计署先后制定印发了《审计机关审计人员职业道德准则》和关于“八不准”的审计纪律以及其他相关的规范，概括起来就是“客观公正、实事求是、廉洁奉公、保守秘密”四个基本规定，作为审计人员，就是必须做到“稳、硬、廉”三项基本要求。

第一要“稳”，稳是基础。稳了，才不会摇摆不定，在大是大非问题上，才会旗帜鲜明、立场坚定。不论在任何事情上，都要稳定思想情绪、稳重工作作风、稳妥审查办法、平稳处罚力度，才能在腐败行为的诱惑、侵蚀面前做到不为所动、刚正不阿，才能从根本上克服审计随意、处理不公的不良现象，真正做到依法审计、公正处理。

第二是要“硬”，硬是保证。硬是审计职业道德规范和廉政制度的性质和特点，是审计人员遵守审计职业道德、执行审计廉洁纪律、做好审计业务工作的保证。审计工作不能欺软怕硬，不能怕得罪人。因此，审计人员必须增强廉洁纪律意识，要有过硬的思想认识、过硬的业务技能、过硬的工作能力、过硬的处罚力度，才能从根本上击溃被审计对象的侥幸心理从而做好审计工作。

第三要“廉”，廉是生命。廉是审计职业道德规范和廉政制度的最根本的要求，是审计人员职业道德修养好坏与否、执行廉洁纪律松严与否的最终体现，是审计人员的审计生命线。廉与勤、稳、硬之间相辅相成、互为因果。不勤，何以说廉；不稳，无法真廉；不硬，无法达廉。而只有真正做到廉洁从审，才会真正勤快起来，灵活起来，才会有四平八稳的工作态度，才能在不法分子面前真正硬起来，最终做好审计工作。

我们办公楼里独具特色的以廉政为主题的清风廊，就是一面镜子，它时刻提醒着我们要抵得住诱惑，撑得住信念，守得住清贫，耐得住寂寞！廉贪一念间，荣辱两世界。让我们时刻以廉洁的作风为帆，以实干的精神为桨，以党员干部的信念为舵，破浪前行，风清舵正自远航！让神州大地，光明永驻，让朗朗乾坤，正气长存！

在平凡中演绎审计
从廉政中树立形象

葛爽（开发区审计分局）

泰山不拒细壤，故能成其高；江海不择细流，故能就其深。在审计工作中，我们所做的每一件事都是小事。海尔公司总裁张瑞敏说："把每一件简单的事做好就是不简单，把每一件平凡的事做好就是不平凡。"著名营销人士汪中求先生在《细节决定成败》一书中说："芸芸众生能做大事的实在太少，多数人的多数情况总还只能做一些具体的，琐碎的，单调的事，也许过于平淡，也许鸡毛蒜皮，但这就是工作，是生活，是成就大事不可缺少的基础"。对于我们审计工作来说也是如此。

审计是国家治理大系统中一个具有预防、揭示和抵御功能的"免疫系统"，是公共财政的"卫士"。新时期，党的十八大、中央八项规定及十八届中纪委二次全会对作风、党风廉政建设和反腐败斗争提出了新的总体要求。作为审计人就应该把维护人民的利益，维护国家经济安全放在首位，积极为推进民主法治和反腐倡廉建设、促进改革创新和科学发展贡献一分力量。

廉政，是审计工作的生命线；廉政，是审计取得人民群众信任的关键。换言之，廉政，是审计文化的灵魂。大礼不辞小让，细节决定成败。见微知著，从滴水能观沧海。廉政，从小事做起，从身边做起，从最基础的做起，从一点一滴做起，以广大人民的根本利益为出发点和落脚点，帮助群众做好事，办实事，解难事，才能构建科学和谐的社会环境。

廉政审计，从身边做起。俗话说，环境造就人。在我国，孟母三迁的故事几乎家喻户晓。千古流传的故事说明了这样一个道理：环境影响人、环境熏陶人、环境改变人。因此，营造廉政文化氛围，是廉政建设的重要手段。在局机关建立廉政文化楼道，将审计纪律、有关廉政名言警句制作宣传镜框公示悬挂于墙，在每个审计人员的工作座牌上写的廉政审计格言的警示语，时刻警醒审计干部树廉洁之心、行廉洁之事、做廉洁之人；把廉政教育渗透到每个细节，融入审计人员的日常生活，接受廉政文化熏陶，营造出浓厚的党风廉政建设氛围，使干部职工在潜移默化中受到感染。

廉政审计，从点滴做起。古人云，成由节俭败由奢。勤俭节约是中华民族的传统美德，是我们党的优良传统和作风。作为审计机关工作人员，从点滴做起，从我做起，节约一角钱，一滴水，一度电，一张纸，一支笔，一粒粮，一件衣。审计人员应该把节约当成举手之劳的生活态度和生活方式，学会量入为出，精打细算，不搞高消费和超前消费。此外，在待人接物的点滴中注意，比如举止粗俗、轻浮、蛮横，说话时盛气凌人、粗话满口、牢骚满腹等，极有可能导致自己陷入困境或多走弯路，甚至影响整个单位或部门的形象。因为人民群众往往通过一些细节来评价干部、来看待作风。

廉政审计，从小事做起。群众利益无小事。涉及群众切身利益的事情虽小，但事事牵动人心，件件关乎百姓。实际上，人民群众往往就是从一件一件的小事、实事中来评判我们的工作、认识我们的干部的。审计人员应该深深地懂得，我们的报酬，我们的审计经费，我们花费的每一分钱都是纳税人的，是人民养育了我们。回报人民，体现在日常的审计工作中。这就要求我们必须转变工作作风，务求实效，遵守工作纪律，提高工作效率，严格遵守审计规范，注重审计质量，不怕得罪人，如实反映审计中发现的违纪违规问题，坚持客观公正，实事求是，加大审计执法力度。保证每一个审计项目都经得起法律和历史的检验，保证每一段文字都对得起人民的养育之恩；更为重要的是，要把事关群众的每一项审计工作做好，不能光凭一时的热情，仅靠临时的突击，更需要日复一日、年复一年地坚持下去，从这个意义上讲，为群众办好小事就不仅是一种责任。

廉政审计，从小节做起。小节往往体现一个人的品质。小节不保，大节必失。审计机关是国家行政监督机关，职责赋予了审计干部一定的执法权限。由于主观和客观因素的影响，审计执法过程中，审计干部不可避免地面对这样那样的诱惑。人人廉政腐败灭亡；人人自律党风自强。经得起诱惑，守得住寂寞，是审计干部的职业道德底线。审计机关的工作人员，要始终以人民公仆的标准要求自己，做到自重、自省、自警、自励，慎权、慎欲、慎情、慎独，守得住清苦、耐得住寂寞、挡得住诱惑、顶得住压力。要淡泊名利，始终保持高尚情操，洁身自好，清廉自守，自觉抵制私心杂念。积极追求向上的生活情趣，纯洁和净化社交圈、生活圈，在任何时候、任何情况下，都要把握住自己，真正做到一身正气，两袖清风，把智慧用在创新上，心思用在工作上，精力用在落实上。古人云："勿以善小而不为，勿以恶小而为之。"管住小节，才能防微杜渐。

由此可见，小事连着大局，细节连着形象。"反腐倡廉"不是一种形而上的精神理念，不是一句简单的口号，而应体现在扎实的工作作风上，体现在身体力行的实践中。廉政建设体现的是审计机关的形象和作风。廉政建设要实打实，始终从平常事抓起，做到兢兢业业，秉公办事，让人民群众感受到审计机关的良好作风。

"千里之行，始于足下；合抱之木，长于毫末"。加强廉政建设是一个长期的积累和改造过程，它需要以党的十八精神为统领，通过不断地加强学习，提高修养，陶冶情操，日积月累，方可铸就"忠于职守、清正廉洁、勇于负责、执法如山"的审计形象。

"建廉政文化，树审计新风"要靠你、我、他!俗话说，"人心齐，泰山移"。滴水可以汇成江海;细土可以积成高山。团结就是力量，凝聚成就辉煌!让我们立足本职，严于律己，以更加昂扬的斗志，更加饱满的精神，更加务实的作风，投身到审计平凡的岗位中，不断开创审计事业新局面，为经济持续健康发展和社会和谐稳定做出更大贡献，一起营造更加美好的明天!

廉洁 韶华之树常青

弓守星（聊城市审计局）

时光荏苒，从踏上审计之路至今已有四个年头，回顾这四年来的风雨历程，感触最深的是审计的客观和公正教会我如何做人，审计的严谨和细致教会我如何做事。一身正气，两袖清风，三榜定案，四季晴雨，是我们审计人工作形象的真实写照。

“廉洁，韶华之树常青；贪婪，生命之花凋零”，是我局建立廉政建设先锋岗时我为自己选的廉政格言。作为一名年轻的审计人，我时时刻刻提醒自己，审计是国家机关、执法部门，自己的一言一行在很大程度上代表着审计局这一集体形象。审计执法是审计工作的关键，倘若执法不当或者不严，就会给我们带来无限的审计风险。因此我们要树立强烈的风险意识，严格执法，正当执法，养成廉洁自律的好习惯。身处审计这样一个执法部门，不可避免会面临各种陷阱、利诱和交易，如被审计单位的吃请、礼品等各种形式的贿赂，我们只有“吾日三省乎吾身”，时刻将自己的行为与审计纪律“八不准”的要求进行对照，对偏离正常轨道的行为及时进行纠正，并以此为戒，防微杜渐，才能牢固筑建一道心中的“廉政防火墙”。

聊城市审计局曾有一位老同志，在一次财政资金审计中发现一个几百万的资金缺口，进一步审查发现该笔资金被挤占挪用了。被审计单位慌了，他们没有料到审计人员工作如此认真，业务如此精通！一天下午，被审计单位派人找到这位老同志，“亲切”地称兄道弟：“大哥，您千万手下留情。您想想，您辛辛苦苦干几十年能挣多少钱，如果您高抬贵手，日后我们会重重感谢您。”说着，塞给他一个红包，里面有几万元现金。在有的人看来，拥有这样的“油水”工作岗位，只要稍微闭一闭眼，抬一抬手，就不愁没有飞来横财。但这位老同志想到的是领导的信任，人民的重托，面对金钱诱惑，他选择了坚守原则，义正词严地拒绝了对方的糖衣炮弹。“海纳百川，有容乃大；壁立千尺，无欲则刚”，这位老同志以高尚的情操和实际行动维护了我们审计人的廉政形象，我们要拥有的正是他这样的高风亮节和清廉本色。

俗话说：“众人拾柴火焰高”。聊城全市审计机关400余名经济卫士，自加压力，奋力争先，2008年以来，共审计2902个单位，查处违规资金108.44亿元，为财政增收节支49.52亿元，聊城市审计局更是连续三年被评为市级以上文明机关。每每看到这些，我都由衷的自豪。这里面有我们贡献的一分分力量，这是我们为国审计、为民审计的工作成果。审计，作为一个专门从事经济监督的部门，要促进依法行政、维护经济秩序，就要树立起依法审计、廉洁审计的良好形象。这就要求我们每一个审计人必须要爱岗敬业，无私奉献，要耐得住寂寞、守得住清贫。只有两袖清风，自身“免疫”，才能干好审计，才能充分发挥审计的“免疫系统”功能。审计公示上的廉政监督电话、审计“八不准”规定中的纪律要求是我们拒腐保廉的屏障，局机关为我们清晰地向外界透露了这样一个信息：那就是审计人员在监督别人的同时，也主动邀请别人监督自己，我们主动防范和抵御各种侵蚀，面对那些利和诱，我们免疫！

一位哲人曾经说过：人生没有草稿，篇篇都是正文。我们审计人书写的不仅仅是自己的人生，更有我们审计执法的历史。正如刘家义审计长所言：“我们选择了审计这个职业，就必须无怨无悔，就必须做到责任、忠诚、清廉、独立、奉献。”无论历史如何发展，无论时代怎样变迁，清正廉洁永远是时代的呼唤，勤政廉政永远是人民的期盼。廉洁是我们黑暗中的方向，是那希望之光，是生命的热忱，是荣耀之巷，廉洁使我们的韶华之树常青，工作中的苦和累转瞬便被遗忘，而廉洁就像那一道绚烂金光，在黑夜尽头闪亮。

让廉政照亮我们头顶灿烂的星空

胡海标（聊城市审计局）

德国一位大哲学家曾说过，世界上只有两样东西能引起人们内心深深的震动。一个是我们头顶灿烂的星空，另一个是我们心中崇高的道德准则。头顶璀璨的星空代表着人们对自由和美好的追求，崇高的道德准则就是我们心中那条不可逾越的原则防线。

在当今市场经济浪潮风起云涌，各种利益诱惑不断交织，一些人原本清晰的廉耻观模糊了，原本坚定的思想开始动摇了。特别是在多元价值观的冲击下，真善美与假丑恶甚至被无端地颠倒过来。于是腐败案例、不正之风纷纷出现，一系列连锁反应随之引发，造假、欺诈、黄赌毒黑，遍布许多角落，扭曲着人的心灵。像“五毒书记”张二江、“三多”市长许迈永等一批贪官的卑劣行径，人们还记忆犹新，当他们的案子尘埃落定后，留给人们的思考是多么沉重！当一个个反腐大案浮出水面，一个个贪官纷纷落马，当反腐倡廉的警钟一次又一次敲响的时候，这无不诉说着反贪工作的严峻形势，反映出人们对清正廉洁的真情呼唤！

腐败猛于虎。这已是全党、全国、全社会的深刻共识。胡锦涛同志多次强调，反腐工作是党和国家的重要工作，是全面构建和谐社会的重要保证。构建和谐社会的大厦，离不开我们每个部门、每个行业、每个公民的共同努力。作为普通的公务人员，我们虽然身处平凡的岗位，但同样需要廉洁从业，勤奋工作，恪尽职守。要把廉政落实到每一个行动，每一句言语，每一项工作中。

谚云，“廉生明，公生威”，“鱼为诱饵丧命，鸟为秕谷落网”，“其身正，不令而行；其身不正，虽令不从”，今人说“手莫伸，伸手必被捉”。声音依然回荡在耳畔，振聋发聩。纵观我国古代皇帝多次大赦天下，包括死刑犯在内的囚犯一律赦免，但明确规定官吏贪赃枉法者一律不予赦免。比如，宋太祖在位十六年两次大赦天下，也明确规定官吏受贿者不予赦免。可见自古贪官就被社会所唾弃。成克杰、胡长清、王宝森、陈良宇是何等的位高权重，但一旦丧失了原则，触犯了法律，都难逃锒铛入狱的悲惨结局。前事不忘，后事之师。这种活生生的事例让我们明白在工作当中尤其是涉及国家人民利益的事务上一定要明辨之，慎思之，笃行之。

我国目前还处于社会主义的初级阶段，市场经济体制尚在建立、完善过程中，随着改革的进一步深入，不同的经济成分、经济利益、社会生活方式不断涌现。作为反腐战线的审计人更要在反腐倡廉工作中做出表率，用好为民之权、端正执政之风、常怀自律之心。要抵得住诱惑，撑得住信念，守得住清贫，耐得住寂寞！胡锦涛总书记在党的十八大报告中指出的，“要坚持中国特色反腐倡廉道路，坚持标本兼治、综合治理、惩防并举、注重预防方针，全面推进惩治和预防腐败体系建设，做到干部清正、政府清廉、政治清明。”为我们的反腐工作指明了方向，习近平总书记更是提出了把权力关进制度笼子的构想，作为审计人，在反腐中，更应在查处大案要案、完善机制和体制上发挥审计应有的作用，在日常工作中加强学习，把惩治腐败治理腐败作为工作的核心来抓，进一步树立审计作为国家治理重要组成部分的意识身体力行，将反腐工作抓好，落实好。

回想起我们敬爱的周恩来总理，他制定的“十条家规”，对自己严格要求，对家人言传身教。他率先垂范、廉洁自律的作风让人肃然起敬。他的言行为我们内心树立起了一座永恒的丰碑！

在如今这样一个时代，拜金主义、享乐主义盛行，贪污、腐败等现象屡屡发生，不断侵蚀着社会风气和肌体。就是这样的时候我们国家依然涌现出像扎身雪域奉献终生的孔繁森、人民的贴心人牛玉儒、永葆本色的好官郑培民以及我们审计系统的最美女支书金岚岚、扎身基层一心奉献的好干部史卫东等先进代表，以及我们身边的拾金不昧的“百佳文明市民”、“山东好人”刘明义、7年12次义务献血4800毫升的朱伟、长年救助贫困儿童的陈爱军、社保资金审计工作中连续战斗两昼夜的“拼命三郎”商建翔等人。是的，是他们用自己微弱但很璀璨的光辉指引着我们不断前进，那就是“权为民所用、情为民所系、利为民所谋”，一次又一次的取得了让全省审计人侧目的成绩。

有人说，廉洁是一棵松，无论在怎样的环境中，都要保持着自己的挺拔和坚毅；有人说，廉洁是一面鼓，在贪欲侵扰时要敲响自己的原则和底线。而我们更要说，廉洁是一片星空，它照亮了我们心中对于审计事业未来发展的无限憧憬。下面我用温家宝总理的一句诗来结束我的演讲。

我仰望星空，它是那样庄严而圣洁；那凛然的正义，让我充满热爱、感到敬畏。

廉生明 公生威

贾中凯（聊城市审计局）

古有明训："廉生明，公生威"。为官要有"威"，可是"威"从何来？《春秋繁录·五行相生》曰："至廉而威。"意思是坚持清正廉明，才能赢得威信、威望，受到人们的拥护。作为党员干部，为官思廉自生威，这种威望来自人格力量，来自共产党人应有的品格操守。

翻开历史的画卷，凡是清正廉洁、务实为民的清官廉吏，总是受到百姓的崇敬与爱戴。北宋时代的包拯，刚正清廉，百姓称其为"包青天"，千百年来妇孺皆知；明朝的海瑞，一心为民，两袖清风，博得举国爱戴；清代的于成龙，一身清廉，蜚声朝野。为政以德，譬如北辰，居其所而众星拱之。当今时代，孔繁森、牛玉儒、郑培民……他们的事迹传遍了神州大地，他们的精神令人敬仰。是的，无论沧海桑田，物是人非，清正廉洁都永远是时代的呼唤。为官者的一言一行、一举一动，直接影响着党员干部在人民群众中的形象和威信。在多种因素的作用下，被拉拢、被腐蚀利用的"价值"和"机遇"远大于常人。因此，更需廉洁自律、以身作则，把监督当作关爱，虚心接受批评，倾听不同声音，"从谏如流"、"闻过则喜"，有则改之，无则加勉。这样，方能保持一身正气，产生见贤思齐、上行下效的示范效应，不断提升领导权威和执行力。

古人云："侈则多欲。君子多欲则贪慕富贵，枉道速祸。"纵观古今中外，许许多多以权谋私、放弃操守的反面典型，无一不是在贪欲的奴役下一步步踏上了不归路，最终落得身败名裂的下场。汉朝刘向说过："受鱼失禄，无以食鱼；不受得禄，终身食鱼。"告诫手中有权的为官者要清正廉洁，道理浅显而朴素。绳子总在细处断，为官多从"贪"上栽。为官从政一定要常思贪欲之害，常除非分之想，管住自己的脑，不廉洁的念头不动；管住自己的口，不廉洁的话不讲；管住自己的手，不廉洁的财物不拿，始终做到对待职务知恩知足、对待权力清醒清廉、对待法纪心怀敬畏，守得住底线，管得住自己。

群众的眼睛是雪亮的，孰公孰私、谁廉谁贪他们最清楚。因此，为官者一定要把握好为民服务的“方向盘”，倾听群众呼声，关心群众疾苦，真心实意帮助群众解决实际困难和问题，坚持把“人民群众拥护不拥护，赞成不赞成，高兴不高兴，答应不答应”作为衡量工作的标准，做到在任何情况下，都把实现好、维护好、发展好最广大人民的根本利益作为一切工作的出发点和落脚点，努力做到权为民所用、情为民所系、利为民所谋。

宝剑壮我胆，拂尘扫我心，更有明镜日夜照我行，“今日长缨在手，定当缚住苍龙”，我相信，只要我们都行动起来，树立起清正廉洁的工作、人生信条，严于律己、无私奉献、廉洁奉公，我们的未来必将更加鲜艳夺目。

改进作风　勤政廉政

姜连振（聊城市审计局）

胡锦涛同志在党的十八大上指出：加强领导干部作风建设，是反腐倡廉的重要基础性工作，必须长抓不懈。而我，身为一名新时代的公务员，肩负着改革创新的历史使命，更加需要严格要求自己，深刻认识“作风决定形象，作风决定成败”的思想观念。改进机关作风，勤政廉政为民，更是我们义不容辞的责任！

结合审计工作，如何在服务经济发展中发挥越来越重要的作用？如何真正发挥经济社会“免疫系统”的功能？唯有牢记改进作风，勤政廉政，守住廉洁从审的生命线，才能无愧于“经济卫士”的称号。

审计工作没有丰厚的待遇，也没有显赫的地位，更没有如潮的掌声。伴随他的只是枯燥的数据、厚厚的账表、辛勤的汗水和如山的责任。但要做一名合格的审计战士，就必须要树立起文明审计、依法审计、廉洁审计的良好形象，因此，我们不仅要爱岗敬业，无私奉献，更要耐得住寂寞、守得住清贫，只有两袖清风，自身 “免疫”，才能充分发挥审计的“免疫系统”作用，促进经济又好又快发展。

改进作风，勤政廉政，就是要以身立岗，无愧天下公仆。审计工作责任大、担子沉，需要我们一丝不苟、精益求精；审计工作新情况、新问题不断涌现，需要我们开拓创新、锐意进取；审计工作清贫质朴、不事张扬，需要我们乐于奉献、恪守执着。

改进作风，勤政廉政，就是要常守做人立身之本，牢固信仰的支撑点。信仰是行动的指南，理想信念的动摇是最危险的动摇。古人说；“高飞之鸟，亡于贪食；深潭之鱼，死于香诱。” 理想信念直接影响着我们的思想和行动。特别是在新的历史时期，面对种种的利益和诱惑，我们审计人员都要坚定自己的信念，牢固树立马克思主义世界观、人生观、价值观和正确的权力观、地位观、利益观。

改进作风，勤政廉政，就是要常修廉政之德，堵塞小节的疏漏点。小节事关大体，小恶最终酿成大祸。“千里之堤溃于蚁穴”，我们审计人员，无论是在工作中还是生活中，无论是在八小时之内还是在八小时之外，对任何小节、小事都要自觉以审计“八不准”纪律为坐标系，在点点滴滴的小事上养成良好习惯，增强拒腐防变的辨别力和自控力。

改进作风，勤政廉政，就是要常怀敬畏党纪之惧，消除廉政的风险点。古人云：“畏则不敢肆而德以成，无畏则从其所欲而及于祸。”只有长存敬畏之心，才会时刻牢记肩上的责任和重担，有一种如履薄冰的感觉，自觉严格要求自己，堂堂正正做人，踏踏实实做事，做一名干干净净的审计人。

审计是清苦的，但更是光荣的，正如刘家义审计长所言：“我们选择了审计这个职业，就必须无怨无悔，就必须做到责任、忠诚、清廉、独立、奉献”。雄关漫道真如铁，而今迈步从头越，让我们把人生最美好的年华倾注在审计工作这片热土上吧！让我们守住廉洁从审的生命线，展开执着奉献的翅膀，向着更高更远的目标飞翔！

让廉政走下展板 落地开花

李鹏（聊城市审计局）

在倡导文明理念的展板上，在各级领导发表讲话时，在各种形式的整训学习中，对廉政的要求都占据着重要位置。作为基层公务人员，手中的权力和职责相比，职责远远大于权力，但是，切不可权小而忽视廉政的重要性，更不可以认为廉政要求高高在上、与己无关。让廉政走下展板、落地开花，从纵横两个方面全面提高对廉政的认识。

让廉政走下展板、落地开花，从横向上要求对廉政的认识要从廉洁向廉明、廉正、廉俭等更丰富的层次扩大。现在大多数情形下，认为廉的反义是贪、腐，这仅是廉的反面最极端表现，其实廉富有更多的内涵。一是廉明，就是具有正确的是非观，能辨认是非得失、正误好坏，没有是非观就失去了判断的依据。二是廉正，公正正派、光明正大的意思，是指秉公用权的态度。三是廉俭，即清廉节俭、勤俭节约、低成本高效率办事。最后是廉洁，是为官从政干干净净，贪污腐败就是不“洁”的问题。我们谈到廉政，多是局限在廉洁的层面，忽略“廉明、廉正、廉俭”等层面的要求。廉洁勤政，若没有“明、正、俭”，那么“廉洁”也就失去了最基本的保证。作为公务人员，仅仅不贪不占，这是远远不够的，还得做到廉明、廉正、廉俭。

让廉政走下展板、落地开花，需要对廉政的纵向落实上加深理解。作为公务人员，对廉政的要求是最基本的工作要求，是开展工作的前提和保证。明代薛瑄[xuā n] 在其《从政录》中说：“世之廉者有三：有见理明而不妄取者；有尚名节而不苟取者；有畏法律保禄位而不敢取者。见理明而不妄取，无所为而然，上也；尚名节而不苟取，狷[juàn]介之士，其次也；畏法律保禄位，而不敢取，则勉强而然，斯又为次也。”这是将廉政的品德分为三种境界。不妄取是发自内心的自觉，是廉政的最高境界；不苟取是出于名声的考虑，带有功利的目的，是廉政的次等境界；不敢取是迫于外部的压力，而非出于自愿，是廉政的最低境界。这三种境界要求我们，做工作讲廉政要发自内心，不拘泥于形式和外界管制，无论何种岗位、何种级别的公务人员，都要自然而然、理所应当的遵从廉政的要求。

自从踏入审计队伍的第一天起，身边的领导、同事们对审计工作展现出的高度负责的敬业精神、大公无私的奉献精神、谦虚谨慎的学习精神和团结一心的进取精神，无时无刻不在诠释着廉政的内涵。在日益繁重的审计任务和不断严格的工作要求下，从办公生活环境的改善到审计文化构建发展，从连续获得五一劳动奖章、社保审计先进集体等诸多荣誉到各项工作的典型发言、争先进位，从层出不穷的好人好事到帮扶村村民的由衷赞叹，从文明机关全市整体跨入到各项工作的争先发展，从全体审计人员精神面貌的焕然一新到省市各级领导的交口称赞，无不体现着全体审计工作人员用实际行动对廉政文明理念的发扬和践行。

空谈误国、实干兴邦。我们由衷地相信，只要我们怀抱干事创业的决心，坚定战胜困难的信心，树立时不我待的危机意识，用廉政践行行动，咬定青山不放松，我们的审计事业定将乘风破浪，继续前行。

防微杜渐 守住底线

刘海旺（聊城市审计局）

千百年以来，人们讲求廉洁，推崇廉洁。廉洁之风质朴醇厚，历史越悠久，早在儒家“修身齐家治国平天下”的人生理念中，“廉洁”、“廉正”、“廉直”、“廉谨”也是主要的道德准则。古人一直将“清正廉明”、“吏治清廉”视作从政的主要行为规范。

有人说，廉洁是一条路，廉洁之路虽有艰辛和不平坦，但心底无私天地宽。杨善洲、焦裕禄、孔繁森等等，那些一身正气，两袖清风的党员领导干部，他们的人生路标上写满了神圣和正义，他们走的是一条表面艰辛的路，但走的坦然，走的舒心，路越走越宽。廉洁的另一个方向是一条贪婪之路，胡长清、成克杰、程维高一类的腐败分子，损公肥私，贪得无厌，他们的人生路标上写满了耻辱和罪恶，令人唾弃，他们走的是一条祸国殃民，违法乱纪的路，是一条作茧自缚，玩火自焚的路。

有人说，廉洁是一棵松，在万木凋零的冬日，为人们送上一丝绿意；有人说，廉洁是一颗星，在黑暗冰冷的夜晚，为人们添上一份光明；而我却要说，作为新时代的青年，廉洁则是灵魂深处常吹的徐徐清风，它时刻提醒着我们：在这个物欲繁盛的时代，面对金钱、美色、利欲、奢侈、懒惰等诸多恶习，要抵得住诱惑，经得住考验，守得住灵魂，始终坚定信念，做到一尘不染。

廉洁，多么神圣而鲜明的字眼，问孩子，孩子说：廉洁就是不拿公家的东西；问农民，农民说：廉洁就是滴自己的汗，吃自己的饭；问执法者，执法者说：廉洁是老百姓心中的一杆秤，上不愧国家，下不愧人民；问灵魂，灵魂说：廉洁是远古天籁的淳朴音律，是执政做人的思想之巅。

腐败猛如虎，近年来在市场经济和对外开放的环境下，社会经济浪潮风起云涌，各种利益诱惑不断交织，一些人原本清晰的廉耻观模糊了，原本坚定的思想开始动摇了。特别是在多元价值观的冲击下，真善美与假丑恶甚至被无端地颠倒过来，于是出现了少数意志薄弱者，经不住金钱美色的诱惑，沦为贪官。张国光、李嘉廷、程维高、王怀忠、李真等一批高官，他们仕途可谓春风得意，但随着年龄的增长，走到人生顶点，站到权力高峰上时，他的世界观却发生了变化，产生了船到码头车到站的思想，开始放纵自己，对自己的要求也不严格了，对社会上不良风气的侵蚀失去了抵制，在利益面前，他们的防线彻底崩溃。一日，东窗事发、锒铛入狱，可谓触目惊心！

古代小说《醒世姻缘》里的一段话十分发人深思："终日忙忙只为饱，食得饱来便思衣；衣食两样皆具足，便思娇容美貌妻；娶得三妻并四妾，出门无轿少马骑；良田万顷马成群，家里无官被人欺；七品八品犹嫌小，三品四品又嫌低；当朝一品为宰相，又想君王作一时；心满意足为天子，又想神仙下棋局。"这段话道出了欲壑难填的现象及其规律。许多腐败案例中，不难看出，腐败分子往往由贪图小利开始，一发而不可收，由小腐败到大腐败，由偷偷摸摸到明目张胆以致达到为所欲为的程度。

人生没有草稿，篇篇都是正文。我们必须时时刻刻保持清醒的头脑，做到清正廉洁，抛弃侥幸心理。"贫穷并不可耻，有钱也非罪恶"，但俗话说，"君子爱财，取之有道"，关键是不碰"高压线"，守住底线。不管哪种获得必须建立在遵纪守法的前提下，建立在遵守廉洁自律的有关规定下。"千里之堤，溃于蚁穴"，任何侥幸的心理都会酿成大祸。决不能以善小而不为，以恶小而为之，人往往就是会忽略一些小事，也往往会从一些小事开始了他们的转变。也许就是一瓶酒一条烟，一袋礼品一袋茶叶，从这里开始了，开始了人生的演变。也许就是一位老乡一名远亲，一个朋友的朋友一个同学的同学，从这里开始了，开始了人生轨迹的改变。也许，一场舞会一场宴会，从这里开始了，开始了人生的蜕变。也许就是一张门票一份请柬，一次旅游一次留念，从这里开始了，开始了人生的突变。也许就是这么一步这么一闪念，这么一刹那这么一抬头一举手，有时正确和错误的选择就是这么相隔一点点。

古人云：建大功于天下者必先修于闺门之事；垂大名于万世者，必先行之纤维之事；这就是说做人、做事情要从小事入手，从点滴做起，踏踏实实，一步一个脚印，廉洁自律，非分之利莫伸手，警钟长鸣，前车之鉴当三思。年轻的我们虽然没有渊博的知识，但足以看到，古往今来，贪腐者从不缺钱，缺的是自重、自省、自警、自励；缺的是坦坦荡荡，浩然正气；缺的是廉、是耻。如果利用手中的权力行一己之便，贪一己之利，那么终将会落得身败名裂，倾家荡产，甚至家破人亡的下场。作为一名审计人员，廉洁更是一面镜子，它时刻提醒着我们：如果挡不住今天的诱惑，那么我们将失去明天的幸福，宁可清贫自乐，不可浊富多忧，在物欲横流的时代里，我们要抵得住诱惑，守得住清贫，耐得住寂寞，做到警钟长鸣防微杜渐。

中国的“蜕变”

盛夏（聊城市审计局）

2013年是蛇年，蛇是一种有极强蜕变能力的动物。已经开启的2013年，或许将是中国开始蜕变的一年。

党的十八大结束后，中国人最大的兴趣就是热议新的变化。眼前的一切都在变，耳边的一切也在变，风气在变，思想在变，正如国外评论中国“正在起变化并将起更大变化”，这个判断正在被一系列现象佐证。

每到春节，万象更新是人们贴在门头上，挂在嘴边上的期待。2013年春节，万象更新最大的新就是风气在变，尤其是酒风。管住酒风不容易，中华历史长河中，流淌着诗与酒的历史，酒波微兴，胜过狂涛巨澜。国兴则酒畅，时盛则酒醇；国败则酒滞，国衰则酒敝，酒里荡漾着家与国之兴替，杯中流转着时运之代嬗，可见酒文化里浓缩着中华民族浩繁的兴衰历史。“李白斗酒诗百篇”，“张飞借酒破敌”，常为文人武士津津乐道。五千年的酒文化延绵至今，伴随经济的大发展而异常繁荣。特别是在公款消费的助推下，官场上的饮酒之风可谓登峰造极。

“酒兴”如此这般地畸形增长，并未使酒之文化气味愈来愈浓，反而使之与“文化”二字渐行渐远，与歪风邪气越走越近。如今在喝酒已成“重要工作”的某些官场，充斥其间的，是浓浓的腐败之味、乖戾之气、愚昧之态、谄谀之风。酒不仅被用来勾兑感情，还被用来勾兑业绩、利益、权力甚至情色，成为滋生腐败的温床。喝什么牌子的酒，成为事情是否办成的晴雨表，成为领导干部走向腐败的源泉。大喝背后是大吃，常大吃大喝哪有还有精神实干，人浮于事，官僚主义滋生，怎么实现全面小康？

酒文化对廉政建设的负面影响越来越大，酒价攀高，被认为是公款吃喝的结果，中国式喝酒，是一切腐败和浪费的罪恶之源。反对浪费，治理腐败，必须要从畸形的中国酒文化抓起。酒风关系到政风，党风，关系到人心向背，甚至关心到对中华文化的理解，必须要管。节前，习近平总书记批示，要严格落实各项节约措施，坚决杜绝公款浪费现象，使厉行节约，反对浪费在全社会蔚然成风。中国人在餐桌上浪费的粮食高达2000亿元，三公经费高达26000亿元，与此形成鲜明对照的是，我国还有一亿多农村扶贫对象、几千万城市贫困人口以及其他为数众多的困难群众。事实证明披着文化外衣的酒风可治，顽固不化的风气可转。

党风影响政风，政风带动民风，遏制酒文化的畸形增长，倡导的是廉洁奉公、密切联系群众的工作作风，拉近的是党与群众的距离。胡锦涛总书记在庆祝中国共产党成立90周年大会上强调：全党同志必须牢记，密切联系群众是我们党的最大政治优势，脱离群众是我们党执政后的最大危险。坚决反对和克服腐败现象，诚恳接受人民群众的监督。早在延安时期，毛泽东就曾语重心长地告诫全党不要重蹈李自成领导的农民军进京后，主要将领骄奢腐化、贪图钱财、脱离人民而导致失败的覆辙。《陕甘宁边区施政纲领》明确规定：厉行廉洁政治，严惩公务人员之贪污行为，禁止任何公务人员假公济私之行为，共产党员有犯法者从重治罪。当前，个别党员领导干部经不住糖衣炮弹的诱惑，由人民公仆蜕变成腐败分子，严重败坏了党的声誉，使得群众很有意见甚至出现对立情绪。审计机关在反腐倡廉建设中承担着重要职责。“打铁先需自身硬”，要监督别人，首先要做到自身过硬，加强审计机关党风廉政建设片刻不能松懈。

继承艰苦奋斗的光荣传统，努力培养与人民群众同甘共苦、共克时艰的美德。自力更生、艰苦奋斗，是我党的优良传统，是共产党人在延安时期精神风貌的集中体现，我们党正是靠艰苦奋斗精神起家和发展壮大的。然而，当前，有些党员干部认为现在经济发展了，生活富裕了，讲延安精神过时了，艰苦奋斗没有必要了，而把讲排场、比阔气视为一种时尚，以致贪图安逸，奢侈浪费，生活腐化。回顾我们党90年来的光辉历史，从嘉兴南湖到井冈山时期，从遵义会议到延安时期，从西柏坡到夺取全国胜利，从新中国成立到改革开放新时期，我们的每一次胜利，每一步前进，都离不开艰苦奋斗。我们要时刻牢记“历览前贤国与家，成由勤俭败由奢”的古训，发扬“小米加步枪”的延安精神，体恤民情、珍惜民力，量入为出、克勤克俭，反对脱离国情、脱离广大人民群众生活水平的高消费和奢侈浪费，还要居安思危、奋发图强，艰苦创业，保持老一辈无产阶级革命家那样一种精神和干劲，与人民群众同甘共苦，才能把党的建设新的伟大工程不断推向前进。

审计机关在反腐倡廉建设中承担着重要职责。“打铁先需自身硬”，要监督别人，首先要做到自身过硬，加强审计机关党风廉政建设片刻不能松懈。加强党风廉政建设，要从审计工作特点和实际出发，抓住重点。我们不仅要筑牢思想道德防线；要健全制度，狠抓制度的贯彻落实；还要推进公开透明，敢于接受审计机关干部职工和社会公众的监督，进一步加强审计队伍建设，认真开展“岗位大练兵、全面提素质”活动，切实治理“庸懒散、骄娇暮”现象，努力提升干部队伍素质。

此外，人们的思想也在变化，智能手机的普及，微博的崛起，人人都有麦克风的时代，一张微博照片，可以促成一名贪官的下台。一个微博议题，可以推动一项国家政策的制定。“15个电话，得到一句‘领导不在’”的“猛料”出现在《人民日报》上，有关“房姐”的报道出现在央视新闻联播，媒体越来越敢碰硬钉子，曾经流失的读者和观众正在回归。星星之火可以燎原，正在发生的多种变化，正为新的大的变化蓄势。

走向伟大，中国需要“蜕变”。而无论是小环境，还是大趋势，2013年属于“蜕变”。

树正气新风 促廉洁审计

师琳琳（聊城市审计局）

当下，“把权力关进制度的笼子里”“杜绝舌尖上的浪费”“坚持‘老虎’、‘苍蝇’一起打”等句子，成为老百姓口耳相传的时髦语言。在党中央大力推进廉政文化建设、积极倡导“以廉为荣、以贪为耻”的社会风尚之际，审计既是国民经济运行的“卫士”、被审计单位经济管理的“医士”、宏观决策的“谋士”外，还是反腐倡廉的“斗士”。“国无廉不昌，人无廉不洁”，提高自身素质，树立效能意识，强化廉政建设成为当代审计人新的追求。

作为新时代的审计人，肩负着改革创新的历史使命，更加需要深刻认识“作风决定形象，作风决定成败”，真正做到将“智慧用在创新上，心思用在工作上，精力用在落实上”。改进作风，勤政廉政，就是要精心锤炼，潜于自身修养。理学大师朱熹写过：“问渠哪得清如许？为有源头活水来。”塘水之所以清澈见底，正是因为源头不断有活水流过。当前对于我们是挑战也是机遇，是磨炼也是修养，有汗水但都是心血，有困难但更有成绩！人，最难超越的是自己，而此刻，我就在审计的岗位上实现着超越自己的梦想！我用不断钻研的业务能力来锻造自己最刚强的毅力、最坚毅的品质，最纯净的心灵！

“以史为镜，可以知兴衰；以人为镜，可以知得失”。走进漫长的历史长廊，纵观我国封建文明历史中十几个王朝的兴衰沉浮，其最后没落直至灭亡的原因都与腐败脱不了干系。腐败之害由此可见，重新翻阅一代廉吏包公、于谦感人至深的沧桑画卷，我的认识一次次得到升华，我的思想一次次得到洗礼；再次观看郑培民、牛玉儒先进事迹的教育片，我的热泪一次次涌上，我的心里一次次感慨……

有一句名言说：“人从一生下来到死亡，这中间的过程，就叫幸福”，是的,生命只是一个过程,在这个过程中,有鲜花、有掌声、有荆棘、有泪水、有欢乐、有痛苦;在这个过程中,有人因贪欲而丧失理智失去节制,无视道德和法律,变成了金钱的奴隶,最终毁掉了自己的事业和名声,这些人在生命终结时会说:"我后悔当初呀!"也有些人将自己的追求与国家的前途和人民的利益紧密相连,并在自己的有生之年,为这"无私的理想"奉献毕生的心血和力量,这些人要生命终结时会说:"我无愧我心!"

近年来,我们始终坚持把廉政建设作为审计工作的生命线,把防腐蜕变作为保护审计干部的警戒线,把加强审计执法廉政风险防控工作作为审计事业发展的安全线,积极探索和不断完善审计廉政风险防控措施,确保了审计质量。思想引导行动,这是千古不变的真理。"近朱者赤,近墨者黑"。"常思贪欲之害,常怀律己之心。""勿以善小而不为,勿以恶小而为之"。从古到今的这些谆谆告诫,我们耳熟能详,但我们真正铭记在心了吗,转化为行动了吗?审视我们今天的廉洁环境,我们任重道远。"清如秋菊何妨瘦,廉似梅花不畏寒",无论历史如何变迁,无论时代怎样发展,廉洁永远是时代的需要,正气永远是人民的期盼。

改进作风,勤政廉政,就是要明辨是非,锻造进取精神。王安石有诗云:"不畏浮云遮望眼,只缘身在最高层。"登上山顶,就不怕浮云遮眼,可人类社会这座高峰上的阴霾却不会轻易地被驱净。当金钱、美色、权力等等越来越多的"浮云"阻挡在我们的面前,我们所能做的不是逃避,不是妥协,而是与之抗争!与"浮云"抗争,需要胆识,需要勇气,更需有远见。实践在发展,社会在前进,作为任重道远的一代,要想"不畏浮云遮望眼",就必须向上攀登!只有向上才能增长才干,只有向上才能锻炼胆识,也只有向上才能在立志成才的攀登中永远开拓、进取!让我们时刻铭记:"欲穷千里目,更上一层楼"!

抬头仰望天空,太阳每天都是新的,用他那灿烂的笑脸,警醒着地球上来来往往漫不经心或者匆匆忙忙的芸芸众生。拥有廉政的蓝天就拥有多姿的生活,多彩的人生!让我们手捧廉政的阳光,用它照亮我们人生前行的路!

转作风 执审为民有所为 强廉政 甘于奉献无所求

宋鑫昌（聊城市审计局）

古语曰：其身正，不令而行，其身不正，虽令不从，自局机关“转作风、强廉政、促审计”活动开展以来，我一直在思索一个问题：作为维护国家财经安全的忠诚卫士，我们该如何做转作风、强廉政的排头兵？从局领导时时处处的率先垂范上，从同事们严于律己的工作作风上，我找到了答案，那就是：严格按照“依法审计、围绕中心、服务大局、突出重点、求真务实”的工作方针，牢固树立“监督体现服务，制约体现促进”的科学审计理念，在市委、市政府及上级审计机关的正确领导下，转作风，执审为民有所为！促廉政，甘于奉献无所求！

我们来看这样的一幕又一幕：进驻被审计单位，我们悉心解释，热情宣传，将审计纪律和审计内容、程序及各项政策法规一一告知。面对疑惑，真情沟通，面对误会，以理服人，既坚持原则处理问题，又以帮为主促进整改。

审计干部的身影，留在了田间地头，留在了工厂学校，还留在了工人、农民的心坎里；审计干部的足迹，踏进了低保户的门槛，踏进了新农合的病区，还踏遍了城乡建设的各个阵地。

我们长长的身影，像一个个破折号，注释着审计干部的坚毅；我们深深的脚印，像一串串省略号，丰富着依法审计、廉洁审计的内涵。

为了看好国家的钱袋子，查清每笔资金的流向，如实反映政府预算的执行情况，我们进入到纷繁的账簿凭证中，让技能开足马力，高速运转，从一串串绵延的数字长河中，反复求证，去伪存真，最终形成了市人大常委会和市政府充分肯定和高度评价的审计报告。

为了不负组织重托，促进廉洁从政，优化干部选拔、任用程序，本着对组织负责、对干部负责的态度，我们摸查走访，收集资料，苦阅卷宗，多方考察，用客观翔实的经济数据指标，为选拔、任用干部提供了有力的依据。

为了确保政府投资资金的使用效益和工程质量，我们实地勘察，蹲点守候，全方位全过程跟踪审计，不放过任何疑点，用一丝不苟、严谨细致的专业素养严格把关，节约了财政资金，避免了损失浪费，赢得了群众的齐声称赞！

我们没有丰厚的待遇，也没有显赫的地位，更没有如潮的掌声，伴随我们的只是枯燥的数据、厚厚的账表、辛勤的汗水和如山的责任。对于家人的期盼，温暖的灯火，我们同样有着深深的眷恋，但是为了审计事业，我们坚定地选择了奉献，因为我们掂量得出，国事、家事哪个分量更重。

一个人的力量也许微不足道，一句话的分量也可能不值一提，但在我身边，却有很多很多普通但却高尚的同事们，他们顾不得年迈的双亲，顾不得幼小的子女，顾不得患病的爱人，顾不得疲惫的自己，用实际行动对执审为民、甘于奉献做着最生动、最有力的诠释：我们不会因为有危险而临阵脱逃，不会因为有困难而止步不前，更不会因为一己私利而放弃原则，因为我们心中有着对党的事业的无限忠诚，对人民群众的无比热爱！

我们以素质立身、靠业绩进步、凭党性做人，用青春和热忱实践了“客观公正、实事求是”的基本要求，回答了“执法为民、审计为民”的基本诉求，创造了无愧于时代、无愧于人民、无愧于使命的辉煌业绩。

我们从昨天走来，走进今天的辉煌，今天，新的号角已经吹响，新的征程已经起航，我们深知，“转作风、强廉政、促审计”不是花拳绣腿、假山盆景，我们只有潜下心来、沉下身去，牢记“责任、能力、形象”，守住廉洁从审的生命线，时刻做到“勤勉、廉洁、务实、高效”，才能无愧于“经济卫士”的称号，才能充分发挥审计保障国家经济社会健康运行的“免疫系统”功能，为聊城加快建设生态型强市名城、实现“十二五”经济发展新跨越保驾护航！

立足本职 廉洁从审

王茜（聊城市审计局）

审计机关作为政府的综合经济监督部门，是国家经济社会运行的“免疫系统”，肩负着维护财经纪律、推进依法审计、促进廉政建设、保障国民经济和社会主义事业健康发展的重任。

立足本职，廉洁从审。审计工作很重要很神圣，她享有“经济卫士”的光荣称号。我热爱审计工作，我选择了审计工作，无怨无悔！我会用心用力做好本职工作，在审计工作中充分实现自身人生价值，不辜负党和人民赋予我们的光荣的责任和使命。

清正廉洁是时代的呼唤，勤政廉政是人民的期盼。中国经济持续高速发展，人民生活水平大幅提高，生活观念、生活方式等都发生了根本改变。现在我们正朝着全面建设小康社会的目标不断前进!。但是，在中华民族伟大复兴的道路中，也出现了一些贪污腐败现象，造成了极坏的影响。党的十八大之后，新的领导集体加大了反腐力度，向深层腐败“亮剑”，一批贪腐犯罪分子受到法律制裁。凝聚了民意，鼓舞了广大干部和群众。清正廉洁是时代的呼唤，勤政廉政是人民的期盼。其实在部分犯罪分子中，有的也曾热血方钢，踌躇满志，才华横溢，成绩卓越。但由于在成绩面前骄傲自满，放松了政治学习思想改造，在社会经济大潮中，经受不住名与利的诱惑，贪图物质享受，公私不分滥用职权，导致犯罪，令人深思，令人叹息……在市场经济的大环境下，金钱，名利等诱惑之多，我们要时时告诫自己、鞭策自己保持积极向上的精神状态，戒骄戒躁，不断完善自己。

廉洁从审，爱岗敬业。审计机关处在反腐的前沿阵地，掌握着审计监督权，审计人员战斗在一线，自然要与各方面的、不同的单位和个人有着审计与被审计的工作关系。审计人员不是生活在真空中，在工作中，诱惑和考验时有。审计工作没有丰厚的待遇，也没有显赫的地位，更没有掌声。而伴随着审计工作的是：枯燥的数据，厚厚的账本，重重的责任。有的审计项目需要就地审计，延伸审计等。有的审计项目任务重时间紧，需要加班加点，极为艰苦贫乏。如果审计人员不能做到廉洁从审，爱岗敬业，就会在物欲横流中丧失原则，丧失自我，就会给党和人民的利益造成损失。在审计工作中“廉洁从审”是我们审计人员的重要自卫武器之一，是一把坚韧的利剑。正确对待权力和名利，时刻把党和人民赋予我们的审计监督权看成责任和使命。全心全意做好本职工作，让党和人民放心。

打铁还需自身硬。廉洁从审是我们审计人的生命线，我作为一名审计人员，一定要加强责任意识和廉政意识，打铁还需自身硬。首先自觉从严要求自己，主动以审计别人的标准审视自己。加强政治学习，增强道德修养。努力改造自己的主观世界，认真学习、严格执行《廉政准则》、《国家审计准则》和聊城市审计局“十不准”审计纪律。思想上重视、行动上落实。严格遵守财经纪律，严格遵守审计纪律，坚持依法审计，公正审计。夯实业务技能，爱岗敬业，忠于职守，廉洁从审，提高审计质量。树立正确的人生观，价值观。正确对待党和政府赋予我们的在审计工作中的监督权限。为国民经济和社会主义事业的健康发展站好岗，全心全意做好本职工作，在审计工作中充分实现自己的人生价值。

廉洁从审，要从一言一行做起。自觉维护审计局的良好形象，在工作中、在生活中，要时时事事注意自己的言行举止，注意自己的生活方式，注意自己的工作方法。在实际工作中，正确对待手中掌握的监督权限，严格执行财经纪律，严格执行审计纪律，依法审计，公正审计，实事求是，正确对待审计与被审计，虚心听取被审计单位的不同意见，明确责任和使命。正确对待个人利益，严防私欲膨胀，公私分明。自觉约束自己，生活上艰苦朴素，工作上严于律己，克己奉公。保持阳光心态，以反面典型警示自己，以先进典型激励自己，坚守廉洁从审的道德底线。敬重自己，做到自重，自省，自警，自励。求真务实，与时俱进。堂堂正正做人，认认真真做事。切记:把党和人民的利益放在首位，做到情为民所系，权为民所用，利为民所谋。坚持立党为公的原则，牢记全心全意为人民服务的宗旨。

随着改革开放的进一步深入，经济成分、经济利益、社会生活方式、社会组织形势日趋多样化，新形势新任务向我们提出了新的挑战和更高要求。今后更加需要认真学习马列主义、毛泽东思想、邓小平理论、三个代表和科学发展观重要思想，认真学习党的十八大重要精神。不断提高自己的政治理论水平和思想觉悟。更加需要认真学习业务上的新知识新技能，不断完善自己，提高自己的综合素质。为国民经济建设和社会主义事业健康发展奉献力量。

"转作风、强廉政"意义重大
"遵操守、促审计"从我做起

张继波（聊城市审计局）

廉政建设是审计机关的"高压线"。加强作风和廉政建设对于打造一支过硬的审计队伍、提升审计工作水平、树立审计权威、提高审计形象具有重要作用。党的十八大明确要求要"坚持以人为本、执政为民，始终保持党同人民群众的血肉联系"，强调"坚持艰苦奋斗、勤俭节约，下决心改进文风会风，着力整治庸懒散奢等不良社会风气，坚决克服形式主义、官僚主义，以优良党风凝聚党心民心、带动党风民风"。中央政治局紧接着下发了中共中央关于改进工作作风、密切联系群众的八项规定。新一届中央领导集体上任后第一件事就抓作风建设，体现出新风格、新形象、新思路，动真格。对此广大人民群众衷心拥护。审计机关作为政府序列的重要职能部门，承担着当好公共财政"卫士"，促进经济社会发展健康运行和科学发展的重任。审计职能要求我们必须加强自身建设，"转作风、强廉政"意义重大。

深入贯彻落实党的十八大精神、中共中央关于改进工作作风、密切联系群众的八项规定及十八届中纪委二次全会精神，对于我个人世界观、方法论的正确树立、不断完善也将起到重要作用。

首先，"转作风、强廉政"有利于培养我从思想上筑牢清廉审计的根基。审计工作的性质，决定了其组织行为必然影响到某些人的不法利益乃至政治生命，审计人员很容易成为贿赂、收买的对象，成为"糖衣炮弹"攻击的目标。局党委多次告诫我们要注重廉政风险，做到警钟长鸣。"转作风、强廉政"对个人而言，说到底就是以上级的要求和群众的需求为尺子，认真查找自身的不足，从思想上、行动上及时纠正自身存在的错误和问题。要求自我在工作中和生活上遵守法纪，规范自身的审计行为，避免随意性，使自己的言行完全控制在法律框架之内，坚持以事实为依据，以法律为准绳，准确判断是非，坚持原则、积极进取、爱岗敬业、刚正不阿。不为任何利益所诱，不为贪奢思想所惑，排除各种干扰，摆正自身位置。始终保持一颗公心，始终光明磊落，始终注重个人品德、家庭美德、职业道德、社会公德的学习和养成。做到以审计事业为重，以实际行动维护审计的独立性、权威性，要求自我从思想上筑牢清廉审计的根基，担当起作为一个审计人应承担的历史重任。

其次，“转作风、强廉政”有利于教育我从行动上恪尽职守、勤勉工作。正如刘家义审计长所讲，国家审计是依法用权利监督制约权利的制度安排，国家审计的根本目标是维护人民群众的根本利益。由此可见，审计不是普普通通的职业，而是责任重大的崇高事业，必须要有强烈的事业心和责任感。这就要求自我要忠于审计，不管审计任务有多么繁重，都要秉承天职不放松、不懈怠、不糊弄，尽心尽力完成上级交办的工作，自觉践行审计为民的宗旨；要勤勉工作，不负审计人员的光荣称号，认真履行自己的工作职责，不计较个人得失，正确处理国家、集体和个人之间的利益关系，勤勤恳恳、兢兢业业、辛勤耕耘、默默无闻、无私奉献；要以审计任务为中心工作，在工作中坚持大局意识、服务意识、创新意识、廉政意识，接受被审单位和群众的监督；要深入基层，深入群众，恪尽职守，坚持向一线收集资料分析审计数据，如实完整汇报审计情况。

加强廉政建设，改进工作作风不仅对审计机关履行审计职能而且对于个人成长进步都有重要意义。时刻提醒自己作为审计一员要“遵操守、促审计”从我做起，以实际行动做加强廉政、改进作风的忠实实践者。

第一，要认真学习党委关于“转作风、强廉政”的一系列指示精神和文件规定，做到头脑清醒，标准明确。认真学习党的十八大关于党风廉政建设和建立服务性阳光政府的重要论述，认真学习中共中央关于改进工作作风、密切联系群众的八项规定以及十八届中纪委二次全会精神。认真学习《刘家义审计长在审计机关廉政风险防控工作研讨会上讲话》、《全省审计机关廉政文化建设座谈会议精神》以及王连申局长关于增强廉政风险的重要论述等领导讲话精神，认真贯彻落实《聊城市审计局关于加强廉政建设的规定》，领会我局“廉、鉴、律、法、实”五字廉政理念的深刻内涵，严格按《国家审计准则》依法开展审计工作。时刻提醒自己不忘文件规定，不忘领导教诲，诚恳接受监督。做到政治立场不移，政治方向不偏。对待工作既要力求创新，又要符合政策要求，坚决不搞“上有政策，下有对策，有令不行，有禁不止”。

第二，以实际行动落实廉政制度和作风建设的各项规定，遵操守，重品行，勤勉工作。一方面凡是上级要求做到的，不打折扣，坚决执行；凡是上级要求不做的，不打擦边球，不搞下不为例，坚决不做，积极争做勤俭节约的倡导者、宣传者、实践者和推动者，自觉接受社会和群众的监督，努力成为厉行勤俭节约、反对铺张浪费的表率。加固思想道德防线强化廉政风险防范意识。另一方面审计本身的性质决定了审计是具有预防、揭示和抵御功能的“免疫系统”，是转作风强廉政的坚定力量。做好了审计工作就是用行动落实了廉政和作风建设。这就对审计人员提出了更高的要求，对于我这样的新人来讲最重要的就是要努力学习审计知识，努力提高审计本领。坚持学习、学习、再学习，坚持实践、实践、再实践。以加强学习的紧迫感，向老领导和同事们学习实践经验，客观公正的反映审计事实，把问题查深查透，做到定性依据准确使用法规恰当，审计结果经得起时间和人民的检验。以开展绩效审计为抓手，向党委政府提供有价值、有针对性和可操作性的审计建议，促进被审单位加强廉政建设转变工作作风，以更好的实现审计为民的目标。

现在，“一身正气、两袖清风”已成为审计人员的形象写照，“富贵不能淫，贫贱不能移，威武不能屈”已成为审计人员的人格追求，我为能够成为审计一员而骄傲，为能在这样的集体工作而自豪。我要时刻警醒自己：“转作风、强廉政”意义重大；“遵操守、促审计”从我做起。

坚定信仰 廉洁自守

张鹏（聊城市审计局）

《楚辞·招魂》中说“吾幼清以廉洁兮，身服义而未沬”，王逸批注：“不受曰廉，不污曰洁”。廉洁是什么？廉洁是秉公办事，不徇私情；廉洁是不谋私利，清白做人；廉洁是不损公肥私，不贪污腐化。廉洁是一种精神，是一个人毕生的追求，是人生永远的操守。

历史证明：清正廉洁盛行之日，则国家昌盛；贪污腐败猖獗之时，则国势衰微。古往今来，有多少清正廉洁、务实为民的清官受到百姓的崇敬与爱戴。忆往昔，铁面无私的包青天，刚正不阿的徐悲鸿，两袖清风的于谦；看今朝，淡泊名利的马祖光，执法为民的任长霞，两袖清风的孔繁森，他们都是我们敬仰的廉洁楷模。无论历史如何变迁，无论时代怎样发展，廉政永远是时代的呼唤，廉政永远是人民的期盼。

历史的车轮把我们载到今天，众所周知的优秀共产党员，人民的好公仆孔繁森，更是两袖清风，一心为民。8元6角，19000元，两个悬殊的数字，8元6角，那是孔繁森因车祸牺牲后，身上仅有的现金，19000元，那是孔繁森的家庭外债。人们不禁要问，身居高位的孔繁森为什么会穷？他的钱用到哪里去了？是的，孔繁森本不该这么穷，只是面对生活还不富裕的人民群众，他自愿降低了自己的生活水平，他把节省下来的完全属于自己的那部分钱和物，几乎全部捐献给了藏族同胞。当钱仍不够用时，他甚至不惜卖血来补贴救助藏族孤儿。在孔繁森的心目中，个人的金钱、健康、鲜血乃至生命比起党与人民群众的血肉联系来说是微不足道的。孔繁森为了党的事业两度进藏，历时十载，他淡泊名利，求真务实，踏险履艰，克尽职守。孔繁森以他的党性修养和人格力量在人们心目中构筑起一座丰碑，一座廉洁正直的丰碑。

有一句名言说：“人从一生下来到死亡，这中间的过程，就叫幸福”。把握眼前就是珍惜未来，为政清廉就是留住幸福。是的，生命只是一个过程，在这个过程中，有鲜花、有掌声、有荆棘、有泪水、有欢乐、有痛苦；在这个过程中，有人因贪欲而丧失理智失去节制，无视道德和法律，变成了金钱的奴隶，最终毁掉了自己的事业和名声，这些人在生命终结时会说：“我后悔当初呀！”也有些人将自己的追求与国家的前途和人民的利益紧密相连，并在自己的有生之年，为这“无私的理想”奉献毕生的心血和力量，这些人在生命终结时会说：“我无愧无心！”

常思贪欲之害，常怀律己之心。“勿以善小而不为，勿以恶小而为之”。从古到今的这些谆谆告诫，我们耳熟能详，但我们真正铭记在心了吗，转化为行动了吗？从国内很多腐败案件来看，一些人昨天还在台上讲“常在河边走，就是不湿鞋”，今天却把鞋湿了；有的人昨天还在上报先进事迹材料，今天却成了人民的罪人！这些都成了活生生的现实中绝妙的讽刺！这几年，作风整顿、治理商业贿赂、效能建设、荣誉观教育等活动一年接一年地开展，可以看出我们党惩治腐败的决心和力量，一件件大案要案公之于众，受贿金钱数额之巨大，牵涉人数之众多，令人目瞪口呆，叹为观止！他们也最终获得了他们应得的结果。按理说，我们该从心灵上有了震撼，自觉反省，引以为戒，事实相反，一些人“前赴后继”，昨天犯，今天照犯，明天依然如故，谱写了一曲曲悲歌！我认为，他们丢掉了那个最重要的“常”字，忘记了经常反躬自省，忘记了经常修为政之德，忘记了经常怀律己之心，忘记了经常思贪欲之害？

人生最宝贵的资源，不是金钱，也不是权力，而是高尚的人格。廉如微雨，滋润生机；廉如清茶，褪尽浮华。让我们一起来倡导廉洁，守住廉洁的一方精神家园，让廉洁成为一种高尚的生活方式。为国家留下安宁，为百姓留下口碑，为家庭留下幸福，为自己留下清白。让我们手捧廉政的阳光，用它照亮我们人生前行的路！

用心唱响廉洁之歌

郑瑞敏（聊城市审计局）

古往今来，有多少清正廉洁、务实为民的清官廉吏受到百姓的崇敬与爱戴，他们的形象深入人心，他们的故事久久传颂。君不见，一代清吏包公、于廉、海瑞的故事热映荧屏，久演不衰；人民公仆孔繁森、牛玉儒、任长霞的事迹震撼人心，影响甚广。是的，无论历史如何变迁，无论时代怎样发展，廉洁清正永远是时代的呼唤，勤政廉政永远是人民的期盼。

回首中国文明进化的历程，我们发现了“放之四海而皆准”的真理，那就是“成由勤廉败由贪”。任何一个民族的兴盛发展都是围绕着“勤廉”这一主旋律而展开的。“以史为镜，可以知兴衰，以人为镜，可以知得失”。历史已经不止一次地告诉了我们：“勤为成事之母，廉是立身兴业”的不二法门。如今我们的祖国正从艰难走向繁荣，从繁荣走向昌盛，市场经济的浪潮风起云涌，各种利益的诱惑不断交织，来自各种渠道的挑战和考验让人应接不暇。终于，有人经不住物欲横流的冲击，选择了一条精神家园日益颓废的道路，在金钱和权利面前情愿顶礼膜拜、俯首称臣，他们没有将人民赋予的庄严权利服务于百姓，而是为了一己私利贪污腐化、骄横堕落。上海原市委书记陈良宇查有巨额不明财产，受贿及滥用职权，给国家造成巨大财产损失；国家药监局原局长郑筱萸玩忽职守贪污受贿，利用手中的权力打开假药制售的大门。凌厉的正义神箭岂容他们的肆无忌惮，最终他们走向了人生的毁灭，成为人民的罪人，受到世人的痛斥与唾弃。

同样为官，有的人落得一世骂名，有的人却名垂千史。在一个个贪官落马的同时，我们的身边也涌现出了一批批令我们肃然起敬的优秀楷模。我们审计系统的优秀共产党员金岚岚，在审计执法中，她无私无畏，坚持秉公履行岗位职责，始终保持清醒、清正、清廉，在生命的最后一刻，仍然记挂着贫困学生的助学金申请工作，为党和的事业燃尽了生命之火；全国审计系统先进工作者王根成，在审计战线工作17年来，凭着对审计事业的无限忠诚和执着追求，他一步一个脚窝，用铁面无私，执法如山的敬业精神，做出了一件又一件不平凡的事迹。

党的十七大第一次把反腐建设同思想建设、组织建设、作风建设、制度建设一起确定为党的建设的基本任务，这是从提高党的执政能力、保持和发展党的先进性的全局高度做出的重大决策。十八大报告则是在十七大的基础上将关于反腐倡廉的新要求新目标推陈布新：不仅明确提出腐败会对党造成致命伤害，而且还提出腐败治理不好会导致亡党亡国。十八大报告指出各级领导干部特别是高级干部必须自觉遵守廉政准则，严于律己，不搞特权，切实做到纪律面前人人平等、遵守纪律没有特权、执行纪律没有例外。

近些年来，审计机关作为国家的综合经济监督机关，在建设廉洁政府中的主要职能作用是监督有损政府廉洁形象的经济行为，查处党政机关经济活动中违反财经纪律的人和事，向腐败行为做斗争。因此，审计机关更是坚持把廉政建设视为审计工作的生命线，把审计纪律作为审计工作的高压线，把作风建设作为审计队伍建设的传家宝，要求审计人员用高于别人的标准要求自己，用严于别人的标准监督自己。制定了审计纪律“八不准”规定，刘家义审计长要求“每一名审计人都必须远离各种腐败诱惑，严格自律、自省、自警，牢记廉政建设是审计工作的‘生命线’，廉政纪律是绝不可触摸的‘高压线’，堂堂正正、干干净净、老老实实地做人、做事，维护审计工作的独立性和权威性”。

聊城市审计局更是牢牢把握先进审计文化发展的方向，以“用心创建审计文明，笃实服务水城发展”为文化建设主题，坚持审计廉政文化建设，“廉、鉴、律、法、实”五字廉政文化长廊，让每名同志耳濡目染，时刻牢记：我们手中的权力是法律赋予的，是党和人民给予的。作为一名肩负着法律赋予监督职责的审计工作者，就必须甘愿清贫，乐于奉献，必须经得住诱惑，守得住清廉。

在半个世纪前，美国作家斯诺来到延安，当他看到毛泽东住着简陋的窑洞，周恩来睡的是土炕，彭德怀穿着用缴获的降落伞改制的背心，林伯渠的耳朵上用线绳系着断了腿的眼镜时……他在《西行漫记》中写道，“当红星在西北出现时，无怪有千千万万的人起来欢迎它，把它当作希望和自由的象征”。

看今朝，我们共产党人更是把廉洁自律的传统美德锤炼得熠熠生辉。在这种光辉中，我们分明看到了雷锋那春天般温暖的笑脸；我们分明听到了高原藏民对孔繁森深情的呼唤；我们分明读到了郑培民、任长霞等一代英模用血汗谱写的自传。正是这些中华民族的好儿女们，他们将自己的追求与国家的前途和人民的利益联系在了一起，他们的生命虽如彩虹般短暂，但更如彩虹般灿烂。他们唱响的廉政之歌，是留给后人最珍贵的精神财富。

孟子曰："路虽迩，不行不至；事虽小，不为不成。"就让我们从每一件小事做起，立足自己的本职岗位，以务实的态度，勤奋的精神，廉洁的作风投入到审计事业中，让我们用心唱响廉洁之歌！

让廉政意识悄悄渗透心灵

朱伟（聊城市审计局）

曾经看过这样的宣传短片：一个美好的家庭因父亲贪污受贿而破碎了，镜头前的小女孩无助地看着爸爸被警车带走了。小女孩撕心裂肺的哭诉着："我家什么都有就是没有爸爸了！"影片很短，但动人心魄。是的，这就是廉政文化的魅力，一则廉政宣传短片足以让人为之动容，为之产生心灵的震撼。在我们这里，廉政文化像扑面的春风，吹进了机关里。当你走进办公楼，扑入你眼帘的是随处可见的廉政墙，墙上生动的廉政漫画以及廉政格言和标语，让你不得不驻足沉思。"弘扬廉政文化，共建和谐社会"，廉政文化已悄悄地浸润着每个人的心灵，渗透到领导干部的日常生活与行为模式中。

廉政文化润物无声，一个小学生在看到宣传短片后，对贪污受贿现象深恶痛绝，回家就质问她当官的爸爸到底是搞腐败的还是搞廉政的。我想，孩子的声声质问，无异于一记记响亮的耳光让有愧的爸爸无地自容，也如重锤狠狠地敲击了他的灵魂，让他不得不在心灵深处进行深刻的反思。

是的，同样是父亲，有的人带给子女的是自豪、自信、自尊和自强，而有的人留给孩子的是迷茫、困惑、排挤、嘲笑和自卑。如果说廉政文化是清醒剂，那么它能让已经徘徊在腐败岸边的人猛醒回头；如果说廉政文化是精神大餐，那么它能让思想饥饿者有了食粮；如果说廉政文化是洗涤剂，它就能洗去一些人的心灵污垢。如果说廉政文化是一味良药，那么它能让轻微腐败者不感到苦口而治愈病痛。廉政文化启示我们：

腐败是一种耻辱，它需要我们时刻铭记；

腐败是一种挑战，它需要勇敢面对；

腐败是一种现状，它需要我们努力去改变。

一声声刺耳的警笛，一句句含泪的呼唤，以及那痛彻心扉的哭声，怎能不警醒我们：

贪，折断的是家庭团圆这根弦。

贪，毁掉的是事业前程这条路。

贪，失去的是康足富裕这份福气。

贪，剥夺的是人格尊严这个义。

廉政文化对人们的影响是巨大的，它在潜移默化中让你受到教育，受到感染，受到启发。一篇廉政劝诫文章，一部廉政影片，一幅廉政漫画，一句廉政格言，一台廉政晚会，都会把廉政意识悄悄渗入你的心灵深处。难以忘却，影片《焦裕禄》让我们泪流满面，心灵受到了巨大的撞击；曾几何时，郑培民的事迹深深的拨动了我们的心扉。任长霞、牛玉儒，梁雨润，张建国，一连串光辉灿烂的名字，让我们耳熟能详，成为我们思想的镜子，行动的指南。廉政文化无处不在，读书亦可思廉，郭沫若老先生的《甲申三百年祭》今天读来仍然对我们不无启迪。真心希望廉政文化飘荡在祖国的每一个角落，神州大地处处洋溢着廉政的气息，让以廉为荣，以贪为耻的理念深入人心。不再听到孩子们比谁的爸爸官大，让廉洁意识自小就植根于孩子的心田。人们不再羡慕那些腐败者，整个社会都能对腐败深恶痛绝，谈“腐”色变，真正是：“读报、看报，廉政文化无处不报；风到、雨到，廉洁风气处处见到。”

民不容贪党不容腐，大力加强廉政文化建设是党中央、国务院反腐倡廉的英明决策。是的，廉政文化是润物无声的春雨，悄悄渗透进每个人的心灵；廉政文化是冬日的暖阳，让发霉的心灵得到晾晒；廉政文化是那千年的灵芝，让腐烂的肌体得以新生；廉政文化是一面旗帜，永远飘扬在思想的前言阵地……

以廉为宝守护审计“生命线”

张媛媛（茌平审计局）

春秋时，宋国的贤臣子罕清正廉洁，受人爱戴。有人得到一块宝玉，请人鉴定后拿去献给子罕，子罕拒不接受，说：“您以宝石为宝，而我以不贪为宝。如果我接受了您的玉，那我们俩就都失去了自己的宝物，倒不如我们各有其宝呢？”虽寥寥数语，但却把子罕“以廉为宝”的高尚品德，刻画得淋漓尽致，不仅让人肃然起敬。古往今来，人们对什么是“宝”看法不一。有的人以玉石珍珠为宝，有的人以黄金白银为宝，有的人以拓展事业为宝，有的人以崇尚廉洁为宝。子罕把品格上的清白这个精神上的宝看作比物质的宝更为珍贵的东西。

然而我们审计人又当以什么为宝呢？刘家义审计长曾说：党风廉政建设是审计工作的“生命线”和“高压线”，只有廉洁从审，才能提高审计质量，防范审计风险，由此可见，作为一名审计人亦当以廉为宝守护我们审计的“生命线”。

习近平总书记曾在多种场合、多次就党风廉政建设提出新要求，在十八届中共中央政治局第一次集体学习时提出了：“干部清正、政府清廉、政治清明”的“三清”要求；在中共中央政治局会议时提出了指导干部作风的八项规定；在十八届中纪委二次全会上提出了抓腐败要“踏石留印、抓铁有痕”，句句彰显反腐倡廉的信心和决心。刘家义审计长也多次强调：审计机关作为监督部门，只有自身正、自身硬，才能做到依法审计、客观公正审计，才能履行好审计监督职责和使命，提高审计监督的公信力和执行力。

近年来，茌平县审计局坚持把廉政建设视为审计工作的生命线，把审计纪律作为审计工作的高压线，把作风建设作为审计队伍建设的传家宝，要求审计人员用高于别人的标准要求自己，用严于别人的标准监督自己。制定了审计纪律“十不准”规定、审前承诺制、审后回访制、签订家庭助廉承诺书等等，不断规范审计权力的行使，保证了审计工作的独立性，维护了审计机关的良好形象。

以廉为宝，就是要坚定理想信念。蜕化变质，缘由种种，最根本的就是丢失理想信念。贪污腐败，形色斑斑，最可耻的就是精神世界糜烂。习近平总书记在十八届中共中央政治局第一次集体学习时讲话指出："理想信念就是共产党人精神上的'钙'，没有理想信念，理想信念不坚定，精神上就会'缺钙'，就会得'软骨病'。"不管到任何时候，坚定的理想信念，始终是共产党人安身立命的根本，是共产党人精神上的"钙"。而那些缺钙者，终究是要被历史的风浪所淘汰的。

过去枪林弹雨、血雨腥风，有理想和信念才有铮铮铁骨。

现在和平建设、改革开放，靠理想和信念才能挺起脊梁。

坚定理想信念，我们的精神世界才能不溃堤决坝。

坚定理想信念，才能纯洁党员队伍，才能保证党的战斗力，才能抵御腐败的侵蚀。

崇高的理想信念是审计人安身立命之本，是推进审计事业向前发展的力量和源泉。理想的滑坡是最致命的滑坡，信念的动摇是最危险的动摇。审计人只有确立了远大的理想信念，才会讲奉献、讲操守，才能保持高尚的灵魂，真正做到"富贵不能淫，贫贱不能移，威武不能屈"。

提到廉政，王瑛，一位毕生战斗在纪检一线的女监察干部这个平凡而又伟大的名字在我们耳边响起，在人生无数次的选择面前，她用自己的实际行动诠释了一名共产党员对党的无限忠诚！病魔袭来之际，她选择了坚强；组织关照面前，她选择了坚持；反腐倡廉工作，她选择了坚决；亲情诱惑之下，她选择了坚定。

以廉为宝，就是要树立正确的人生观和价值观。正如江泽民同志所指出的："我们的干部和党员，一定要把人为什么活着这个问题弄清楚。如果只是为自己、为家庭而活着，那个意义是很有限的。只有为国家、为社会、为民族、为集体的利益奋不顾身地工作着，毫无保留地贡献出自己的聪明才智，这样的人生才有真正的意义，才是光荣的人生、闪光的人生"。元曲和《红楼梦》中都有"赤条条来去无牵挂"这样的话，我国历史上有许多格言警句和诗词歌赋，老子就说过"祸莫大于不足，咎莫大于欲得"，这些都是劝人要奋发向上，淡泊名利。泰戈尔曾有诗说过："有的鸟原本可以飞得更高更远，却由于翅膀系上黄金，这鸟便永不能再在天上翱翔了”。审计人只有约束欲望、树立正确的人生观和价值观，才能守住廉洁从审这条防线，才能在为社会创造价值、实现崇高理想的过程中收获幸福和成功。

以廉为宝，就是要严格遵守审计纪律。审计人员廉审善审，在纪律上当自警，就是要时刻警醒自己自觉遵守党纪国法，严格执行审计纪律“八不准”规定，时刻紧绷廉洁从审这根弦，做到把关守节当慎初，剑有双刃当慎权，守正不苟当慎独，择善拒恶当慎友，淡泊名利当慎欲，注重小节当慎微，成绩面前当慎行，笃志保晚当慎终；做到不利之事不做、不义之财不取、不正之风不沾。要更加严格要求自己，在性格上可刚可柔，在思考上大智若愚，在处事上不偏不倚，在为人上能伸能屈，时时刻刻自重、自省、自警、自励，廉洁自律，筑牢拒腐防变的思想道德防线，始终保持高尚的精神境界。

廉洁从审，是我们指导自身实践的行为准则，是我们审计工作的方向灯塔。时代的发展为我们提供了广阔的舞台，呼唤着我们去探索、去创造。今日百炼成钢，明日扬帆起航。亲爱的同仁们，愿我们团结一心，携手并进，从我做起，从点滴做起，以廉为宝守护我们审计共同的“生命线”，共同创造审计事业的美好明天！

第七章 学先进

埋首学效 赶超跨越

“抠门”局长“不差钱”

商建翔（聊城市审计局）

领导花钱抠门，在聊城市审计局人所共知。

但大家却没怨言，因为他对自己更抠门。有个经典例子，一次去外地开会，会后拉着办公室主任乘公交车找了间没有窗户的宾馆住了一宿，为啥？省钱！

渐渐地，我们也开始变得小气起来，哪天要是谁突然想起忘了关闭照明或者电脑，打个车也得回单位关掉才能睡个踏实觉。

但，事无绝对，偶有例外。

随着信息化管理时代的到来，局领导掷地有声，“我们要大力搞计算机审计！”“抠门”局长开始舍得花钱了，这一开闸还怕是刹不住了，大有“不差钱”的大家风范。

“给全市各审计机关的每个业务科室各买一套审计署的教材，要整套的，一本都不能少！”

“这得一万多呢。”有人开始算账。

“嗯，知道了，去出版社联系订货吧！”

声音中没有透出一丝犹豫，高起点的信息化建设就这样开始动真格的了，很多人一时还不敢相信。

“给业务人员配备的笔记本电脑，找个适当的年限要淘汰，保证工作效率。”

“把会议室建设成可供所有业务科室集体研究计算机审计的多媒体教室。”

很快，一大批老旧的笔记本电脑被更新，一套在环形会议桌上具备14部电脑终端、可以自动显示和隐藏的先进多媒体教学系统建立起来了，再后来，会议桌时常围坐着一群人在那里“华山论剑”。当然，这背后可是数十万元的投入。

“我们的信息化硬件系统已经走在了全省的前列了，我们的计算机审计的业务技能也要提上来，聘请专家来给全市的业务人员授课，封闭学习一周，不许请假，最后考试，我去巡考!”

一百多人整整一星期的相关费用又不是一笔小的开支！

领导重视才是真的重视，大伙儿都认这个理儿。

优良装备上去了，干劲儿提起来了，同志们热情高了，视野开阔了，业务展开时毫不含糊，奋勇竞先，工作成效突飞猛进。

2010年聊城市共向山东省审计厅报送了9篇审计方法，2011年则选送了54篇，达到上年的600%……当年，聊城市审计局也被审计署选为全国唯一的AO2011测试考试单位……

话说到这儿，你可能以为我们领导花钱搞信息化的事儿就会告一段落了，那您可错了，好戏才刚刚开始呢。

在完成年度地方债务审计任务后，我们局领导做出了让全省同行都刮目相看的决定：聊城市审计系统在山东财经大学单独举办计算机审计中级班，学员共计54名，费用约合50万元。别忘了聊城是经济欠发达地区，这个大手笔给我们审计人员极大的震撼，压力山大自不必说。

如何让这笔纳税人的钱花得更有价值？一把利剑悬在我们每位学员的心头。

而我们的局长却把眼光投向了更远方，“以后的每年都要选派一批学员进行高水平的进修，去南京审计学院、去北京的高校、去审计署……我最高兴的事儿，就是看到我们年轻干部的成长，看到上级领导对聊城审计人的赞扬，看到聊城审计事业的不懈发展……”

这么念叨着，又有了新的创意……

看来，我们局长不差钱。

老兵出征不言败
异地审计展风采

刘文顺（聊城市审计局）

戴着高度老花镜，眼前摆着厚厚的账本，聊城市审计局么子平科长，依然坚守在电脑桌前，一遍遍校对着数据的准确性。可曾知道，他年逾古稀的岳父病倒在医院一周来，因工作太忙，他每天只能在电话中问候老人，表达内心的愧疚和歉意。

今年已经52岁的么子平科长是审计战线上的一名“老兵”了。虽然接近离岗年龄，但他还是固执地坚守自己的信念：既然出征，就把工作干好，并且发挥好一名老科长“传帮带”的作用，把自己积累多年的审计经验传给每一个新同志，为新兵们启思路、找关键、点重点。

全国社保审计临清组的工作如火如荼地进行着，这天下午，么科长突然接到妻子的电话，被告知年逾古稀的岳父生病住院了，当时心急如焚的妻子在电话中希望他能早点到医院。可手头的工作哪能让他抽身离开呢？正值审计的攻坚时刻，时间也紧，每一个数据还得结合被审计单位亲自校对，责任重大，不能出现丝毫的差错。

就这样，么科长没有告诉审计组的其他任何成员关于岳父生病住院的消息，听着妻子的抱怨，么子平除了每天从妻子那里获得老人的信息外，曾多次打电话给岳父“道歉赔罪”，岳父生病住院几天，一次也没有亲临病床前尽孝。直到周五晚上，结束一周的工作，么子平科长才拖着疲惫的身体赶到医院看望岳父，并向抱怨自己的妻子赔礼道歉。因为岳父生病期间，妻子既要护理住院的老父亲，还要撑起整个家庭，忙碌自己的工作。但是，审计工作最终得到了老人和妻子的理解和支持，这是审计人最值得宽慰的事情了。正是有了这样的理解和支持，审计人才不觉得苦，不觉得累，才能更加踏实地干下去。

审计工作也许辛劳，也许平凡。像老兵这样的故事还有很多很多，像老兵这样忠于审计事业的人也有很多很多，像老兵家属这样理解和支持审计工作的还有很多很多……

拼命“二”郎

杨辉（聊城市审计局）

“拼命二郎”说的是两个人——聊城市审计局信息办的商建翔和姜连振。

商建翔，34岁，在审计机关工作8年，妻子是市人民医院护士，家有3岁女儿，周末经常带着女儿加班。

姜连振，22岁，聊城市审计局第一个“90后”，参加审计工作1年，责任心强，服从大局。

拼命“二郎”是信息办的主力，加班是常态。随着社保资金审计工作开展之后，他们又成为数据采集工作的主力干将，担当着全市数据采集工作的大任。

胸怀全局，大胆建议

2月17日，距离正式进点时间越来越近，距离要求上报数据的日子越来越近，但是，聊城市的数据采集工作进展缓慢。商建翔作为数据采集小组成员心急如焚，在省厅视频培训结束后，及时向领导小组提出建议，从各审计组抽调一名通过计算机中级的人员组成“数据采集小组”，全面负责各县的数据采集工作，每日调度，确保工作完成。第二天是周六，数据采集小组的第一次会议召开了，大家聚在一起一步一步商讨解决数据采集工作中遇到的疑难问题。开完会已经是下午三点多，但是大家没有停留，立即回到各自的审计组，督促各县各部门的数据采集工作，为数据采集的按时完成奠定了基础。

校验试点，通宵达旦

21日，省厅打来电话，要把聊城作为试点城市，对数据进行校验，对校验中发现的问题要在全省推广。这对聊城的数据采集小组来说，既喜且忧，喜的是来了高手，好多问题可以请教，担心的是怕不能满足校验要求。下午，省厅技术保障小组到来后，商建翔和姜连振立即投入到工作中，这一干就到了第二天上午，中间唯一的休息是前一天的一顿晚餐，省厅小组的成员对他们两个的工作劲头儿表示佩服，也就凭着这股干劲，圆满完成了数据校验试点工作。

连续作战，确保上报

23日，数据采集小组的成员又一次集结，这一次集结是为数据采集上报做最后的准备。两天一夜，其他的同志还可以回家休息，但是小商和小姜一直在局会议室加班加点工作，午餐、晚餐吃的是盒饭，困了就趴在会议桌上打个盹儿。小商的妻子在与其他职工家属聊天时说："我们家建翔快卖给审计局了，每次给他打电话都非常着急，'有事快点说，忙着哪'！"

24日，数据采集工作完成，留在会场的是两大箱子快餐盒。

省厅校验，五日奋战

28日下午，小商和小姜从省厅数据校验回到局里，已经在省厅工作了5天了，问他们累得怎么样，两个人都说中间数据有点小问题，差点没校验过去，但是没一个人说休息的事。其实省厅校验这五天，两个人吃住在现场，工作过的会议室里留下了一堆方便面盒、饮料瓶。25日18时至26日15时，是最紧张的21个小时，因为民政部门一个数据不够完善，两个人这段时间里没合一会儿眼。25日晚上工作期间，小商看到小姜因为压力大，紧张的脸色发白、出虚汗，就给小姜说："你出去买点可乐，咱们晚上加班时喝。"其实小商的意思是让小姜出去放松一下，回来后小姜又继续工作；晚上喝了两杯咖啡，小姜鼻子流血，他拿个餐巾纸塞上没有离开电脑。后来听说，省厅一位领导给聊城市审计局王连申局长打电话，"你们这两个小伙子真不错，等他们忙完，我要请他们吃饭"。

这就是聊城审计拼命"二郎"的几个工作故事，其实在聊城审计系统，像这样的人还有很多，像这样的事还有很多。

上善若水 厚德载物

——记聊城市审计局社保科孙吉旗科长的人格力量

提起孙科长的人品和工作效能，聊城市甚至山东省审计同仁都丝毫不会吝惜赞誉之词，他的人格魅力因何而来？

我结合近几年跟随孙科长参加审计项目的经历，以一名审计“菜鸟”的视角，总结几点供大家特别是年轻审计人员们去感受。

循循善诱，宽容大度

“你参加住房公积金这个项目做一下计算机审计吧，成效是其次，关键在尝试，没有审计经验无所谓，就当为以后的社保相关审计搞个探索”。孙科长在邀请市局信息办参加住房公积金审计项目时如是说。

果然，他为我们创造了一个极为宽松的环境。在协助王远征主任和我采集完相关数据后，此后长达一个多月的时间里，孙科长没有对信息办提出明确的审计成效和进度的要求，只是默默地鼓励和帮助，让我们在法规学习和数据分析上感觉到非常从容和惬意。作为一个审计工作的初学者，我当时感觉不是在参加一个“时间紧、任务重”的审计项目，却像是进行一个紧张、刺激的攻关游戏。就在这种紧张又愉快的气氛中，我们一路过关斩将，掌握了多项新技能，取得了多项被审计单位信服又愿意整改的审计成果，后来，该项目被评为当年全市优秀审计项目。

试想，如若项目伊始孙科长就对我提出“高标准、快进度”的要求，我何尝不会去退缩、去逃避。

锐意进取，顾后瞻前

“凡是我们审计项目必需的相关资料，你们尽管去要求，相关的人员由我去协调，需要签的字由我来签”。

这是面对去年人社局预算执行审计中面对数据采集的阻力时孙科长铿锵有力的表态。

孙科长坚定的立场消除了我们的顾虑，也彻底断了被审计单位拖延、拒绝提供有关资料的念头。随后，审计组经过艰苦的努力，首次取得了完整的社保数据库资料。

所谓“顾后瞻前”中的“顾后”，是孙科长对社保审计项目上的总结经验，即审计人员对财务审计重视程度高而对业务审计开展较少，这种结构性不足导致工作的不完整，会大大影响审计的质量，因此，倡导对审计人员加强对被审计单位业务的研究和学习。“瞻前”则是孙科长认为社保审计的深远发展是对计算机审计的充分应用，所以在人社局预算执行项目中，他强调计算机审计尽可能向每一项社保基金延伸。同时，孙科长从不间断自身业务学习，为了了解计算机审计对社保工作的具体帮助，孙科长在当年省厅社保培训会议期间，还专门邀请了省厅信息中心的领导进行单独的指导，敬业精神可见一斑。

无为而治，袖手旁观

“每个人都可以充分发表自己的意见，在你们的争论没有达成结论前，我也没有任何意见发表，继续讨论吧……”

在去年茌平县养老保险审计中，审计组内部各成员间对于相关法规的理解上出现了较大的争议，辩论中互不相让、甚至面红耳赤，身为审计组领导的孙科长没有及时的“主持正义”，却说出了上面“袖手旁观”的“风凉话”。

我们激烈争论的声音都传到屋外，隔壁被审计单位的陪同人员都感到疑惑：“这帮审计人到底是因为什么吵起来了？”俗话说“灯不挑不亮，话不说不明”，审计组成员经过长时间的争论，终于认同了一条达到审计项目“最优路径”。事实证明，这次争论实现了集思广益、群策群力的效果。

身先士卒，不离一线

“哈哈，我们真够狠心的，今天让孙科长在审计现场连续工作了13个小时！”

路蓉科长笑着对我说，这是去年我们在东昌府区养老保险审计中的一幕，发生在晚上十点多审计组离开区人社局的时候。由于当时该项目的审计时限过于紧张，同时，被审计单位在配合工作上存在很大的“不情愿”情绪，所以，审计组在工作时间上采取了“中午在审计现场吃饭、节假日不休”的安排。中午没有午休，饭后聊上几句就接着干活，尽管年近五旬的孙科长的血压不是太稳定，尽管自己也承认体力和我们确有差距，但他从未离开审计现场去睡哪怕一个午觉。

该审计项目结束时，一名被审计单位陪同检查的“专业户”坦言：“这两年迎接了不少检查，就数你们这个检查组检查的力度和成效最明显。”

心有大局，民主执法

“你对这个审计结论有疑义，我建议你再和我们具体负责的审计人员谈谈”。

面对前来要求“高抬贵手”的说情者，作为审计组领导的孙科长总会采取这样的方式婉拒。

在当前社会对社保工作空前关注的情况下，社保管理部门总是想对审计中发现的问题采取“大事化小，小事化了”的方式进行冷处理。在处理此类问题上，孙科长尊重审计成员的“独立性”原则，积极保护全体审计成员的劳动“果实”，保证了审计成员对于项目过程经历的“完整性”。

从短期来看，这激励了审计成员的工作积极性。从长期来看，这有利于年轻审计人员形成自己的审计思路。从审计外部来看，树立和捍卫了的审计部门的权威性。

为人从善，低调平淡

“不要胡思乱想，这只是一个意外，专心干活吧。”孙科长说道。

这是一次比较特殊的经历，一天晚上当我们在被审计单位加班工作中突然停电，该单位人员说是电路故障而且无法立即修复。但经过观察，我们发现大楼停电的区域只是我们工作的这一个楼层，我们自行找到并合上电闸后供电就恢复正常了。我坚持认为这是很明显是阻碍我们开展工作的行为，面对我的固执，孙科长说出了上面的话。

“嗨，不愿意给人家添麻烦”。

在某审计项目期间，出于审计延伸的需要，被审计提供了专门的交通车辆，同期孙科长自己却乘坐长途汽车赴省城探望手术的家属。面对我们的不解，孙科长就这么简单的回答。

……

总结起来，孙科长不是一个特别健谈的人，但如果你有幸和他工作一段时间的话，总会有好多话让你长久的回味。

聊城市审计局经济开发区审计分局刘明义同志自参加工作以来，勤政敬业，廉洁奉公。其拾金不昧的事迹被媒体广为报道，被评为聊城市第三届“百佳文明市民”和“山东好人”……

侧记刘明义

刘明义，男，中共党员，1969年生人，现任聊城市审计局经济开发区审计分局主任科员。

在二十余载的审计工作中他兢兢业业，勤勤恳恳，默默奉献，较好的完成各项工作；生活中他关心同志，乐于助人，不求回报，获得了大家一致好评。

坚定信念，树立党员形象

作为一名党的领导干部，刘明义深知一言一行都影响着周围的同志，在平时的工作中，时时刻刻处处用党员的标准严格衡量、约束自己的言行，坚持不懈地学习党的路线、方针和政策，坚持用 “三个代表”重要思想和科学发展观指导自己的工作，用党的一系列理论来丰富自己的政治头脑，牢固树立正确的世界观、人生观和价值观，坚定共产主义信念；不断增强党的观念，加强党性修养，按照党章的规定履行党员义务，严格遵守党的纪律，执行党的决定，珍惜党的光荣称号，以新时期保持共产党员先进性的具体要求鞭策自己，不断提高综合素质和业务能力，积极完成党的各项任务，多次被局机关评为优秀共产党员。

坚持学习，永葆思想常新

刘明义同志自觉践行社会主义荣辱观，遵守“爱国守法、明礼诚信、团结友爱、勤俭自强、敬业奉献”的基本道德规范，弘扬“自强不息、务实创新、大气开放、诚实守信”的聊城人文精神和“依法、求实、创新、廉洁、奉献”的山东审计精神，树立“责任、忠诚、清廉、依法、独立、奉献”的审计人员核心价值观，爱岗敬业，求真务实，锐意创新，遵纪守法，助人为乐，争做自豪、创业、包容、奋进的聊城人，圆满完成了各项工作任务，多次被局机关评为先进工作者。

扎实工作，奉献审计事业

刘明义同志1991年9月从部队转业到市审计局，多年来始终保持强烈的事业心和责任感，坚持依法审计、廉洁审计、文明审计。近年来参与了百余个项目的审计，查出大量的违法违纪问题，并积极提出针对性强的意见和建议，为党委政府决策、为被审计单位加强管理服务，在经济开发区拆迁审计工作中，仅其中一个项目就为财政节约资金2000万元。工作20年来，刘明义同志舍小家、为大家，从未休过探亲假，从未因私事耽误工作，因为离家较远很少回家看望年迈的父母，一心扑在工作上，为审计事业的发展默默奉献。

廉洁奉公，弘扬审计风气

“欲影正者端其表，欲下廉者先立身”。刘明义同志淡泊名利，掌权为公，作为开发区分局的副局长，他深知自己的担子有多重，时刻做到严于律己，正确对待手中的权力，做到用权为民，真正为群众办实事、办好事，为他人做出了榜样，时刻用他人格的魅力默默地影响着周围的人。如在某县审计工作中，被审单位人员在座谈过后悄悄放在他房间一个信封，晚上回宿舍他发现后打开一看，里面是4000元现金，他立即打听地点，连夜亲自将礼金送还，用实际行动坚守着清廉审计的形象。

拾金不昧，彰显审计精神

2011年8月2日上午，刘明义同志在吃早餐时捡到一个手提包，包内有两万多元现金及信用卡、身份证， 还有几十万元的业务往来票据。刘明义同志及时寻找失主，并寻求110帮助，最后在警察同志的配合下将皮包归还失主，并不留姓名离开了现场。失主为表示感谢，根据当时记住的车牌号，经多方打听，了解到刘明义是市审计局的工作人员，于是定做了锦旗、写了表扬信，并联系“民生面对面”栏目组来到审计局对刘明义表示感谢。面对镜头，刘明义同志说：“我只是做了一件别人也会这样做的事，不值得报道，我不能接受采访。”

心系他人，真情回报社会

俗话说：滴水之恩，当涌泉相报，刘明义同志就是这么做的。

90年代初，他从部队转业到聊城，初到异地工作，人生地不熟，街坊邻居，同事战友给了他不少帮助。转眼间，刘明义来聊城已经有二十年了，现在已经成为一个地地道道的水城人。四川省汶川县“5·12”大地震发生后，他以身作则，先后多次捐款捐物，并号召和组织本支部的党员积极地为灾区捐款，以实际行动表达对在震灾中遇难同胞的深切哀思和对灾区重建的支持；舟曲泥石流事件发生后，又是他在第一时间捐款捐物，并代表单位一次次向甘南藏族自治州舟曲县的灾民们献出爱心。

这就是刘明义同志，一位普普通通的审计人，已过不惑之年的他依然风风火火的像个年轻人，立党为公，执政为民，坚持文明审计，廉洁审计，用实际行动团结和引领着年轻的审计人，用默默奉献诠释着一名优秀共产党员的精神。

第八章 观未来

青年面孔 生鲜未来

苏联伟大的作家奥斯特洛夫斯基曾说过，生活赋予我们一种巨大的和无限高贵的礼品，这就是青春：充满着力量，充满着期待、志愿，充满着求知和斗争的志向，充满着希望、信心的青春。在那战争连绵的岁月里，一张张不同肤色的面孔为了世界人类的和平，以己青春勃发的生命，奏响了一曲曲的青春之歌……

时代嬗变，当我们用“享乐的一代”、“迷茫的一代”、“垮了的一代”描述青年人，用“新人类”、“新新人类”、“另类”来界定年轻人，用“小资”、“愤青”、“啃老族”来形容这些同样青春涌动风华正茂的族群时，我们表达了我们的陌生和对时代变化快的无奈。

中国共产主义的先驱、无产阶级革命家李大钊曾言：“青年者，人生之王，人生之春，人生之华也。青年之字典，无‘困难’之字，青年之口头，无‘障碍’之语；唯知跃进，唯知雄飞，唯知本其自由之精神，奇僻之思想，锐敏之直觉，活泼之生命，以创造环境，征服历史。”今日时代之青年，思想主张时刻与国际相通，掌指间表现自我，但他们也有其坚韧挺拔的一面，笃实奋进的一面，在工作中挑战自我，奋励竞先。

审计机关安逸吗？我却看到一张张坚毅而青春的面孔，激扬的青春活泼地挥洒在不同的岗位上，他们所学、所思、所讲、所为……让我们有足够的理由相信他们做好了充分的准备了……

还是以奥斯特洛夫斯基的名言作结同时开启他们绚丽的青春——

人生最宝贵的是生命，生命属于人只有一次。一个人的生命应当这样度过：当他回忆往事的时候，他不会因为虚度年华而悔恨，也不会因为碌碌无为而羞愧；在临死的时候，他能够说：“我的整个生命和全部精力，都已经献给了世界上最壮丽的事业——为人类的解放而斗争。”

为有源头活水来

——聊城审计“青年论坛”成长侧记

杨辉（山东聊城市审计局）

问渠那得清如许，为有源头活水来。对审计机关来说，年轻审计队伍的壮大和成长就像是源头活水，推动着审计事业的科学发展。近年来，聊城市审计局坚持把青年审计干部的培养放在重要的位置，树立“平等、自主、开放”的发展理念，不断提升青年干部队伍素质，为审计事业发展注入源头活水。

加强培养建平台

谈起青年干部培养，聊城市审计局的王连申局长总会谈起2008年他刚来审计局的时候，那个时候局里的四十岁以下的年轻审计人员有十几个人，占到业务人员的近1/3，已经成为审计工作不可忽视的力量，但是，当时局里工作松散，学习氛围很差，不利于年轻人的成长。于是就有了2009年初召开的第一次青年干部座谈会，会上领导们和年轻人一起谈人生、谈事业、谈发展，畅所欲言，各抒已见，年轻干部们有了方向、有了目标。会后不久，这十几个年轻人自发的走在一起，组建了“青年论坛”，他们定期召开座谈会，并邀请领导班子成员参加，交流业务、交流思想，为个人和审计的发展出谋划策。局领导高度重视这个团体，积极参加座谈会，论坛里提出的一些好的建议和意见可以直接传达到局长那里，只要是对个人和事业发展有利的建议和要求局里都会采纳。他们的激情与活力，他们时刻迸发的创新性的思想，为审计业务工作的发展增添了亮色。在今年社保资金审计数据采集阶段，聊城市开始动作比较慢，论坛里的年轻人提出了组建“数据采集小组”的建议，市审计局及时将通过计算机中级考试的年轻人组成小组，实地督促工作进展，确保聊城市这项工作走在了全省前列。近年来，市审计局通过公务员考试每年为审计队伍补充着新鲜血液，青年干部座谈会也成为惯例，2012年，“青年论坛”的成员已经发展到32人，达到局机关人员的近

1/2，这些年轻人已经成长为审计业务工作的骨干力量，在审计一线发挥着重要的作用。

学习培训不差钱

在聊城市审计局，每个人都知道，在生活上王局长是一个非常节俭的人，出差、公务能少花钱就少花钱，有这样一个段子：说是有一次到外地开会，会后硬是拉着办公室主任坐着公交车转了一个多小时，找了间没有窗户的宾馆住了一宿。但是，在青年干部培养上，市审计局从来“不差钱”。为了丰富大家的业余生活，投资十几万元创建了学习室、活动室，购置了乒乓球、台球等健身器材；创建了阅览室，每年投资数万元订阅报刊、购置图书。为了提高计算机审计水平，每四年为业务人员更换一次笔记本电脑；投资十几万元创建了配备14部电脑终端的先进多媒体教学系统的会议室，实现了业务会议、学习交流无纸化；2011年又投资50万元组织全市54名审计人员举办了计算机审计中级培训班，46人通过了计算机审计中级测试。为了提高业务能力，近年来，每年派出年轻审计人员赴南京审计学院等高校深造，到审计署、山东省审计厅挂职锻炼。有投入就会有回报，越来越多的年轻人在审计工作中担当主审、担任组长，在审计工作中挑起了大梁。

全面提高强素质

在良好的成长环境中，聊城审计“青年论坛”的年轻人，每个人都有自己的目标和方向，每个人都能发挥自己的才能，如果你和他们坐在一起，他们都能明白的和你讲出，他们现在最需要学习的是什么，最缺少的是什么。他们学业务，组成了涉及投资审计、预算执行审计、专项资金审计和计算机审计的5个业务小组，每个小组都有带头人，定期开展学习交流活动；他们练身体，在紧张的工作之余，抽出时间周末聚在一起，打篮球、踢足球；他们搞活动，开展野外拓展训练、真人CS，举办演讲比赛，举办联欢会。每周五下午是他们的学习日，课题由大家共同商议提出，有时聘专家，有时找老同志，有时请领导，有时自己讨论，讲理论、讲思想、讲哲学、讲人生，在学习中，他们的思想道德水平、业务能力、交际能力等等都得到了显著提升，综合素质显著增强。市审计局每年都会进行一次闭卷业务考试，开始的时候大家还有点抵触，但是现在这些年轻人都欣然接受，他们心里明白，这何尝不是在大家面前展示自己能力的机会。

扩大影响树品牌

2010年，聊城市审计局“青年论坛”的“版图”进一步的扩张，成员们在网上注册了“益民胡同”QQ群，吸引全市的年轻审计人员参加，截至目前，群成员已发展到近200人；创建了论坛，设置了“人生感悟”、“出谋划策”、“理论探讨”、“计算机审计”、“读书心得”、“风采展示”六大板块，每个板块都有版主负责管理，群成员可以自由发帖，目前已累计发帖300余篇。通过QQ群，全市的审计人员可以更加快捷的进行联系，能够更好地利用集体的力量解决工作中的疑难；论坛的设置，为大家提供了一个展示自我的天地，一个交流的平台。随着影响的逐渐扩大，聊城审计“青年论坛”逐渐树立起了自己的品牌。

青年干部们的成长带动了整支审计队伍前进的步伐，2011年，聊城市审计局全省综合考核排名由2010年的第14位前进到第8位，多项工作在全省取得突破，信息由全省12名前进到第5名，网站宣传由14名前进到第7名，信息化工作由全省14名前进到第9名。其中，近90%的信息宣传稿件和AO实例、计算机应用方法来自年轻人，聊城审计“青年论坛”正在以不可阻挡的势头逐渐成长为审计事业发展的中坚力量。

从数字中寻找未来

——对基层审计机关计算机审计的思考

杨辉 段倩倩（山东聊城市审计局）

当前，我国的审计工作正处在由传统审计向现代审计转轨时期，计算机审计已成为一股不可抗拒的洪流。审计工作对经济问题的反映和对领导决策的服务必须增强，传统的手工业式的审计方法已远远不能适应当代社会的发展和建设的需要。改革、创新，实现审计现代化势在必行。作为基层审计部门，计算机审计条件也日趋成熟，在审计工作中逐渐发挥着重要作用。

一、基层审计机关审计数字化在国家治理中的重要作用

（一）国家治理的内容可分为经济管理、政治管理、文化管理，基层审计机关作为国家审计的重要组成部分，在国家治理中既承担着相应的监督作用，又发挥着服务作用。

国家实现良好治理要求国家审计信息化。国家良治的目标是实现决策系统、执行系统和监督控制系统的良好运行，确保国家经济社会健康运行。在三大系统运行全过程环境下，作为监督控制系统的国家审计，必须依托现代信息技术和方式，实施对执行系统权力运行和责任履行的有效监督，促进执行系统实现决策系统确定的目标和任务，并将执行系统运行中的突出矛盾和潜在风险准确地报告给决策系统，推动决策系统各项决策的不断完善，从而推进国家良好治理。国家审计依托现代信息技术和方式，在对执行系统相关信息的有效获取，各类信息的综合分析，对大案要案、突出矛盾和潜在风险的准确评估，审计信息向执行系统的快速反馈和整改跟踪，审计向决策系统提出完善体制、制度、机制的建议等方面，全面实施信息化的手段、方法和模式。

国家治理的战略转移要求国家审计信息化。随着国家治理实施以科学发展为主题、以转变发展方式为主线的战略重点转移，要求国家审计实施转型

发展，即实施以监督财政财务收支及其相关经济活动的真实、合法和效益为基础，以监督和评估公共权力机构的权力运行和责任履行为重点，以维护国家经济安全、推进民主法治、促进廉政建设、保障科学发展和人民利益为目标，全面发挥国家审计在国家治理中保障国家经济社会健康运行的“免疫系统”功能。在这一转型发展过程中，国家审计面临人力资源、财力资源、物力资源和时间资源，以及审计思想意识和思维方式、审计组织模式和管理机制等要素的制约。国家审计要破解要素制约、实现转型发展，必须依托现代信息技术和方式，实现审计思想革新化、审计资源集约化、审计业务信息化、审计管理数字化、审计方式现代化。

（二）审计如同“尚方宝剑”，把守经济关口，对国家经济有“亡羊补牢”、“防微杜渐”的功效。基层审计机关是国家审计部门的前沿阵地，是排头兵，并且占据了大部分的行政比例，基层审计机关审计质量的提高、效率的提高，将推动整个国家审计质量和效率的进步。

从国内已经开展的计算机审计项目分析，我国基层审计部门开展计算机审计应当在立足基层实情的基础上，坚持走适合基层特色的审计之路。树立发展性，紧紧围绕促进地方经济社会发展开展计算机审计工作，自觉地将计算机审计放在区域经济社会发展全局来思考，发挥审计保障地区经济社会健康运行的功能，做到真诚为全面建设小康社会服务。立足建设性，充分发挥基层审计机关的“免疫系统”功能。发挥审计工作建设性的作用是审计机关作为保障经济社会健康运行的“免疫系统”的一个基本要求。发挥审计的建设性作用，必须加大计算机审计力度，提高审计效率，以促进性来进行分析和判断，推进基层信息系统现代化。保证效益性，树立审计质量第一的理念。不断增强审计质量是审计工作生命线的意识，加强基层审计质量控制，推进基层计算机审计工作的持续发展，保证审计结果的权威性、客观性、公正性和可靠性。侧重宏观性，有效提升审计的层次和水平。传统审计手段已不适应地方经济发展和现代化审计的需要，所以必须站在宏观的、全局的高度，利用现代审计工具，强化金审，去辅助工作，揭露问题，分析原因，才能够得心应手、高效地完成高层次的审计。

二、基层审计机关审计信息化所面临的形势

（一）信息技术的迅猛发展迫使审计加快推行数字化发展步伐。当前，国民经济信息化和管理信息化是大势所趋，很多基层部门企业数字化管理水平、业务信息化水平都很高。财政管理方面有“金财”工程，从财政部到地方各级财政部门，现在都是运用计算机管理财政收支。税务部门有“金税”工程，全部实行了计算机管理。还有许多被审计单位，信息化水平也已经超过了审计部门。随着信息化不断进步和发展，国民经济信息化水平还将不断提高，这一趋势迫切需要审计部门加快“金审”工程建设。如果审计信息化建设跟不上来，无疑将会遇到“进不了被审计单位的门，打不开被审计单位的账”的尴尬局面。所以，加快审计信息化、数字化建设的步伐，是我们面临的一项重要任务。

（二）审计在国家治理中的职能作用不断强化，迫使审计加快信息化、数字化发展步伐。

随着审计职能作用的不断强化，审计任务重与审计力量不足的矛盾日益突出。每年在审计力量没有明显增加的情况下，要高质量地完成所有审计任务，必须依靠手段创新。实践证明，我们探索的信息化条件下大型项目组织方式，到后来的审计指挥调度系统，以及大力推动计算机审计等，均大大提高了审计效率。可以说，审计信息化、数字化是解决当前审计任务重与审计力量不足这一突出矛盾的必由之路，也是发挥审计在国家治理中重要作用的重要技术支撑和保障。

三、面对新形势基层审计机关怎样努力提升审计数字化水平

(一)思想上高度重视。面对目前的形势，各级审计机关要理清思路，进一步统一认识，信息化建设是科技强审的根本。

事关审计质量和审计效率的提高,事关审计人员的职业资格和技能,事关审计机关能力建设。完善相关制度，加强组织管理，建立完善数字化建设相关制度。对信息化管理工作进行科学分工，明确职责，建立和完善信息化工作制度规范，从制度上保证信息化建设的质量和水平。首先领导干部要统一认识,高度重视信息化工作,革新传统的思维方式和工作方式,充分利用各类应用系统的数据资源,进行综合分析,总结经验,发现问题,判断趋势,做出决策。其次是岗位人员要从思想根源上统一认识,主动加强应用,重视操作质量,提高数据利用分析能力,逐步形成全员应用、全面应用、全程应用的氛围,以应用促管理。

(二)在学习培训上下功夫。培养一批既精通审计技术和审计管理,又掌握信息化技术,具有信息化思维能力的审计人才,是审计信息化建设的关键。我

们一定要转变思路，在提高大部分审计人员和审计管理人员信息化知识素养的基础上，培养业务骨干，使信息化建设和审计事业发展有一个比较坚实而且长效的基础。首先要领导带头，做出表率。领导干部迎难而上，极易带动其他审计人员。其次是坚持以人为本，不断提高队伍素质。采取因人施教、因需施教、分类培训、分层培训和目标考核的办法，将审计业务学习与操作流程有机结合起来，达到理论指导操作、操作落实规范的目的，不断提高岗位应用水平和能力。最后是后续教育要有保障，要保证每年有一定的时间进行后续教育，并加大计算机审计培训的内容和力度。

(三)全面掌握，熟练运用，切实保证系统功能充分应用。一是加强审计人员对专用审计软件应用技术的培训力度，使审计人员尽快掌握专用审计软件的使用方法，尽快熟悉信息系统各个模块的功能和作用。全面了解AO系统和OA系统交互及计算机辅助审计的方法、内容、步骤。二是解放思想，大胆创新，要鼓励审计人员在进行计算机审计的过程中，在保证能够熟练操作系统的基础上，不要仅仅拘泥于按照流程规范操作，对系统中各个模块的功能和作用，要善于摸索，及时总结，开放思维，勇于创新，确保系统各功能模块得到全面应用，效能得到充分发挥。

（四）要站在国家治理的高度下开展审计数字化工作，加大审计数字化应用力度，发挥计算机技术对财政审计创新的支撑和促进作用。这就要求审计人员采用多种形式提高自身素质，树立“等不起的紧迫感、慢不得的危机感”，把更多精力投入到干事创业中去。一是围绕“责任、忠诚、清廉、依法、独立、奉献”的审计人员核心价值观，不断提高自身的思想道德素养。要自觉培养审计责任感、归属感和荣誉感，塑造审计精神，做到坚定信仰、崇尚法律、坚持原则、无私无畏、扎实苦干、求实创新，做到廉洁、文明，做到严格依法、正直坦诚、客观公正、勤勉尽责、保守秘密，做到以责立志、以德立身、以能立业、以行立信。

审计廉政建设之思

刘军（阳谷县审计局）

审计是由国家授权或接受委托的专职机构和人员，依照国家法规、审计准则和会计理论，运用专门的方法，对被审计单位的财政、财务收支、经营管理活动及相关资料的真实性、正确性、合规性、效益性进行审查和监督，评价经济责任，鉴定经济业务，用以维护财经法纪、改善经营管理、提高经营效益的一项独立性的经济监督活动。正是基于保障这种独立性经济监督活动的需要，在审计工作中一直坚持加强审计工作人员的党风廉政建设，增强反腐倡廉和拒腐防变能力。在当前的新形势下如何加强审计工作人员的党风廉政建设，确保审计工作的严肃性，显得更为重要。作为基层审计工作人员，浅谈一下自己的见解，以期起到抛砖引玉之效。

一、新时期审计工作党风廉政建设的重要性

党的十八大报告指出“反对腐败、建设廉洁政治，是党一贯坚持的鲜明政治立场，是人民关注的重大政治问题”，并提出要“做到干部清正、政府清廉、政治清明”，这充分彰显了我们党反对腐败的坚定政治决心。廉政是审计工作的生命线，新时期随着反腐败斗争的不断深入，腐败的形式和手法不断“创新”，腐败行为出现了新的趋向，更具隐蔽性与复杂性，审计人员的违纪或腐败行为也同样更具隐蔽性，审计机关党风廉政建设仍然面临严峻的挑战。在新形势下加强廉政建设，提升审计工作人员拒腐防变的能力，在自身素质上为审计业务的独立开展提供保障，切实发挥审计经济监督职能，推进社会经济的健康运行。

二、如何加强新时期加强党风廉政建设

（一）进一步加强防腐倡廉制度建设。建立健全惩治和预防腐败体系的各项规章制度，并抓检查落实，把权力的运行纳入制度化、规范化轨道，真正形成“制度管权、制度管事、制度管人”的运行机制。制度建设根据实践需要进行不断调整、完善，使其具有全局性、长期性、稳定性的特点。以制度约束人，以制度规范办事程序，使企图以权谋私的人无孔可钻、无缝可乘；制度定得不好、定得不全，则会出现使坏人能钻空子的漏洞，甚至出现好人无法做好事的悲剧。

（二）审计人员要廉洁自律，需要他律和法律。

一是所谓自律，就是要能够自觉地遵循法律、自加约束，不做违法违纪的事。审计人员廉洁自律，就是能够按照党和国家有关廉洁从政的规定与纪律要求，自觉地做到清正廉洁，克己奉公，廉洁自律要从细微处做起，防微杜渐，“千里之堤溃于蚁穴”。做到自律，就要“吾日三省吾身”，不断通过强化学习、强化修身、慎独，从自身素质上提高拒腐防变的能力。在自律的同时，还要主动争取组织和群众的监督和帮助，如经常参加组织生活，本着发扬批评和自我批评的精神，汇报自己廉洁从政的情况，听取周围同志的批评。同时，利用各种机会，广泛接触群众，倾听方方面面的意见和呼声，从中发现问题，警诫自己。

二是他律，主要是指组织、党员干部之间及群众的监督。这样监督是社会和党内政治生活中不可缺少的，是保障党员干部不犯错误所必需的。宪法和党章都赋予了公民和党员民主监督的权利，这对于保障国家干部正确行使权力，保持党员干部的先进性，密切党群、干群关系，都具有重要的意义。对审计部门的领导干部来说，既有监督的权利，也有接受监督的义务，既是监督者，也是被监督对象。因此，在行使监督权利的同时，要树立自觉接受组织和人民群众监督的观念，欢迎来自各方面的批评和意见，时刻把自己置于组织和群众的监督之下。

三是法律，是国家意志的体现，是一种特殊的社会规范，具有国家强制力和普遍约束力，社会成员无一例外要遵守。社会主义国家的法律反映了广大人民群众的根本利益和要求，我国宪法规定了“公民在法律面前一律平等”，在法律面前不允许有任何特权，特别是对国家工作人员违法犯罪行为一定要依法追究。国家工作人员不论职务高低，只要违法犯罪，都必须平等地接受法律追究。决不允许有法外公民，不允许任何人有超越法律的特权。作为审计人员应当不仅仅了解掌握审计法律、法规，还应当了解与审计有关的其他法律法规知识，多看、多读一些反面教材，从一些落马官员的犯罪经过中汲取教训，做到警钟长鸣。

（三）形成廉政教育长效机制。

一是不断强化自身学习。要坚持长期学习党的廉政政策，树立正确的世界观、人生观、价值观，树立正确的权力观、地位观、利益观、发展观和政绩观，筑牢反腐倡廉的思想阵地。

二是要坚持不断地教育广大审计人员尤其是领导干部永远牢记为人民服务的宗旨。胡锦涛同志指出，凡是涉及群众切身利益和实际困难的事情，再小也要竭尽全力去办。作为党员，尤其是领导干部，必须时刻把群众的冷暖挂在心上，千方百计为群众排忧解难，真正做到急群众所急，想群众所想，帮群众所需。权为民用、情为民系、利为民谋。只有每一位党员特别是领导干部永远牢记为人民服务的宗旨，时刻以党性原则统领自己的行为，远离个人主义，避免官僚主义，才有可能杜绝思想上的“腐败”，永葆政治青春。

（四）不断加强道德建设。

“文化而润其内，养德以固其本”。加强廉政建设，着力点是要提高社会的道德水平，特别是党员领导干部的从政道德素质，进一步促进领导干部廉洁从政，“常修为政之德，常怀律己之心，常思贪欲之害”，做“一个高尚的人，一个纯粹的人，一个有道德的人。”“官”气正则民风清。在加强道德自律的同时，也要重视制度他律的作用，积极探索惩治与预防、自律、他律、制度和文化有机融合的综合预防腐败的途径，自律是基础。“随风潜入夜，润物细无声”，文化一旦深深地根植于人们的心中，将起到法律制度不能替代的作用。

清水入喉，虽无厚味回甘，但通体清爽；
为政清廉，虽无万贯家财，但良心无愧。

——题记

清廉若水

姜连振（聊城市审计局）

每一次行走于碧波荡漾的东昌湖畔，晶莹剔透的湖水总能涤去心里世事纷繁，轻拍着岸边的浪花仿佛在向过往的游人呢喃着她从时光深处走来所积淀的万语千言。日子一久，这种平和已融入体内，联系到工作，我逐渐感悟到了审计人品质的真谛：清廉若水。

清廉若水是一种境界。古时，北周清官赵轨离任时，百姓用一杯清水为其送行以赞其为官清廉。清水，视之无色，嗅之无香，然而却至真至纯，源远流长。它隐喻看透一切功名利禄，远离一切尔虞我诈，代表着中国文化所独有的一种境界。清水之所以透明，是因为她不看重拥有，无欲无求。人也是这样，唯有克制、忘掉自我之私欲，把爱己之小爱转化为爱人之大爱才能够固守清廉，享受清廉的乐趣。

清廉若水是一种信念。无数的水滴才能汇聚成江河，无数的江河才能汇成海洋。每位审计人员的清廉才能构筑审计事业的无上荣耀，才能滋养审计事业的生命。“蓬生麻中，不扶自直”。清廉需要自己生长的土壤，这个土壤就是清廉的信念。信念是行动的支撑点，水滴之所以能穿石是因为坚持不懈，卵石之所以光滑美丽是因为浪花长年累月的冲刷，清廉不能像飙风一样疾驰而过，相反，清廉需要春风化雨般的默默行动，而坚持同样需要的是信念。

清廉若水是一种情怀。水是生命之源，滋养万物，润泽生灵，审计人员肩负着维护国家财政经济秩序，提高财政资金使用效益，促进廉政建设，保障国民经济和社会健康发展的神圣使命，就需要像水一样有清廉的情怀，只要虑民生多艰，爱民情怀常在成为一种习惯，想群众之所想、急群众之所急就会成为自发的起点，也就无愧天下公仆。

清廉若水是一种追求。水心无旁骛，一心东流，故能成百川之美，江海之美。清廉者，取之有道，用之有度，心理上坦然，脚底下踏实，不为功名利禄所趋，不为个人荣辱所惑，无朝不保夕之感，无风声鹤唳之惊。审计人员要有自己的追求，这种追求不能拘泥于表面，停留于物质，而是要追求一种清廉的浩然正气，两袖清风让世人敬仰。

天气渐热，从湖边走过都会感受到她的一丝清凉，挚爱家乡的碧水，敬畏审计的庄严使命。愿化作家乡的一缕清泉，虽平凡但坚定，用毕生去维护审计的尊严。

审计传承

商玉鹏（莘县审计局）

我的父亲是一名老审计工作者，1988年调入审计系统，那一年父亲45岁，正值干工作的年龄，从来没有接触过审计的父亲从一点一滴学习，那一年他就用了厚厚的5个笔记本，里面全是工作上的点点滴滴和初识审计的感悟。每当深夜父亲拿着用钢笔写成的多达10多页的审计报告，边翻资料边“啪啪啪”的按计算器时，我就特别羡慕，期盼着有一天我也能像父亲那样用计算器算出1+1=2。

直到1998年从经济学院毕业的我也有幸走进了审计队伍，这时我才知道审计不像我想的那样简单，它是一项既宏伟又浩瀚的系统工程，而从事这项工作的人员不仅要在数字间穿梭，还要在疑点中发现线索。而作为一名基层的审计人员，不仅要有良好的政治素养，还要具备丰富的审计专业知识。此时的我更加明白了深夜父亲在灯光下熬夜的身影和那响彻夜空的“啪啪啪”声。

时光荏苒，如白驹过隙，父亲也已退休13个年头了，我也在审计岗位上干了15年，而审计依旧是我和父亲这些年来永恒未变的话题。

审计干部坚守群众路线之“三观”

臧邦达（阳谷县审计局）

“为政以德，譬如北辰居其所，而众星拱之”，意思是告诫后人要重视官员的道德修养。德，是“立国”根基，是 “立身”、 “立官”的基石。党的十八大强调要“坚持德才兼备、以德为先，坚持注重实绩、群众公认的干部人事改革方向”，审计人员要深入开展党的群众路线教育实践活动，进一步加强党员干部从政道德建设。

树立“为民”价值观

坚持立党为公、执政为民，把实现好、维护好、发展好人民群众的根本利益作为自己思考问题和开展工作的根本出发点和落脚点，忠实地贯彻执行党的群众路线，当好人民公仆，做到权为民所用、情为民所系、利为民所谋。审计机关在维护国家经济安全和党风廉政建设中担负重大责任，要切实把“以人为本，执政为民”理念贯穿于审计发展的全过程，发挥好审计机关在保障经济社会健康运行中的“免疫系统”功能。在审计中，确保把每个审计项目查深、查透、查彻底，真正使审计过后的项目让老百姓放心、安心，从而拉近与人民群众的关系，更好的发挥审计部门的监督作用。

坚持“务实”政绩观

务实，就是坚持勤奋工作、埋头苦干，扎扎实实地做好各项工作，创造出经得起群众、实践和历史检验的实绩。以务实的作风推动审计工作，把每一审计工作、每一审计事项做好抓实。在审计道路上，要激发赶超意识、竞争意识和创新意识，摒弃“慵懒散”，力戒“娇骄暮”，对待困难和问题不避让、不推诿，以百折不挠的意志和勇气争创一流审计佳绩；以创新的理念开展审计工作，以创新的方法破解审计中的难点热点问题，用创新的举措谋求审计成果新突破，始终保持昂扬向上的精神状态和奋发进取的工作作风，成就一番审计事业。

恪守“清廉”道德观

清廉，就是要严于律己、廉洁奉公、一身正气、两袖清风，坚持高尚的精神追求。在审计中要做到廉洁从政，廉洁从审。审计干部是监督别人的干部，更要做廉洁自律的表率，要筑起牢不可破的思想防线，遵守《廉政准则》，严格规范自己的思想和行为，从小事做起，从细节做起，从自己做起，始终保持崇高的审计职业操守和审计人格，自重、自省、自警、自励，慎始、慎微、慎欲、慎独，真正做到清正廉明、两袖清风，清清白白做事、干干净净做人。

审计人

——国家审计机关成立30周年有感

寇启桂（茌平县审计局）

三十年前你诞生了
在祖国母亲的怀抱里
审计——共和国年轻的行业
于是就有了审计人
奏响了她三十岁的青春之歌
青春在审计中闪光
在改革的大潮中飞跃成长

审计人公开、公正
维护了财经秩序
保护了国家财产安全完整
促进了改革发展和稳定

审计人铁面无私
把贪官拉下马
揪出侵吞国资的耗子和蛀虫
斩断伸向公款的黑手

大江南北、长城内外
留下了审计人的默默足迹
审计风暴是何等震撼
一个个大案要案的背后

凝聚了多少心血和汗水

……

审计的道路上

平凡的审计人

经历了风雨、挫折

曾困惑过、彷徨过

得到更多的是——

阳光、彩虹、喜悦和收获

……

昨天所有的成绩

都已成为辉煌的过去

明天又重新踏上新的征程

尽管审计的道路上

充满了艰辛与坎坷

既然选择了审计

便只顾风雨兼程

审计人始终追随着时代的脉搏

做祖国忠诚的经济卫士

朱伟，一个瘦瘦弱弱的女孩子，7年来13次义务献血4800毫升……

学会享受

朱伟（聊城市审计局）

享受，不是贬义词。

生活中有太多的问题需要我们去面对，有太多的压力需要我们去承受，当然还有很多的责任需要我们去履行。但如果你用一颗享受的心去面对的话，你就会很快乐地生活。享受生活，必须读懂生活：生活，并不一定都是轰轰烈烈、波澜壮阔，平淡无奇也是生活。生活不一定都是充满欢乐，必定有痛苦、忧伤、失意，会生活的人，就能都越过这些障碍来开发生活，创造自己生活欢乐的新源泉。

李乐薇为自己搭建了一座“星星点点，飘缈的空中楼阁”，让自己的心有停歇的地方；陶潜在南山旁筑了间小屋，篱下种满菊花，于是有了“采菊东篱下，悠然见南山”的一份闲逸；郑板桥勾画了“花径不无新点缀，沙鸥颇有闲功课”的扬州，怀念“有诗人某某，酒人个个”的生活。我们也要为自己的心造一间房子，开一扇小窗，面朝大海，春暖花开。

成为一名审计人员一年有余，从懵懵懂懂到渐渐入门。经历了大大小小几场审计战役，使我尝到了审计的酸甜苦辣。审计过程中被人误解、被人刁难、遭人嘲讽、遭受冷遇的“酸”；克服重重困难顺利完成审计任务后的“甜”；日复一日的与数字打交道，枯燥而乏味的“苦”；审计中碰到新的问题，说明自己的专业知识还不够丰富时的“辣”。没有一个良好的心态，绝对不可能胜任审计工作。要学会享受这种工作状态，学会享受这种生活，让我们“千磨万击还坚劲，任尔东西南北风”。面对喜怒哀乐，能够泰然处之，沉着应付。碰到高兴事时，不会欣喜若狂，手舞足蹈，忘乎所以。遇到烦心事时，不会牢骚满腹，心情沮丧，萎靡不振。

选择了审计作为自己的事业，就应该努力追求，并享受这其中的各种滋味。审计项目进展有时候很顺利，感觉愉快，但也会遇到不顺利的时候，能够动用自己的能力、智慧和努力去解决所遇到的每个困难，这个过程本身也是一种追求。至于结果，也并不是每一分努力都一定会有自己所期望的结果，但只要自己在做的过程之中真的尽力了，动用了自己最大的能量，享受了这个过程，也应当无怨无悔。接下来，我们要做的是不断学习，不断总结，不放弃追求，不失勇气和热情，不断努力和积累，洒洒脱脱，告别这一段，重新上路。

正像现在，即使外面还刮着北风尾巴，却也掩盖不了小草吐绿、树抽新枝的盎然春意。

拨开云雾见青天

向玉茜（聊城市审计局）

春节过后，聊城市、县审计人员开展集中整训，几日下来，受益匪浅。这两日有幸聆听山东省审计厅庄欣处长和青岛市审计局朱立鹏科长的绩效审计培训，听后有如拨开云雾见青天，心中豁然开朗。

两位老师一长一青，一位业务经验丰富、一位理论功底扎实，给我们上了很好的一课。课下，回味总结两位老师的讲解，庄处长强调绩效审计应从职能、从决策入手，跳出账本搞审计，要多与被审计单位沟通，面对面开放式的审计，在审计报告撰写上强调揭露问题的同时加入原因分析的内容，在深刻分析的基础上使得审计建议水到渠成。朱科长结合青岛绩效审计案例，介绍绩效审计由易到难、由点到面循序渐进的历程，对其总结的“做实项目、兼顾需求、勇于实践、善于总结”感触良深。对于我们即将开展的审计项目，愚以为摸着石头过河一般的项目还是从结合型模式开始吧，如何做好我准备从以下两个方面努力：

一勤学，学习绩效审计理论知识。理论指导实践，借鉴先行者的审计思路方法按图索骥。对于新生的事物，我们总是从陌生到了解、到熟悉、到理解并应用。学习相关的知识是从陌生到了解的必要环节。

二多思，实践中及时总结归纳。项目结束后，总结回顾绩效审计的思路在审计内容上体现了吗？体现多少？效果怎样？效果好的方式方法有哪些？需要进一步改进的是什么？多问几个问号，然后思考、讨论、做答，会总结才能有提高。

通过理论和实践的双重推进，假以时日，我们开展绩效审计业务的能力一定会得到很大的提升。

体味培训

张继波（聊城市审计局）

窗外寒风凛冽，室内温暖如春。2013年度全局干部职工系统培训开始了，来自全市审计战线上的同事们在这里齐聚一堂，学习、充电、提升，始终保持着昂扬奋进的精神状态。我有幸成为其中的一员，带着对学习新知识的渴望，带着未来干好审计项目的愿望参加了培训。四天下来，坐在办公室细细地体会品味一下学习的过程，有两点体会：

就全局而言，局机关领导的重视和组织单位及各位老师的精心准备

开班第二天就进入到全员集中培训的紧张氛围当中，足见局领导对全局人员学习的重视程度和对干部职工继续提升的殷切期望。把学习当作新年上班的第一课，我认为在更大程度上是要求大家要勤于学习、善于学习、全面学习，把学习当作提升个人素质的必经途径，切实自觉地抓紧抓好。各组织单位和老师也很用心，既有政治层面的党的十八大、作风和廉政建设，又有业务层面的绩效审计、审计常见问题及对策；既有如何干好工作的经济责任审计探讨、计算机审计方法及实例撰写，又有如何总结审计成果的科研课题研究；既有提高个人能力的知识讲解，又有保障审计人员心理健康的知识讲座，内容全面、贴近实际、准备充分、授课认真，使大家听后觉得“很有用、很实际”，这就是本次培训的成功之处。

就个人而言，要复习消化、借鉴吸收并在实际工作中加以运用

领导再重视，各位老师再精心准备，个人如果不能静下心来消化吸收，培训就会只留存于一种形式，更谈不上转化为现实的生产力，也就不能从根本上提升自己的工作。我准备抽时间这样去做：首先将老师的课件认真的复习一遍，让自己重新回到老师上课的情景，仔细揣摩当时讲述的案例，理解要点的正确含义，不失偏颇的掌握到位，不能变了味。

其次要认真归纳整理好课件要点，当作今后复习知识的载体。“好脑子

不如烂笔头”。对于要点或对于自己有启发的观点要一一列明，把自己的所想所感所悟加入其中，这本身就是一种消化再提升的过程，而且符合人脑记忆理论的生理曲线。对于一般性的知识一带而过，甚至不写，不能胡子眉毛一把抓，要突出重点。

再次要与实际工作相结合。这是指导工作实践的核心，也是产生认识飞跃的唯一途径。带着有所选择、有所批判、有所感悟的思路整理出来的知识，仅仅留存于笔记本上，就像把宝贝藏于地下，不能发挥其应有的作用，要将知识在实际工作中加以运用。比如尽管庄欣处长与朱立鹏科长在绩效审计的方式选择上还是有根本区别的，但在项目审计的过程中可以择其一，试着运用其中一人的观点，指导自己的实践。一开始可能会不熟练、不成熟，但一点点的向上靠，一点点运用他们的思路并加上自己的观点，最终会融会贯通，我们要增强这种敢于尝试的自信心。相信通过自己慢慢地坚持做并不断调整，会有成功的那一天。

春训套餐 智援审计

马召（聊城市审计局）

春节后为期四天的全员集中培训以贯彻落实党的十八大精神为主线，以强化经济责任审计、计算机审计、绩效审计为“套餐”主题，重点介绍网上交互审理、审计常见问题及对策、审计科研等内容，这道“春训套餐”像一场贵如油的春雨一般“智”援审计人员心田，使大家收获颇丰。

党的十八大精神“智”援审计

通过培训，结合审计工作特点和实际，对深入学习贯彻党的十八大精神做出安排，切实以党的十八大精神统领审计工作、指导审计实践。紧紧围绕十八大报告确立的建设资源节约型、环境友好型社会，加快完善社会主义市场经济体制和加快转变经济发展方式等目标任务，确定审计项目计划任务，进一步加强对环保领域、重点投资领域、社会保障和涉农专项资金以及领导干部履行经济责任情况的审计监督。

经济责任审计“智”援审计

通过培训，充分认识到审计工作是对廉政建设、对政府权力运行监督的一个X光机，可以对政府工作进行透视。要透过X光机，发现内在的问题，并帮助解决问题。做到对被审计单位既“体检”又“治病”，防止屡查屡犯。在县（市区）地方政府一把手经济责任审计中，积极探索“1+N”审计模式，将专项审计内容纳入审计方案，充分利用审计内容“点多、面广”的特点，将县长经济责任审计与专项审计及调查相结合，促进区域经济的健康发展。开展的土地、环保审计，选择具有资源利用、环境治理等职能部门作为重点，对各方面资金的投入、管理、使用和绩效情况做好“体检”，把脉出资源环保资金和项目管理中存在的问题，提出了完善制度、规范管理的审计意见和建议，更好地推进领导干部履职情况的全面、客观、公正问责及评价。

计算机审计“智”援审计

通过培训，认识到在计算机审计中，要大胆实践，将所学到的知识大胆应用于计算机审计，要活学活用，不能死搬硬套别人的做法，要针对审计所遇到的实际问题，灵活运用所学的计算机审计知识，这样，才能真正将计算机审计推广应用下去。审计人员之间一是要就计算机审计中遇到的问题，及时相互沟通，这样才能在及时有效解决问题的同时保证审计工作质量；二是与外部被审计单位及时的交流与沟通。即就数据采集的完整性方面及时与被审计单位沟通，这样可以有效降低计算机审计风险。计算机审计的过程，是理论与实践相结合的过程，同时也是一个不断学习的过程。遇到问题时，要积极向有经验的前辈们请教学习。要勤于思考，每当遇到问题、解决问题时，要多问几个为什么。既要做到知其然，又要做到知其所以然。这样，才能做到举一反三，在实践中不断提高计算机审计能力和水平。

绩效审计“智”援审计

通过省厅领导及兄弟地市同仁的详细讲授，对绩效审计有了进一步的认识和理解。绩效审计已渗透到社会生活的各个方面。绩效审计作为一项监督职能，是管理的重要组成部分，是管理者决策的得力助手和参谋。通过绩效审计揭露问题、促进管理、推动改革、提高效益。通过听课学习，充分认识到审计过程不仅要从财政收支入手，更要深入到经济活动的各个流程开展绩效审计，重点关注资金的决策论证、资金拨付程序、管理使用效果等方面的问题。例如环保绩效审计，要改变以往财务审计单纯查账的方法,要针对生态、环保资金投入“点多、面广”和政策性强等特点进行审计,诸如立项环节着重检查立项依据的充分性、合理性;资金分配环节注重检查资金拨付的及时性、足额性;管理使用环节着重检查资金管理使用的合法合规性;验收环节着重检查项目完成进度、项目质量是否达到了预期目标,建成后是否得到充分利用,后续管护措施是否健全有效等。绩效审计，最终目的是服务民生，服务社会，我们要逐渐摸索，找到形成适合本地情况的绩效审计模式，才能充分发挥审计“免疫系统”功能，更好地服务民生。

春寒里的头一丝儿绿意

盛夏（聊城市审计局）

春意料峭，乍暖还寒，水城的大街小巷还洋溢着浓浓的年味，聊城市审计局就举办了全员集中学习培训活动。在学习期间，我们严格按照局里的学习安排和要求，认真听课，并做好笔记。这次的学习培训虽然只有短短的4天时间，但是内容十分丰富多样。不仅有政治方面党的十八大精神辅导报告，更有审计业务的方面的审计技术方法、审计经验，审计科研研究，甚至还设置了心理健康知识讲座的课程，教给审计干部如何缓解生活中工作中遇到的压力。师资配备科学合理，老师们旁征博引，他们鲜活的管理案例、丰富的知识内涵以及精湛的理论阐述，不仅使我进一步了解和掌握了审计的发展方向和目标，反思了以往工作中的不足，更使我的审计理念和知识结构进一步得到了更新，真是收获颇多，受益匪浅。

第一天上课，市委党校教授给我们讲授了党的十八大精神，让我们深刻领悟了十八大精神内涵。审计人要学好十八大精神，这是由审计的职责地位和所担负的历史使命决定的。作为新时期的审计机关就是紧密围绕工作职责，真正把党的十八大精神体现到工作各环节、贯穿到工作各层面、覆盖到工作全过程。党的十八大一如既往地对民生问题高度关注，向我们呈现了“学有所教、劳有所得、病有所医、老有所养、住有所居”的美好民生画卷，这个美好画卷的实现，需要我们审计部门紧紧围绕这个中心，来付出我们的辛勤努力。我认为，作为审计部门，就是要把民生审计放在非常重要的位置，切实关注民生资金的使用和民生工程的建设，认真履行审计为民生资金和民生项目保驾护航的重要职责，充分发挥审计的监督职能作用，切实维护好老百姓的根本利益。

在接下来的两天，还请到了山东省审计厅的庄欣处长和青岛局的朱科长给我们讲解了绩效审计。绩效审计是审计发展的方向和目标。庄处长主要是从理论高度给我们介绍了绩效审计发展的必要性，并结合他亲自参加过的项目给我们介绍了经验，谈了参加绩效审计工作的体会。而朱科长则是从案例入手，给我们详细讲解了几个青岛市开展绩效审计的案例，包括如何选择项目，如何做审前调查，如何实施审计，如何后续跟踪等等。在一个个活生生的案例面前，我们更加了解了绩效审计的迫切性和重要性。高效廉洁的政府，是现代化民主社会的基本特征。在政府各部门以经济工作为中心的情况下，如果能对工作中的经济性、效率性和效果性进行经常性审计监督，那么，官僚主义和腐败现象就会少一些，经济决策就会更准确，国家的经济损失就会更少，社会效益也会大大提高。目前在公共资金的使用上存在着不重视经济效益，不算经济账，甚至严重浪费的现象，有限的资金没有得到合理有效的使用，使政府的效能下降，并为某些腐败分子提供了方便。尽快开展绩效审计，有利于监督政府工作的效益，有利于建立清正廉洁的政府，是维护人民群众利益的根本需要。

市纪委的张书记图文并茂地讲了作风与廉政建设问题。他给我们列举了一些领导干部贪污腐败的事实，指出现在社会中存在的领导干部贪污腐败的现象，严重地削弱党的创造力、凝聚力、战斗力，严重损害党同人民群众的血肉关系，严重影响党的执政地位巩固和执政使命的实现。在这些曝光的腐败案件结果来看，经济领域的腐败案件占有很大的比例，在所有处理的腐败案件中，几乎全部与经济问题有关。我国在处于经济体制改革不断发展完善阶段，有些领导干部以权谋私、权钱交易、有法不依、执法不公等违纪案件时有发生。国家审计作为国家的经济监督的职能部门，自从诞生之日起，就肩负着反腐倡廉的历史重任，具有反腐败的法定职责。当前腐败现象的特征和反腐倡廉的客观要求，决定了反腐倡廉需要审计的参与。我认为审计要在反腐倡廉工作中起到预防、揭露、惩治、威慑和警示的作用。从国家审计机关的法律地位和审计机关的特殊使命来看，审计是加强反腐倡廉的有力工具，把发现问题和解决问题有机结合，通过研究、分析、建议、反馈等形式，提出在制度完善、加强管理、健全机制等方面的建议，发挥审计“一审、二帮、三促进”的作用，充分体现审计的“免疫系统”的功能。从宏观上、源头上采取治本措施解决问题。审计监督能够覆盖所有公共资源、公共财政、公有资产。可以说，国家审计是保障国家经济安全的守护神。在审计过程中，审计人员是发现经济问题、查找腐败线索、查处违法违纪案件的经济卫士。

此外，这次讲座的内容还有心理健康知识讲座，体现了机关人文关怀。专家着重介绍了心理健康的六个标准和人类疾病类型等心理健康知识，倡导每个人都应怀着积极的心态面对生活，心理健康是快乐生活的前提。专家极富幽默、激情的演讲深深吸引了各位同事，并引起了强烈的共鸣，也引发了我们对工作和生活更多的思索，都纷纷表示在以后的工作中要及时缓解自身心理压力，有效预防心理问题，以过硬的心理素质和饱满的精神状态，投入到工作中。

冬天已过，大地刚刚醒来，树枝头争相冒出一缕缕新的枝丫，新的一年里新的工作又开始了。让我们铆足劲，在审计的这片沃土上耕耘，来艳丽我们的春天。

学无止境

弓守星（聊城市审计局）

《礼记·学记》中讲："学然后知不足，教然后知困。知不足，然后能自反也；知困，然后能自强也"。四天的培训下来，受益匪浅，感触亦颇深。思想说"升华"可能有那么一点夸张，但认识层面确实得到了很大提升，知识面也得到了很大扩展。从学习十八大报告到审视自己的心理状态，从交流计算机审计绩效审计业务知识到钻研课题的写作，我们在知道已知、学习未知的同时看到了自己很多不足，而同样，我们也发现自己还有很大的进步空间和发展平台。"学无止境"，这个词第一次那么鲜明地在脑海里呈现，真正体会到的确是一句不虚的箴言。

毛泽东在《在中国共产党全国宣传工作会议上的讲话》中说："情况是在不断地变化，要使自己的思想适应新的情况，就得学习。"曾经天真地想，毕了业就可以逃避老师的苛责、考试的压力，可以不用无休无止地埋在书本中了。可真的来到了工作岗位上，我发现需要学的东西更多了，当时不学可能只是没有好的分数，若是在工作上生活中不学习，便无法胜任工作、适应生活，成为一个社会的"废人"，说得严重点，便无法生存。

用毛泽东同志的话来自勉——"我们要振作精神，下苦功学习。下苦功，三个字，一个叫下，一个叫苦，一个叫功，一定要振作精神，下苦功"。

敲开幸福的门

李可（聊城市审计局）

什么是幸福，不同的人有不同的答案。我也迷茫，也苦恼，但这次的心理“SPA”，使我对如何快乐生活有了更深层的理解。静心思考，幸福再简单不过：她是玫瑰花牵手月下的情侣，是红风铃摇醒窗外的晨曦，是妈妈哼唱着夜晚的摇篮曲，是父母亲有个健康的好身体。幸福不是从天上掉下来的，而是从自己心里长出来的。幸福是一种能力，必须主动去寻找和追寻。坚强、感恩、自信，我们就能敲开幸福的门。

关于事业，我们要适应环境，做自己喜欢并擅长的事情，因为找到兴趣爱好是通往幸福的捷径。工作中，我们都渴望进步与成功，但是压力和阻力时常伴随左右。有这么一句话，当遇到困难时，再坚持一下，你的人生或许就有一个360度的大转弯，正所谓是柳暗花明又一村。所以，做事业，我们要辛劳着、坚强着，并幸福着。

关于父母，我们要感恩和报答，因为他们给予我们的幸福，比想象中的更多。我曾跌入人生的低谷，而这时也只有父母是最亲最近最能理解我的人，他们曾不止一次告诉我：解决方法比问题和困难要多得多！而每一个成功的眷顾，路途都有父母的关心和陪伴。丝丝白发、层层皱纹，是父母对我们的操劳。孝顺父母、感恩亲情，幸福变得更加真切和踏实。

关于朋友，我们要珍惜并常联系。整日繁忙的工作，或许让我们感到心力交瘁，但邀上几个好友逛逛街、喝杯茶、聊聊天，倍感放松和惬意。或许受君子之交淡如水的“熏陶”，或许是迫于全身心投入工作的缘由，又或许是担心会打扰到别人，让我们忽略了问候一声朋友，久而久之，渐渐疏远、渐渐陌生。当需要朋友相助的时候，才猛然发觉友情已不复当年的浓郁。冰冻三尺，非一日之寒。友情是历久弥新的，需要日常的呵护。而这里的“常联系”不仅仅指的是打个电话、发个短信，更是朋友有难时你伸出援助之手。当我们在尽力而为地帮助朋友的同时，友情变得更加坚固，我们也自然而然地乐在其中，幸福感也越发浓厚。

神圣的审计事业，需要我们全身心投入战斗，更需要家人的理解和朋友的帮助。所以，在百忙之中，别忘记，常回家看看，多与好友相聚。朋友们，你我已步入新的一年，草木花香在萌动，欢声笑语在发酵，我们用一颗涌动的心去继续采撷属于自己的幸福吧！

感悟审计心理学

高爽（聊城市审计局）

在审计过程中，审计人员会表现出不同的心理活动，这些心理活动对审计目标的实现和审计过程的实施，以及对审计质量都会产生积极或消极的影响。作为审计人员，应当学习和掌握一些心理学知识，并在实际工作中加以有效运用，发挥其积极作用，避免其消极影响，审计工作的效率才会不断提高。

面对一个审计项目，在审计开始时，就要在心理上树立精品意识，审计风险意识和审计质量控制意识，努力把这个项目干到最好。只有在心理上真正高度重视这个项目，真正意识到审计工作质量是审计事业的生命线，将审计质量控制与管理落实到审计工作的各个环节，摒弃不规范的经验做法和不良习惯，规范操作，严谨细致，减少随意性，增强执行规范的自觉性和主动性。

心理学原理告诉我们，人的良好心理素质不是天生就有的，也不是头脑中固有的，而是从长期的工作实践和社会实践中得来的，是长期积累的结果。在审计实施过程中，适时将心理学原理运用到审计座谈、调查取证、交换意见等审计工作过程中，会起到事半功倍、快捷高效的助力推动作用。注意调控自己，平和心态。准确把握审计进入时间，在被审计单位比较空闲时开展审计工作，有利于实现和谐。“良言一句春风暖，恶语伤人十日寒”，在审计过程中要注意审计方法与说话方式，有利于被审计单位接受。在外勤工作中要经得起诱惑，在单位内部要耐得住寂寞，不比地位与金钱，只比心态与健康。道理要想明白，态度要端正，位置要摆正；对待各种问题要想得透、看得开；适当旅游、多听音乐、广交朋友以减轻压力，真正做到：审计快乐，快乐审计！

一场精神的饕餮盛宴

师琳琳（聊城市审计局）

蛇年伊始，聊城市审计局开展的四天培训精彩纷呈，在充实、快乐、忘我的学习过程中，对我的职业生涯是一场启迪思想的精神洗礼和“饕餮盛宴”。

聊城市委党校王校长简洁、朴实的授课风格让我们对党的十八大的精神有了更深层次的领悟。“打铁还需自身硬”、“物必先腐，而后虫生”，习总书记的铿锵致辞，让民众对中央打击腐败的力度和广度充满期待。报告指出，反对腐败、建设廉洁政治，是党一贯坚持的鲜明政治立场，是人民关注的重大政治问题。作为政府执法人员尤其要从自我做起，遵守党的纪律。

山东省审计厅的领导对于审计方向和审计业务做了详细的指导，指出绩效审计已成为审计的主旋律，面对由传统审计向现代审计转型的新形势、新任务、新挑战、新要求，需要审计人员具备较高的业务素质，以适应审计转型时期新的转变，由此我获益匪浅。

工作要有主动性、成效性、适应性

确立终身学习观，拓展知识面，技能上要有适应性，学习上要有主动性。法规制度是审计人员判断审计项目是非曲直的一把尺子，依法审计是审计人员必须遵循的基本原则，熟悉法规制度，在审计实践中加以应用，审计的成效性才经得起历史的检验。

专业技能要精通

审计是一个综合性很强的领域，客观上需要其人员的知识结构层次呈现多学科、多领域的状态，绩效审计要求尤其严格。因此，努力使自己在原专业上成为“问不倒、难不住、用得上”的综合型人才，在相关专业上成为可以替补的复合型人才，以达到一专多能、精益求精的要求。

具备宏观思维能力

务必要精益求精，前瞻思考，苦练基本功，不断提高自身的综合分析和思考、归纳、表达的能力，力争多出层次高、有深度的“成品”、“精品”审计报告，努力使审计监督发挥更大的价值。

具备扎实的文字功底

审计报告和审计信息，是审计成果的载体，集中反映了审计工作的整体水平。审计人员必须要有良好的文字表达能力。对审计中发现的问题，能够围绕党委、政府的中心工作和宏观经济形势，能以小见大、由表及里地分析问题的根源，归纳、提炼出具有本质性、规律性的思考，找出管理制度中的薄弱环节，进而从体制、机制上提出解决和预防问题的办法，使审计报告成为党委、政府宏观决策的参考。

绩效审计其修远兮
吾将上下而求索

胡海标（聊城市审计局）

伴随2012年逝去的脚步，聊城市审计局在2013年开班伊始，就紧密围绕下一步审计工作开展的重点绩效审计进行学习培训。以往感觉绩效审计就是投入和产出的经济、社会效益情况，经过培训后，认识到还应涵盖环境效益等环节。结合市审计局目前开展的预算执行审计，主要有几点体会。

进一步关注部门预算编制的合理性、经济性

部门的经费在另一个层面上讲就是国家为实现某一方面的社会管理，保障部门职能得到履行，而拨付的资金。在此意义上，对于经费支出上的绩效审计要关注以下内容：

第一是资料准备阶段。通过取得部门的“定员、定编、定职能”的三定方案，掌握部门的机构设置及职能分工，内部管理以及人员分布情况，初步掌握单位的主要职能，并结合单位制定的发展规划、年度计划等资料，确认目前部门的主要的职能开展情况；取得财政部门两上两下的财政批复情况，财政部门批复的部门控制文件、基本预算定额标准，以及财政部门及其他部门批复的文件以及该单位所属部门的年中调整及单位预算文件，以有效了解该单位的经费来源及使用情况。对于有资金分配权的单位预算分配资金的总体控制数、文件依据以及预算分配办法、规定等文件，掌握该单位的资金分配的总体规模，以便于延伸相关单位的预算执行情况。

第二是关注年度任务开展情况。需要相关部门提供及业务会议研究记录等资料，围绕单位职能具体开展的工作，预算年度具体干的哪些事，开展的何类业务以及承办科室要进行区分逐一登记。

第三是财务核算梳理阶段。一是通过部门支出的内容进行分类，应结合单位的职责履行情况，对具体开展的几项业务进行梳理，单位职能较少、科室职责分明的也可以按单位部门分类进行归集，为便于比较，要取得近三年以来的财务数据，按照实际支出情况形成对比表，形成单位经费支出的分布情况。形成业务支出的对比变动情况。一是对同类业务支出情况形成对变动情况、占比情况；二是对总体事项进行归纳，对比形成该单位的完成单项事项及投入情况；三是形成对单位履行职责情况及缴费投入的总体情况。

第四是通过外围调查，发放问卷等形式，对单位履行责任开展业务情况进行调查了解，以发现该部门项目开展的社会效益情况。通过环保、经济等各类专家掌握项目的效益情况。

部门管理的投资项目及实施职能的效益性

一是取得该单位完成项目的情况，如工程的申报、立项材料以及完工情况，履行职责所涉及的事项，并有选择、有重点的进行延伸和调查。

二是关注相关指标的增减变化情况，如城建、交通部门投入的建设项目，所带来的社会效益，可以通过问卷调查、延伸了解等形式，对城建项目的社会效益进行深入的调查了解该项目为社会带来了多少的社会效益，并分析该项目在立项时达到的目标的实现程度。

三是关注履行职责所形成的效益情况。通过部门履行职能所形成的社会各层面的效益，如在对农业局的审计中，农业开发资金投入后，使农民增收，提高产量的情况，都要深入一线进行调查了解，才能取得最直接、最有力的证据和材料，才能真正掌握部门开展项目实施履行单位职责的实际效果。

四是评价标准、依据的思路更加广泛深入。通过对可行性报告、行业标准和区域规划等尺度进一步确认项目投入的效益情况。

内控管理方面的效率性的审查

对单位重点内部管理情况进行分析，一是平常业务，二是专项业务两个方面的内部管理情况。重点关注流程的科学性，如加强重点环节的控制，以促进程序的简洁高效运转，提高单位在业务管理中的效率性，以确定该单位在业务执行及项目投入中的效率及效益情况。

立足当下 做好本职工作

王茜（聊城市审计局）

春节伊始，聊城市审计局就组织了全体干部培训。短短的几天培训，受益匪浅，收获良多。

立足当下，脚踏实地

俗话说:万丈高楼平地起。在审计工作中，有很多需要我们去做的事情，近年来又出现了绩效审计、计算机审计等新课题。但在当前一个时点上，应立足当下，脚踏实地,分出轻重缓急，认真琢磨审计每一个事项，应该怎样审计。在工作中积极主动，激发自身内在潜能，发挥“正能量”，做好本职工作。

不断加强学习，增强审计工作能力

学习不是老生常谈，在社会发展日新月异、新情况不断出现的今天，我们更要重视学习。无论是审计查账、绩效审计的探索、计算机审计、科研论文的撰写，都必须不断地学习，了解新知识、新方法等。审计不同于其他部门，每开展一个项目，需要重新深入学习该单位的财务制度、工作流程、业务知识等。就是以前去过的单位，也应重新学习，在干中学、学中干。这次培训中，每天我都能学到新的知识，犹如汲取了新鲜的知识氧气。“学如逆水行舟，不进则退。”学习是事业的加速器、是成长的必备条件、更是适应现代审计工作的要求。只有不断地学习，端正学习态度、强化学习责任、讲究学习方法，才能厚积薄发，量变达到质变，提高审计工作能力。

掌握思路方法，是解决问题的关键

“他山之石，可以攻玉。”培训中认真听取了山东省审计厅庄欣处长和袁方主任、青岛审计局朱立鹏科长的讲解，他们的授课高屋建瓴、由易到难、由简到繁，使我对绩效审计的发展历程、主要审计方式方法、审计科研论文的撰写等方面，有了进一步的感性认识，揭去了它们神秘的面纱，为下一步的绩效审计探索、科研论文撰写奠定了基础。从绩效审计、科研论文撰写的操作和实践出发，使我们可以吸取经验教训，防微杜渐，少走弯路。对待绩效审计这个新课题，我想第一要解放思想、树立良好的态度，放手去做；第二可以借鉴学习山东省审计厅、青岛、江苏等其他地方审计机关的先进经验方法，仔细研究，为我们所用，踏出绩效审计的第一步；第三在实践中积累经验方式方法，不断探索、总结、突破，形成绩效审计体系，逐渐形成有本地特色、适应本地发展的聊城模式。

将学习进行到底

郑瑞敏（聊城市审计局）

对于知识的作用和价值，古人已有认识。“人有知学，则有力矣”。今天，日新月异的科技进步，不断深化的社会变革，使我们对学习的渴望愈加强烈。通过为期四天的培训，专家的生动讲解，精彩案例和丰富的知识、内涵以及精湛的理论阐述，不仅使我更准确地领会党的十八大精神，塑造更加良好的心理素质，了解和掌握审计新的发展方向，更使我的审计理念和知识结构得到进一步更新。

要将学习进行到底

在当今这个知识经济的时代，任何组织和个人之间的竞争，其实就是知识的竞争、学习能力和学习态度的竞争。由于审计工作涉及面广、情况复杂、政策性强，作为一名新时期的审计人员，只注重审计专业知识的学习，是远远不能适应经济社会发展需要的。审计必须对相应审计领域的政策法规、业务知识、发展方向、难点热点了然于胸，这样才能在面对审计项目时从容应对，才能保证在实施审计时切实做到目标明确、重点突出和方法多样，才能提高工作的质量和效率，才能将审计项目做精做深。尤其是在近几年越来越注重的绩效审计方面，每个人都应不断地探索、学习，将财务审计与绩效审计融会贯通。

端正学风，倡导“研究型审计”

通过老师讲解，感受到审计科研是整个审计工作不可或缺的组成部分，是推动审计事业发展的重要基础。虽然从某种程度上说，审计科研是一项务虚工作，但务虚的目的是为了促实，其作用在于从更高层次上推进审计事业的科学发展，因此更要虚功实做。着眼做实审计科研，我们应进行全方位的探索，做到挖掘过去时、唱响现在时、关注将来时。

良好的心态是干好审计的基础

审计是一个比较特殊的行业，要成为一名出色的审计工作者，不仅要有良好的思想道德品质，过硬的专业技术，还必须具备良好的心理素质。可以表现在两个方面，一是保持昂扬向上、敢于奉献的精神风貌。审计工作很辛苦，但我们要不怕辛苦，克服困难，始终将如何更好地完成审计工作任务摆在第一位，认真履行审计职责与义务。二是远离各种腐败诱惑，严格自律、自省、自警，牢记廉政建设是审计工作的“生命线”，廉政纪律是绝不可触摸的“高压线”，堂堂正正、干干净净、老老实实地做人、做事，维护审计工作的独立性和权威性。

充电心得

邵艳红（聊城市审计局）

四天的全员集中整训让我受益匪浅，无论在整治思想方面、身心健康方面和审计业务方面都收获颇丰。下面浅谈一下自己的感受：

第一堂课的十八大报告解读，让我们对更清楚的学习和领会了党的十八大会议精神，心中油然而生出一种难以名状的“以人为本、执政为民”理念，心系群众鱼得水，背离群众树断根，只有任何时候都要把人民利益放在第一位，始终与人民心连心、同呼吸、共命运，才能始终依靠人民推动历史前进。我们党要以人为本、执政为民，就必须把廉洁从政作为第一生命来维护，始终保持“一身干净”。反对腐败、建设廉洁政治，是党一贯坚持的鲜明政治立场，是人民关注的重大政治问题。这个问题解决不好，就会对党造成致命伤害，甚至亡党亡国。知足是一种人生智慧，常乐是一种人生境界。古人云：天下之福，莫大于无欲；天下之祸，莫大于不知足。“无欲”是“福”之所至，无欲则刚，心无欲则人清廉。从我做起，在需要面前要学会选择，在诱惑面前要学会放弃，在原则面前要学会坚守，真正做到操守可比寒梅、品格赛过修竹、气节重于泰山，增强自我净化、自我完善、自我革新、自我提高能力，做一名风清政廉的审计人。

绩效审计的课堂上同志们全神贯注地倾听着，绩效审计在脑海中先是一片模糊变得轮廓越来越清晰。绩效审计是审计机关对依法属于审计监督对象的财政财务收支及其经济活动的真实性、合法性进行审计的基础上，审查其管理和使用财政资金及其他公共资源所达到的经济性、效率性和效果性，并进行分析、评价和提出改进建议的审计行为。绩效审计是现代审计的发展方向，也是现代审计的重要标志。与英美两国相比，我国开展绩效审计的时间较短，大致可分为三个阶段。第一阶段，20世纪80年。该阶段，国家审计机关积极开展绩效审计（经济效益审计）的理论研究和试点工作，提出从财务审计入手，落脚到经济效益的观点。第二阶段，20世纪90年代。1991年初，全国审计工作会议要求各级审计机关都要确定一批大中型企业进行经常审计，既要审计财务收支的真实性、合法性，又要逐步向检查有关内部控制制度和经济效益方面延伸，并做出适当的审计评价，推动经济效益的提高。该阶段，审计机关一方面继续实施以国有企业为主要对象的微观经济效益审计试点，另一方面，也开展了一些带有宏观经济效益审计性质的审计工作。第三阶段，21世纪至今。21世纪以来，我国的社会经济环境发生了重大变化。经济的快速发展导致了财政支出迅速膨胀，政府政务公开，提升国家竞争力等等均成为我国全面开展绩效审计的驱动力。2003年7月，审计署制定《审计署2003至2007年审计工作发展规划》，明确提出财政财务收支的真实合法审计与效益审计并重，逐年加大效益审计分量，争取到2007年投入效益审计力量占整个审计力量的一半左右。尽管我国施行绩效审计已初见成效，但是，及至今日，我国的绩效审计制度体系尚不健全，没有统一的模板可以运用，只有借鉴绩效审计开始较早的审计机关的经验成果。鉴于绩效审计的现状，在以后的审计工作中要逐步把绩效审计纳入到审计中来，逐步扩大绩效审计的范围，更好地为被审计单位和党委政府提出建设性的审计建议，更好的发挥审计的职能作用。

学习心得

秦霞（聊城市审计局）

新春伊始，为了更好地做好本年度的各项工作，顺应新形势和审计工作不断创新的步伐，聊城市审计局领导专门聘请了市委党校、山东省审计厅和兄弟地市的老师给全体人员进行了为期四天的集中培训。

通过四天的学习，全局审计人员进一步更新了知识，充实了自我，在学知识的同时也释放了心情，了解了有关心理健康的很多常识，起到了充电和愉悦的双重效果。本次培训给我今后的业务工作带来一些体会和值得学习借鉴的地方。

当前绩效审计已是审计机关最主要的审计任务，然而审计人员在开展绩效审计过程中仍然存在诸如绩效理念未转变、项目无从下手、缺少评价体系等问题。其实绩效审计离我们并不遥远，首先要想干好绩效审计的审计项目，勤学是先导，只有树立正确的绩效审计理念，才能保证绩效审计工作富有价值和效率。审计人员要通过认真学习审计署网站中的国外绩效审计报告，阅读专家、教授的绩效审计理论文章，研究优秀绩效审计案例，参加绩效审计培训班等各种方式，提高对绩效审计理念的认识；积极转变传统的财务收支审计思路，打破以往以查找违法违纪问题为主的思维框框，树立坚持以评价资金、项目效益为中心的绩效审计意识，为深入开展绩效审计项目确定基调。绩效审计涉及的内容面广量大，审计人员业务能力的高低往往决定绩效审计成果的大小。审计人员要坚持向书本学、向专家学、向实践学。学习计算机辅助审计，掌握现代审计的基本技能，解决绩效审计信息量过大带来的难题；学习专业知识，系统的学习与审计工作有关的经济、财政、金融、会计等必需的专业知识，提高宏观思维能力和从机制体制角度分析问题、解决问题的能力；坚持“学中干，干中学”，在绩效审计过程中积极向专家学习、向同事学习，积极掌握涉及的具体业务上的专业内容。其次做好绩效审计，善思是保障。选好题是做好绩效审计的前提。审计人员要思考民生、环境等社会关注度高的项目，要从重要性、时效性、可行性和增值性等方面思考绩效审计项目的选题，注重点面结合，以点带面、以面促点；对单位较小、资金量较少的单位选择1—2个“点”进行“结合型”绩效审计；对单位较大、资金量或项目较多的单位选择1—2个“面”进行“独立型”或“结合型”绩效审计。在制订审计实施方案前，要用整个项目四分之一左右的时间开展审前调查，重点是收集与项目相关的宏观经济形势、政策法规、经典理论研究成果、相关财务和业务数据等，在此基础上列出需要调查了解的问题，通过细致的调查、思考、研究，获取与项目相关的信息，确定方案的重点内容、方式方法等。绩效审计的难点是评价标准和评价指标的确定。开展绩效审计时审计人员要重点思考的也是评价标准和评价指标的确定，首先要学习评价项目绩效成果的国际标准、行业标准、历史标准、区域标准等等；其次要收集各级政府制定的政策文件、考核指标、统计报表、总结材料等等；然后要咨询相关项目领域的专家，并广泛听取领导、同事的意见和建议；最后要与被审计单位相关人员沟通，确定评价指标和标准。做好绩效审计，实干是关键。审计内容关系到绩效审计项目的质量。在推进绩效审计项目中，审计人员要注重当前关注的社会热点问题、民生环境问题、群众需求问题、国家政策问题等，扩散审计思维，服务领导决策，注重从机制、体制上去分析问题、提出对策，从而提高绩效审计的质量和成效。在学习和借鉴已有绩效审计项目方法的基础上，审计人员要注重深入一线，开展实地走访调查，采取问卷调查、现场体验、走访调查等方法，掌握第一手资料；要注重借助外力，借力被审计单位熟悉业务、资源广泛的优势，使审计分析和判断更加客观全面、适度可行，借力专家的专业深度，使审计评价和建议更具宏观视野、前瞻思维；要注重计算机辅助审计，针对绩效审计业务数据量大的特点，充分利用计算机开展辅助审计。

学知不足 业精于勤

席琳（聊城市审计局）

敢问大家是否都有这样的经历，学生时期，家长总是会问一句“今天学到了什么”，幼儿园时会骄傲地喊道“我今天又学会了一首儿歌”，“我会写自己的名字了”，小学生时——确切地说应该只限于三年级以前，会说“我会两位数的乘法运算了”。貌似随着年龄的增大，对于“学到了什么”这个问题不知道该怎么回答了，或者是不屑于显摆那些自己刚刚知道的常识了。很显然，我们意识到自己掌握的知识越来越多，就越觉得自己无知的范围也越来越大。

“学然后知不足”的前提是要学，在浩瀚的知识海洋里，你我只是沧海一粟。正所谓不登高山，不知天之高；不临深渊，不知地之厚。只有通过学习，然后才能了解自己的不足，知道了自己的不足之处，然后才能反过来努力学习。审计工作涉及面广、专业性强，这就要求审计人员要不断进取，强化创新意识，永不满足。要真正做到知不足，必须要具备谦逊的态度，要敢于承认自己的不足，有自知之明而见贤思齐，向上级审计机关学，更要向被审单位学。

勤学说说容易，做起来很困难，这涉及恒心和毅力。古今有成就的人，背后都有一段曲折泥泞的路，一番艰苦辛劳的努力。小时候，父母老师教导我们要好好学习才能拿到奖状，这也许就是“业精于勤”的最早萌芽。有人说要想做好工作，前提是把它当成自己的事业，细细想来，平凡的字眼里蕴含着深奥的思考。审计，从对他模糊的理解到成为我实现人生价值的事业，我时刻不敢放松我自己，时刻提醒要勤奋学习，用丰富的知识来武装自己的头脑。

拥有知识+不懂运用=无知！是啊，能够学以致用，并不断创新，那才叫真知！只有勇于实践，不断追求进步，才能不断提高审计质量和水平。

坚强着 感动着

李可（聊城市审计局）

初春，乍暖还寒。

有一股巨大的暖流涌向每一个中国人的心田，那就是《2012感动中国》。鲜花、掌声和荣誉使感动中国人物成为我们心目中的英雄，但这些的背后充满了汗水、泪水和艰辛。喜欢里面的颁奖词，朴实、真切、震撼人心，因为每个颁奖词背后都有一个感人的故事。这些故事，听起来是那么不可思议、那么无法想象，但是他们做到了，而且做得那么精彩。为什么？因为一颗坚强、执着的心，在支撑他们去抒写感动人生。

伟大来自平凡，感动无处不在。也许作为一个平凡的人，我们无力去做一些感天动地的事情。但是，当面对工作和生活中的磨难时，我们能坚强、能执着，就足以感动自己、感动周围的人。

过去的2012年，也是我研究生毕业并真正踏入社会的一年，可以说让我刻骨铭心。国考面试的失败，我曾以泪洗面，看着能轻松拿下的诱人职位被替补考生“抢走”，我痛恨里面或许存在的潜规则。但是，现实就是这么的残酷和无情，身为社会之一份子的我们只能选择适应和接受。你若不勇敢，没人会替你坚强。不知道为什么，走出单纯的象牙塔，生活中一系列的不愉快一并压向了我，让我喘不过气来，失落、恐惧甚至迷茫曾在一段时间充斥了我的生活。但是，曾祖母的离去让我猛然间清醒过来。曾祖母，一个98岁高龄的老人，一个带有些许传奇色彩的慈祥老人，虽然不识字，但是精通人生这本大书。听爷爷讲，在他很小的时候，曾祖父就离开了他们，生活的重担就全落在了曾祖母一个人身上。那个年代，生活贫穷，8个孩子，曾祖母辛辛苦苦把他们抚养成人，一个个出人头地，这其中的艰辛也只有她一人最能体会。在我的记忆里，曾祖母很爱讲她的故事、她周围人的故事，带着微笑、带着精神气，有手势、有语调，虽然听不太懂，但我们这些晚辈就是爱听，因为故事里带有曾祖母对生活的热爱，对生命的珍惜和对子女的期盼。她一生不给子女增添负担，虽年事已高，但生活自理，从未生病住院，甚至在临终前也仅仅在医院住了几天就离开了我们。在那段时间里，对生活失去信心的我守在曾祖母的病床前，有太多太多的思绪涌向心头，她的眼神、她的微弱的声音，仿佛在告诉我要坚强、要勇敢。在那之后，失去亲人的悲伤让我忘记了之前生活带给我的不愉快，让我重新投入战斗中。成功永远是给予有准备的人的，我也用事实证明了自己依然是一个爱笑的女孩。

永远不要放弃对生活的希望，因为风雨过后注定是彩虹；永远不要向困难低头，因为这不是对生命的应有的敬畏。一句话，如果我们能用正面的思维去面对原来认为负面的影响，那么我们会少很多烦恼；如果我们能用正面的心态去面对和转化负面的情绪，那么我们的人生一定会很精彩。

总有一些平凡人的人格力量，如阳光般抚慰人心；总有一些背景各异的平民英雄，以传统美德震撼心灵！——题记

感动你我 感动中国

盛夏（聊城市审计局）

感动中国应是对社会善意的一次感谢典礼，一次年终回忆，在他走过第10个年头之后，2013年，我们继续把这份感动传承延续，让爱穿透漠然，让温暖回到身边。

一路上，我们看到工作到最后一刻的林俊德，绑着母亲上班的孝子陈斌强，花样年华主动捐献器官的小学生何玥，为乡亲卧底为百姓打工的人力资源和社会保障局副局长陈家顺，接收了近百名残疾孩子"炕头课堂"14载的高淑珍，为了救学生而不幸高位截瘫的女教师张丽莉，南海守礁20年的李文波，执着归乡的台湾老兵高秉涵，"爬"遍青山送医上门的周月华、艾起夫妇，用生命托举歼–15的罗阳……这些好人，来自四面八方，身份不一，职业不同，用自己的行动诠释了中华儿女灵魂深处的伟大，他们身上闪耀着善良、坚韧、奉献、担当的美德，这种美德是创建和谐社会的道德基础，更是引导社会离恶向善的一米阳光。

在过去的一年里，或许我们曾经为各种豪车撞人的事件而感叹世风日下，也曾经为扶不扶起摔倒的老人而反复思考，我们不能不承认，这世界还不是太完美，生活中还有太多的无奈，快速的生活节奏，单调的工作内容，麻木的行为方式，甚至感觉到丝丝冷漠的人际关系，不断地给心灵蒙上一层厚厚的灰尘，让那颗往日闪闪发光的心，很难再熠熠生辉，甚至不少人会自觉内心日渐荒芜。我们会为一部《泰冏》笑得前仰后合，却不知笑从何来；我们会被电影《少年派漂流记》的宏大场面惊诧莫名，却始终无法产生太多的共鸣。所以，我们需要真实的感动；所以，我们从未放弃寻找精神的家园。所以，一个寻常人的不寻常事会在一瞬间直击内心，让人泪流满面。当我们回望入选感动中国年度人物的经历，才发现，阳光一直在拍打着我们、

温暖着我们。

生命中不能有遗憾 ，要始终坚持，就来得及追求。这样的评选活动，其实是我们在寻找这样一群人：不论他们有怎样的身份、背景、经历，不管是曾经见诸媒体，还是不为人知，只要他们的所作所为在过去的一年里，感动了我们，感动了中国。

改文风要从宣传稿件做起

李鹏（聊城市审计局）

继党的十八大提出“要下决心改进会风文风”后，党中央又下发了改进工作作风、密切联系群众的八项规定，再次强调转变工作作风、改进会风文风的重要性和紧迫性。纵观审计系统，越来越多的地方审计机关更加重视信息宣传和成果开发工作。站在新的起点上，在新形势、新要求下，切合改文风、求上进的要求，谈几点宣传稿件写作的粗浅认识。

选题符合实际。围绕本职工作，在实干的基础上，学会对工作进行思考和总结，以敏锐的洞察力发现信息宣传写作切入点，选择有写头、有观点、有内容、吸引人的题目。也可结合审计工作，围绕群众普遍关注的难点、热点话题及上级倡导的新政策、新观点站在审计的角度论述看法。但诸多稿件必须源于实干、源于思考，严禁凭空想象、闭门造车。

标题鲜明新颖。标题要鲜明新颖，并具有高度概括性。鲜明新颖的题目能起到引人注目、夺人眼球的作用。有亮点的标题配合开门见山式的开头和画龙点睛式的结尾，是一篇优秀宣传稿件的必备因素。

内容言之有物。选好题目的基础上，要不断培养对问题的思考能力、分析能力和判断能力，对问题现状、原因、危害及解决措施进行深入挖掘分析。学会提高角度、拓宽思维，向横纵两个方向拓展。内容若空洞无物，读起来就会索然无味。

行文简洁流畅。中央三令五申强调要改进文风，关键在于行文，这也是写作中共同的软肋。行文尽量高度概括，能用一句话说明白的意思，尽量用一句话表达，文章的内容、题材、格式可以适当放宽，篇幅要随内容而定，不建议写大部头信息宣传的文章。

语言简洁生动。公务人员的语言习惯要在严谨细致的基础上，向通俗易懂、生动活泼适当转化。当然，每类题材的稿件语言风格不一，信息稿件要求侧重简洁严谨、真实干练，宣传稿件的语言则更倾向于通俗易懂、生动活泼，论文类的文章则要求用词严谨、定义准确，在工作中要具体把握。

轻松的生活

盛夏（聊城市审计局）

不知不觉中，人生已过近三分之一。

岁月如梭，白驹过隙，最不易觉察的是时光，最能让人唏嘘感叹的也是时光。茫然间，已到四月，“你是一树一树的花开，是燕在梁间呢喃，你是爱、是暖、是希望，你是人间的四月天”，林徽因笔下的春天，有百花的冠冕，有夜夜的月圆，有燕儿的呢喃，勃勃生机，蔓延满目。

可是，花儿还有重开日，人生再无少年时。于是，不再愤世嫉俗，于是一团喜气地活着。察言观色，大肚能容天下难容之事，宽心笑对世上难忍之气。为人社交的最高之道在于，任凭别人绞尽脑汁，却也无法通过表情，判知你内心的汹涌波涛，喜怒哀乐。不再面红耳赤的去争辩；不再先鸡后蛋抑或先蛋后鸡的无味探讨；不再困于痴情迷恋，生死相随的缠绵悱恻。不再痛心于政治腐败，权钱黑幕的社会不公。

一世秦皇王朝，两汉风云兴替，三国天下分治，四朝东西南北，五代隋唐传承，六统宋元明清民国再共和。金戈铁马，辉煌伟业终究是过往匆匆。数不尽风流人物，却也灰飞烟灭。你我之辈，又能何如。时过境迁，对错无意，何况彼此间的小小争执呢？

为人处事，清淡似水。把酒当歌，酣畅淋漓的年代已过去。偷得浮生半日闲。何不一个人，一杯茶，一卷书，午后的阳光，写意，温暖，舒爽，是心的洒脱。

过往的岁月光阴，能让自己感动，珍惜，回味的又有多少呢？绝大多数蹉跎而过。

每个人，都戴面具，行走社会——那不是你，那也是你。社会把我们改造得不是本真的你我，有的时候，“不真”倒成了一种行走于社会的通行证。每天，你我或许都在说无数的谎话，用一个谎言遮盖另一个谎言——这种时候，人永远不嫌浪费精力与时间。直到有一天说了真话，自己都不好意思。醉酒后的你，也许会展现真实的一面，或者趁着酒疯的时候歇斯底里地说：“我真是喜欢TA呀，真的喜欢呀。”第二天别人问起，一脸的谨慎：“我说着玩呢，哪能当真？”……呵呵，看吧，时间在赋予你阅历的同时，同时搭载捆绑着把沧桑奉送。

人生的来路上，我们不断地捡起，放弃。 捡起那些视为心肝的珍宝，放弃那些不屑鄙弃的琐碎。自走自路，自看自述，自笑自欢，自写今生。人生的去路上，让我们轻松些吧。

用激情承载梦想
以实干铸就辉煌

李鹏（聊城市审计局）

5月4日，是一个属于青年们的节日。

遥想九十多年前，群情激奋的青年们在那个局势动荡、祖国受辱的年代，高举着“爱国、进步、民主、科学”的旗帜走向街头呐喊疾呼、奋起抗争。忆往昔、看今朝，历经九十多年几代人的筚路蓝缕、艰苦奋斗，我们的生活有了翻天覆地的变化，新中国的青年们也迎来了生活、学习、工作等方面前所未有的优良条件和机遇。尤其是党的十八大后，中国梦概念的提出为国家富强、民族复兴、人民幸福描绘出一幅宏伟的蓝图。时代的进步为青年们干事创业、施展才华提供了更加辽阔的天地。海阔凭鱼跃、天高任鸟飞，站在历史的潮头，每一个青年人正期待在更高的平台上甩开膀子、大干一场。

梦想：天生我材必有用

中国梦是祖国的国家梦、中华民族的民族梦，也是全体中国人的人民梦，其中更涵盖着全体青年们的干事创业、建功立业的美好梦想。青年是祖国的未来，是革命事业的生力军。他们犹如八九点钟的太阳，蓄势待发，具备着最有冲劲、闯劲的先锋力量；他们拥有着无与伦比的可塑性，在实现人生梦想的舞台上充满无限的可能性。人生天地之间，若白驹过隙，忽然而已。面对转瞬即逝的青春年华，劝君莫惜金缕衣，劝君惜取少年时。每个青年人都应该抓住那短暂的、宝贵的青春年华，怀抱干事创业的雄心，坚定攻坚克难的信心，把握时不我待的决心，牢固咬定青山的恒心，激扬士气、迸发力量，将理想化作行动，以行动实现梦想。

激情：乘风破浪会有时

青年人对成就事业、实现理想具有火一样的激情。他们有着“先天下之忧而忧，后天下之乐而乐”的政治抱负，“位卑岂敢忘忧国”“苟利国家生死以，岂因祸福避趋之”的报国情怀，有着“指点江山,激扬文字,粪土当年万户侯”的万丈豪情，更有着“富贵不能淫，贫贱不能移，威武不能屈”的浩然正气。面对过去，青年人对童年的快乐和少年的懵懂充满依恋，时常会有“此情可待成追忆，只是当时已惘然”的感慨；面对现在，青年人按捺着一颗跃跃欲试的心，积蓄力量、伸展拳脚，渴望机会建功立业、施展才华；面对未来，青年人信心满棚、充满期待，怀抱“天生我材必有用”的雄心壮志，每个人都渴望着用青春和热血谱写一段值得回忆的峥嵘岁月。

实干：千里之行始于足下

树立梦想，是拥有了一颗干事创业的种子，理想的开花结果需要环境的土壤，需要前辈们阳光雨露般的谆谆教诲，需要辛勤汗水的灌溉。聊城市委十二届四次会议后，东融西借、跨越赶超已成为下步全市经济社会发展的风向标，各项工作也面临着前所未有的机遇与挑战，大工业、大招商、大督查、大整顿、大氛围的保障措施已然兴起，为各级各部门的发挥作用、施展才华提供了一个广阔的平台。有了目标，任务变得更加务实，随着领导前辈们传帮带作用日益发挥，老中青几代工作者力量传递、环环相扣，为青年梦想实现提供着不竭动力和知识源泉。不积跬步无以至千里，不积细流无以成江海。只有脚踏实地、埋头肯干、不畏艰难、不怕曲折、坚韧不拔地干下去，梦想的种子才会生根发芽；不登高山不知天之高，不临深溪不知地之厚，只有勇于探索、不断实践，才能品味得失、积累经验；纸上得来终觉浅,绝知此事要躬行，只有将知识付诸实践，以时间砥砺品质，以实践磨炼意志，才能百炼成钢、无坚不摧。

奋斗是成就个人梦想的必由之路，要想成就一番事业，让自己的人生出彩，生活变得更加美好，都离不开脚踏实地的努力和奋斗。奋斗就要不畏劳苦，就要坚韧不拔，就要戮力同心。莫等闲，白了少年头，空悲切。我们相信，只要有了梦想的目标，在周围领导同事们的指导帮助下，付诸百分百的努力，每一个青年人的梦想定能在智慧和汗水的浇灌下茁壮成长、蓬勃绽放。

人学始知道 不学非自然

刘晓静（茌平县审计局）

时间过得真快，转眼间参加山东省审计厅计算机培训学习归来已有一段时间，几次提笔又放下，因为到现在为止心情还是久久不能平静。通过这次培训，结识了一批走在时代前沿的审计人员，与他们交流，相互取长补短；接触到了最新的审计理念和技能，提高自己业务水平；认真学习，广泛涉猎本专业前沿知识，弥补了我的不足，使自己从业务知识和业务技能有了质的飞跃和提升，回顾培训前后感觉收获颇多，在这里与大家共享。

培训前

未参加培训之前，已经和局里参加过培训的同志进行了交流，对培训过程中学习时间紧、课程内容多等，有了一些心理准备，所以在未出发之前就借阅了同事的课本自学。但当得知培训出发时间已经确定，自己还是真正感觉到了压力：第一，领导的重视和期待。我局在任务这么繁重的情况下，还派出我们8名年轻同志外出培训，同时局里明文规定，考试全部通过才能全额报销，考不过只给报销一半的费用，局领导不是害怕花钱，而是害怕花冤枉钱，通过这条规定也能无形中督促我们更好地学习，上述足可以看出局领导对培养年轻同志的期望和重视。第二，亲情的牵挂。作为一个母亲，对孩子的牵挂始终萦绕心头，一想到将要离开牙牙学语才1岁半的女儿40多天让我心里酸溜溜的，母爱是伟大的，母爱也是矛盾的，工作和家庭很难兼顾，人生必须有取舍，作为一名审计人，我必须要勇于付出，甘心奉献。因此我更加明确目标，坚定信念，努力认真学习，确保一次性通过所有科目的考试。

培训中

培训中，在生活方面，初到异地感觉一切都是生疏的、不适应的，可是团队的力量是无穷的，团队的友情是温暖的，自到济南以来，同事们相互关心、相互理解、相互照顾、相互学习，为了一个共同的目标而努力。在学习方面，每天固定的三点一线，匆忙的脚步穿梭于教室、食堂、宿舍，身体的压力可以克服，但很多时候精神的压力让我难以忍受，年龄的增长导致的学习效率变低和紧张的时间、无尽的知识之间的矛盾让我每天在课堂上不能有一丝的走神，晚自习时不能有一秒钟的懈怠，晚自习之后回到宿舍也必须要把当天所学的知识再做一次系统的回顾，同时把明天要学的知识进行大体的了解，当晚上学累了，开窗通气的时候，只有昏黄的路灯相伴。功夫不负有心人，我终于顺利通过了考试，当得知自己已经通过考试，回想这40多天的努力付出，自己的心头激动万分，这也使我更深刻理解“书到用时方恨少；事非经过不知难”的道理。只有自己拼搏奋斗，才能真正有所收获。

培训后

记得有这样一首诗“击石乃有火，不击元无烟。人学始知道，不学非自然。万事须己运，他得非我贤。青春须早为，岂能长少年。”这首诗强调了学习知识和实践的重要性，学习知识如同击石有火一样，只有通过亲身的实践才能获得，人如果不学习，知识不会自然而然地获得。培训只是开始，审计这门大学问永远没有尽头，我一定以这次培训为契机，将所学知识应用到以后的工作实践中，使自己的知识水平和业务技能更上一层楼！

审计人员的一二三四

马腾（聊城市审计局）

随着审计工作的逐步深入，审计在国家治理中发挥的作用越来越大，社会公众对于审计的期望也越来越迫切。对于站在审计战线最前沿的审计人员，承担的风险和压力也越来越大。面对日益繁重的审计工作任务，面对工作中遇到的各种障碍，面对错综复杂的情况，审计人员应该化压力为动力，不急不躁，平心静气，理清心智，做好审计工作的"一二三四"。

一、明确一个思路：理清思路，抓住重点

对于一个审计项目，会有重点的审计事项和次重点的审计事项。因此，对于审计方案中确定的重点审计事项，必须加以重点分析，审清审透，投入必要的时间和精力。对于一个审计事项，既有可能存在较多问题，也有可能问题较少取得的成绩较多。这就要求审计人员分清问题的重点和本质，对于存在问题较多的事项，必须深层次剖析问题发生的原因和危害，发挥审计的震慑作用，督促被审计单位彻底整改，起到预防免疫的作用；对于存在问题较少的事项，那就要多发挥审计的帮扶作用，使其更加合规完善。对于具体的审计业务工作，也要明确清晰的审计思路，不要遇到问题就绕进去，明确地按照既定方案完成审计任务。

二、完成两项任务：认定事实、明确责任

对于审计人员，需要完成两大任务，一是认定审计事实，二是根据认定的事实进行审定，明确责任。这两大任务是一环扣一环，不可分离的。认定事实，是一线审计人员必须完成的基本功，弄清事实真相，摸清资金往来，将审计现场的真实情况完整准确地反映。审计人员在反映事实时，应该预判被审计单位的责任，在反映事实的取证上有所侧重，将能够明确责任的事实进行重点陈述。审计事实认定后，就需要审计人员根据相关法律法规进行认定，区分问题性质，明确被审计单位责任。在此环节，审计人员可以多与法规科沟通，做到定性准确、责任区分清楚。

三、坚持三种精神：细致严谨、坚韧坚持、低调高效

作为审计人员，工作细致严谨、坚韧坚持、低调高效是基本要求，也是确保审计质量、规避审计风险做好的途径。没有细致入微的调查，没有严谨的工作态度和文字表述，就不会取得真实准确的审计事实情况；没有坚韧的精神，没有对问题的持之以恒的坚持，就不会走到审计工作的“最后一米”，而审计工作最大的成果，往往在坚持的“最后一步”；没有低调务实的作风，没有高效的工作，就无法高质量地完成审计任务，也就无法使被审计单位信服，无法树立起审计的权威。

四、培养四种意识：廉政意识、风险意识、绩效意识、成果意识

廉政意识、风险意识、绩效意识和成果意识的培养，对于审计人员来讲越来越重要，不仅是对现有审计工作的升华，也是对审计工作人员自身的保护，不仅是提高审计工作影响力的要求，也是审计人员不断积累、不断提高的过程。廉政意识对于审计人员来讲至关重要，不仅是对审计人员个人的保护，而且一旦廉政方面出现问题，审计的独立性和客观性将受到重大影响。随着审计范围的扩大、被审计单位业务的复杂和计算机审计的深入，审计人员面对的审计风险愈发突出。培养风险意识，让审计人员把审计风险作为悬于头上的利剑，督促审计人员完善审计方法，提高审计质量，从而规避审计风险的发生。绩效意识和成果意识的培养，在于审计人员在日常的工作中不断积累总结，提升绩效审计比重，并以信息、宣传稿件、审计方法和审计案例等形式扩大审计作用的发挥。

航母之梦与审计数据平台建设

商建翔（聊城市审计局）

辽宁号航空母舰的顺利交付海军圆了中国近乎百年的一个梦想，令国人无不欢欣鼓舞，更给我们带来了殷殷的期盼：什么时候我们的航母舰队能成熟壮大起来，自由的游弋在广阔的大洋深处。如今，山东省各级审计机关乃至全国审计机关都将审计数据平台建设作为当前审计信息化工作的重中之重，经过近期对数据平台建设筹备工作，笔者认为航空母舰和数据平台的建设之间都有些相似之处，为了更清晰的理解如何构建审计数据平台，不妨进行以下对比。

需求的迫切性

航空母舰作为流动的战略作战平台，进可攻、退可守。对于增加战略纵深，抢夺制空权、制海权具有不可或缺的意义。其本质意义是保障国家利益的战略利器。

“财务数据采集麻烦，业务数据采集更不易”。随着各行业、各部门财务和业务系统的向上级管理部门集中，基层审计部门采集审计数据的难度已经成为履行审计职责的障碍。如何让基层审计机关也能消除“信息孤岛”形成的壁垒，实现“跨地区、跨部门、跨行业、跨年度”的审计模式。基层审计机关对解决数据采集问题的呼声愈发强烈，审计数据平台显然是一个有效的解决方案。

成本和风险的“双高”

据说一个中型航母战斗群的成本不少于100亿美元，其寿命成本更高。一个审计数据平台的建设成本大约需要500万元，10年运行的成本（运行、维修、人员培训、应用、功能新增）或许能逼近500万元，年均100万元的费用对于大多数地市级财政来说都是一笔较大的费用。

任何富含高新科技和管理经验的系统集成建设项目都会蕴含一定的风

险，比如各国苦心经营的航母舰队，严重的建设缺陷或使用不当可能在瞬间面临灭顶之灾。审计数据平台的建设同样面临风险，其风险至少与下列因素相关：相关人员是否提出了全面、充分的需求；软件公司的建设能力；后续服务保证期限长度；相关行业信息系统更新频率；审计项目组成员的应用水平；以上因素都是事关数据平台建设的成败，项目建设中应该事先进行风险的评估，并采取相应的对策。

人才队伍培养的配套

辽宁舰之所以被称为航母训练舰，除了缺乏足够的配套舰船之外，更紧缺的是能够熟练驾驭并应用的技术团队，毕竟人才的培养速度远比装备制造的速度慢的多。恰似航母舰队需要优秀的指挥员、飞行员以及综合配合团队一样，审计数据平台的建设也需要培养专门的技术团队。人才涉及平台规划、项目需求、审计数据资源沟通、采集技术、应用分析等方面。我们可以借鉴其他已经建成的平台的成熟经验，比如在“审中建，建中审”的模式中培养审计人员的技术和思路，即一是让审计组将项目中拥有审计数据资源进行分类汇总，汇聚到平台中来，二是将平台中汇聚的资源及时向各审计组提供支持。不断交替实现进行以上两个过程，在过程中将相关人员与平台建设进行互动，在完善系统的同时，实现了人才队伍的培养。

对传统运作模式的改革要求

武器装备的变革会导致战争运作模式的变化，比喻从陆军为主，到海陆空联合，再到如今的“空天一体化”模式。传统“海、陆、空”三方又增加了航母舰队这个非常重要的“第四方”，这个“第四方”有时会成为各方面的核心，势必将变革战争的运作模式。当我们实现从“财务收支审计”到“绩效审计”的转变，当业务立脚点从财务数据向业务数据转换时，当我们各项目组进行“重点筛查，线索突破”向“集中分析，分散核实”进行转变时，我们传统管理模式总显得不太合拍，行政命令的指挥方式成效被大打折扣，结果显现为审计人员疲惫不堪、各级审计机关间的误解增加、审计组成员间的不同意见激增、审计成果明显不均衡。究其原因，是审计机关统一指挥和审计组具体应对之间的失衡所致，最佳平衡点的确定需要从“心”开始，应在广泛进行基层调查、民主听取大家意见的基础上在进行选定，并在不同的项目、不同的审计层次上进行调整。

随着审计平台的建成与完善，传统审计项目计划的制订方式也许要发生变化。试想，如果我们的审计数据平台，汇聚了被审计部门的财务数据和业务数据，我们可以随时对其进行分析和预警，对于其采用“道义劝告”、“窗口指导”可以解决的问题部门就延长审计间隔周期，对于另外一些部门就可以提出连续审计计划的建议，对事关重大的疑点事项可以立即提出审计项目计划。“及时识别病毒，立即采取免疫措施，减轻病情影响”或许就是审计“免疫系统”构建的一个初衷吧！

人到中年

寇启桂（茌平县审计局）

生命来了，就跟星星出现一样，闪着一点亮光，看着世界，也被世界看着，在人生的舞台上，各自扮演着属于自己的角色，用自己的阅历、智慧和劳动，生活在属于自己的一片蓝天下，经历从幼稚到成熟，由失败到成功，遭遇幸福与不幸，品尝人世间酸、甜、苦、辣。人生的幸福和痛苦就这样被制造出来。

如果把人生比作大自然的四季，那么，人到中年就像逐渐远离了阳光明媚的春季，炽热似火的夏季，在不知不觉中已走到了生命之秋，离严寒的冬季已不远了。日子在岁月里沉浮，一些憧憬的梦戛然而止，失去了原有的诱惑，只有一些散乱的记忆，还残存在岁月的痕迹里。

中年，与青春岁月拉开了距离，那梦幻般的色彩渐渐淡去，现实的生活像一面镜子，把自己走过的人生照得清清楚楚。于是，不再有诸如迷幻般的追求，不再有那焦躁般的渴望。激情与偏执都如潮水般退去，不急不躁成了生活的表象，不温不火成了性格的内涵。

人到中年，所谓的幸福就是拥有一颗善良感恩的心，至亲至爱的人身体健康，一份能养家糊口的工作，一位深爱你的人，一帮值得信赖的朋友。

善良感恩的心，是心海绽放的柔媚的花朵，它如雪花一样晶莹纯洁，是人生的底色；它如太阳一般温暖明媚，是爱与爱传递的桥梁；它如山涧泉水一样清澈透明，荡涤生命的尘埃；它如琴音一样拨动心弦，在心海上奏出最动听的旋律……

“救生船”的遐想

赵晓红（高唐县审计局）

1917年的国学课本中有篇文章叫救生船，内容如下——

雷雨过后，梅芬到公园里玩。隔了好久回来，对姐姐说：“园里有个水潭，一只蟋蟀被冲到了水潭里，跳不出来很是可怜，我放进一艘救生船，蟋蟀跳上救生船漂到岸边跳上了岸。你猜，救生船是什么东西？”姐姐说：“一定是树叶。”

树叶对于我们人类来说是最普通不过的小东西，它却能拯救一条小生命。这艘“救生船”让蟋蟀保命生活，人类何尝不是呢？这个孕育我们生命的地球何尝不是我们的“救生船”呢！

随着时间的推移，科技的进步，这艘“救命船”已经被它的孩子们破坏的千疮百孔，物种减少生态环境破坏，这艘船已经进水，不善待保护，终究有一天这艘生命之舟会沉没的，人类也就随着消失了。

保护环境，从自身做起，善待这艘“生命船”，阻止“水”再次渗入船体。

让这艘生命之舟重新浮上水面，让生命之舟——地球，永不沉没。

一个基层审计人员的信息化人才观

——写在聊城审计计算机审计中级人才达百名之际

商建翔（聊城市审计局）

最近，聊城市审计局做了统计，截至目前，全市考取计算机审计中级资格的人数刚好是100。这个100对聊城审计来说可谓是沉甸甸的数字，因为这个数字凝聚了太多的付出，超过100万元的经济投入，100人的汗水、泪水乃至身心健康以及其所在家庭的默默支持，全市审计机关领导的强力支持，同事们的无怨帮助，加上年轻审计人员投入的青春光阴和情感因素，可谓成本巨大。

走过之后，大家不禁想问一问“这项投资到底值不值”，作为一个基层审计人员，我想就这个问题，结合审计信息化人员培养谈谈自己的感受，说说自己的审计信息化人才观。

应对人才培养效率有个客观的认识

世间很多事物都有着相似的概率，根据有关统计，全球信息系统的成功率是20%，硅片能实现的光能到电能的转换效率也不超过20%。据此，如果我们的100人中如果能出现20名合格计算机审计技术人员就应该满意了，即使是出现10名骨干也能让一个市级审计机关的计算机审计工作发生革命性的变化，足以在技术实力方面在全省系统内名列前茅，毕竟人才匮乏在市县审计机关是普遍存在的。

关于计算机知识获取来源的一些数字

学员们在中级班中封闭学习，对授课知识的吸收效率不会超过50%，而其中对实际工作有意义的也许只占30%，其余需要的70%的知识要靠在工作中自学。决定计算机审计项目成功的因素中，计算机审计技术的比重也就占20%。

计算机审计项目成功=合格团队+审计数据资源质量+计算机审计知识+业务能力

在决定计算机审计项目成功重要性比重上估算如下：

数据资源质量：计算机审计知识：业务能力：合格团队=2：2：3：3

计算机审计人才培养的收益需要一个过程

计算机审计人员的成熟需要时间和环境，首先是计算机审计中级班的强化训练，然后是审计项目的实践，从实践到熟练大约需要2—3个合适的项目，限于合适项目的所限，时间经历2–3年应该也是正常的。聊城市93%的计算机中级人员是在2011年和2012年考取的，那么该市的计算机审计成果应该有能力在2014年左右开始进入丰产期。

培养模式应该从“全面推进”向“重点突出”转变

以往的大规模的培养模式类似于“地毯式”的全面推进模式，普及了计算机审计知识，也普及应用计算机审计的意识。从全省来看，计算机审计的能手或领军人物的领先带头作用非常明显，在2012年计算机方法评审中，领先的地区之所以整体成果好，往往是一两名优秀人员带动的结果。建议市县级审计机关确定1—2名人员作为计算机审计能手或领军人员进行重点培养，达到一定的层次后就可以迅速将全机关的整体层次拉高一大截。

优秀团队形成是人才培养成功的体现

随着审计业务向“绩效审计”转变，审计着力点也从财务数据向业务数据转移，审计能手带头冲锋时代也将成为历史，各审计组之间配合、各审计机关之间合作的审计模式开始成为审计系统切实履行职责的亟须。所以，审计团队应该是替代审计人员的独立元素。今后，我们在衡量计算机审计人力资源时，更重要的是在某个审计领域有多少支合格的审计团队，或更明细些，有哪些人能在团队中胜任什么位置。

合格团队的构成应该是：合格的团队=审计组分管领导协调能力+审计组领导业务经验+成员配合默契程度+成员的思想素质

合格团队的重要比例无法来比较，好比一部相机，为在某一时刻抓拍一个稍纵即逝的照片，时间、快门、镜头、感光片、存储、安装工艺等因素，很难说哪个因素更重要，可以确定是缺一不可。分管领导有责任构建必要的审计环境，协调审计资源，审计组领导应该具备业务经验和组内的协调能力，成员应该具有学习、攻坚能力，构建和谐、信任的工作氛围是应该全体成员的基本素质，缺少一个因素的缺失都无法称之为合格团队。

人才培养应该从“宏观管理”向“微观操控”过渡

计算机审计能手的出现恰似后浪推前浪，推陈出新的速度非常快。一方面反映了竞争激烈，人才辈出。另一方面也反映出计算机审计能手的“短命”，这与教育系统的教学能手都不能保持多年类似。为什么很多优秀工作人员不能长期保持优秀的成绩？我想这与我们长期类似于“严厉家长”的管理方式有关，一直想把自以为很好的东西进行强行的灌输，却没有有效的沟通，不了解一线人员真实工作环境和实际所需，上级要求和现实困难带来这种矛盾会给一线审计人员造成疲劳，长期以来会扼杀基层人员的创新冲动和激情，同时也处于自我保护的原因，更愿意去遵守和服从。所以，计算机审计能手的培养应该放弃“填鸭式”的灌输，直面领导层和一线人员的沟通鸿沟，从“心”开始。 相比文化建设、品德教育相比，一线人员有时可能更急需的是一台电脑、一组数据、一些坦诚的沟通……

回头我们再来看看聊城市审计局，当这100名的计算机审计中级人员投入到工作中，在合适的环境中加以锻炼，相信假以时日之后会有人才脱颖而出，计算机审计成果的丰收也指日可待，那么，这些投入是值得的，是有价值的。对于市县基层审计机关来看，计算机人才培养，任重而道远！

控制舌头

赵晓红（高唐县审计局）

刚看过一篇文章，内容是有人请客让厨师做一桌好菜，他做了几道菜全是关于舌头的菜，让他做几道不好的菜也全是舌头的菜。问他为什么，厨师说："舌头是世界上最好的东西。我们有了舌头可以说话，可以品尝味道，又可以传达知识和学问。舌头也是世界上最坏的东西。人类的虚伪、欺诈、阴私……一切罪恶全是舌头搅拌出来的。"

古语云："静坐常思己过，闲谈莫论人非。"语言充满着魅力，它是人际交流必不可少的工具，但是好多错误也是因它而起的。著名的心理学家阿德勒曾经说过："想要成功，就要抓住能够帮助你成功的人。想要抓住这些人就要紧紧抓住他们的内心；而抓住这些人的内心靠的不是渊博的知识而是准确地掌握对方的心理，看透对方的内心。在此基础上用巧妙的言辞发表意见和看法。这样既能够得到别人的认同，也更容易取得成功。"

"陆大声一言丧邦"，所以成功和失败在于一个度，这个度就在我们"控制舌头"。

控制住舌头，抓得住成功。

平淡的美丽

高爽（聊城市审计局）

六月，如火的季节，当“中国梦”在神州大地上如一颗莲子在泥土里蠢蠢欲动，等待着把鹅黄的触角破土而出，这种等待，就正如我们橙色在灾难中划过的身影一样的美丽。在央视的寻找“最美消防员”的颁奖典礼上，真切地感受到 “橙色的力量”。刘亚光、杨伦、杜仕海……10个响亮的名字汇聚在一起，10位“最美消防员”质朴的话语、不平凡的事迹，感人至深、可歌可泣，整个典礼始终洋溢着对消防部队这支英雄队伍的敬佩之情和一种昂扬向上的社会正气。“最美消防员”事迹感人、催人奋进，他们的美激荡着我们的心灵，积聚着追求“真善美”的价值力量。

我们审计系统最美审计人金岚岚——这个始终待人真诚、面带微笑的女孩，是我们“80后”的学习榜样，这个普普通通的阳光女孩，用逝去的生命感动着鲜活的生命，用生命中最后一次行动践行着一名党员、一名公务员和一名审计人员的宗旨，用生命中最后的一刻，为我们诠释了责任与操守并感动着我们，用实际行动为我们书写了一页壮丽的篇章！相信很多人和我一样，都被这个为人真诚、待人热情、奋勇争先的“80后”深深感动着。她身上折射出的积极向上、爱岗敬业、奋发进取、无私奉献的优秀品质和崇高精神是值得我们学习的。

这些“最美”形象反映了代代相传的善，他们美在平凡、美在善良、美在奉献、美在责任、美在瞬间。这种美像一粒粒种子，随风飘扬，处处生根，激荡着越来越多人的心灵，融化着人群中的冷漠，积聚着追求真善美的价值力量。

一个人，在一生中如果没有价值的体现，那么就失去了人生的意义。有人说我们审计人员是夜巡的“猫头鹰”、财政经费的“守门员”；还有人说我们是专捉害虫的“啄木鸟”。当我们工作在审计一线时，虽然我们不能站在央视舞台上，讲述我们的故事，接受别人的礼赞，成为最美消防员，虽然我们年复一年地面对的是枯燥无味的数字、账本、凭证，但我身边的每一名审计人员都是最美的，因为我们在平凡的生活中和平凡岗位上脚踏实地的付出，勾勒出平凡人生的精彩。

美丽不在于轰轰烈烈，美丽不在于破茧成蝶，美丽不在于生离死别，而在于平时工作中的恪尽职守，爱岗敬业。“无私奉献精神”是我们审计人员的血液，“工作勤奋、灵活协调、处事稳重、业务过硬、清正廉洁”是我们审计人员的真实写照，多少审计人员“舍小家，顾大家”，随时准备奔赴艰苦的审计一线，干一行爱一行，发自内心的热爱本职工作，就能在平凡的岗位上铸就高尚，能引领我们从“职业到事业”的巨大转变，从而不断地超越自我，实现自身的人生价值。让我们回归平凡的坚守，大力弘扬“依法、独立、奉献、责任、忠诚、清廉”的审计人员核心价值观，以高度负责的精神，更好地履行肩负的审计神圣职责。

乘着梦想的翅膀

侯艳春（阳谷县审计局）

曾几何时，每当我在电视、报纸等新闻媒体上看到各级审计机关对重大违法违规问题和重大经济犯罪案件进行披露时，都非常崇敬审计的执行力与公正性。因此一直以来都梦想能够加入到审计的队伍中。高考填志愿时，我的第一志愿是南京审计学院。然而，阴差阳错我没能进入南京审计学院学习。大学毕业后，我终于如愿以偿的成为一名审计工作人员。

转眼间我已经在阳谷县审计局工作了三个多月，在这一段时间里，我收获颇丰，也成长很多，对审计工作更有了进一步的认识。

一是要树立服务意识。审计监督的法律地位是宪法确立的，进一步强化审计工作，才能为持续发展经济、不断改善民生、促进社会公正提供有力保障。审计不是挖坑，而是铺路，其目的是为了让政府投资项目更加高效，更加经济的实施。

二是要树立终身学习的意识。“打铁还需自身硬”想要胜任这份工作，服务好被审计对象，这就要求我们不仅要专业精通，法规烂熟，更要熟练高效，这样才能更好地完成审计工作。尤其是计算机AO和OA的交互审计和绩效审计，更要求审计人员与时俱进，终身学习。

三是要加强自我道德修养。在当前的社会环境下，面对形形色色的诱惑，如何保持审计的公正性和独立性，充分发挥审计“免疫系统”的功能，关键是审计人员能否牢牢坚守住廉洁奉公这条生命线，保持良好的职业操守。这就要求我们要加强自我道德修养，提高自己的控制力。

与书香为伴 为审计添彩

李可（聊城市审计局）

特别喜欢去爷爷家，喜欢听爷爷讲新闻、讲历史故事，更爱坐在沙发上，翻看爷爷茶几上摆放的各类报纸和书籍。在我的记忆里，无论是在平房，还是现在的楼房，爷爷搬家几次，但是屋里有一个风格没变，那就是茶几上都摆满了报纸和杂志。每日读书看报，早已成为了爷爷生活中不能缺少的部分。真可谓是活到老，学到老。

学习与创新，是人们积极向上的不竭源泉。那么，书籍必然也是我们审计人的良师益友。

读书能启迪智慧。书中自有黄金屋，书中自有颜如玉。书中的乐趣妙不可言。书籍是人们智慧的结晶，字里行间透露着作者的思想和情感，我们通过阅读，将这些精华细细琢磨并转化为己有，谓之自我提升。在读书的范围上，我们讲求广泛阅读，自然科学和社会科学都要涉猎，正所谓“博采众长”；在读书方法上，我们讲求“泛读”基础上选择自己喜爱的书来研究，从而培养独立思考的习惯。

读书能平和心态。繁忙的工作，快节奏的生活，有时候会让我们变得急功近利、变得心态失衡甚至无所适从。车开得太快，我们就会忘记欣赏沿途的风景，书籍就好比安装在车上的“限速器”，她能提醒我们放慢脚步，放松心情。在这个竞争的社会里，我们不要去做失去自我的“空心人”，因为只有用思想建立起精神上的美丽家园，心灵才会有永恒的归宿，生活才会有平静的心态。

审计人需要更新知识体系，拜书为师，视野变得越发开阔；审计人需要克服工作枯燥，以书为友，生活变得如此斑斓；审计人需要陶冶自身情操，有书相伴，心灵变得越发清澈明亮。

炎热的夏日，面对着厚厚的账本，密密的数字，我们不妨闻闻书香，会倍感清爽和惬意......

幸福

庞丽娜（莘县审计局）

关于幸福，一直想写点什么，但是，人总是那么的懒惰，在真正提笔要写的时候，却突然不想写了。其实，这类情况蛮多的，一直以来觉得有很多东西值得写，却都是因为这个原因，最终不了了之。但，关于幸福，还是想说点什么。

似乎，我们一直都在羡慕或者说仰慕别人的幸福，殊不知，在仰慕别人的时候，我们同样在被他人仰慕着，我们不知道原来在他人的眼里，我们也是很幸福的。所以，幸福并不是一个比较级，我们不能拿自己的幸福去和他人比较，我们只需要考虑自己是不是真正开心和快乐，才是最理智的。如果硬是要比较，你会发现比你好的、比你高的人比比皆是：比金钱，永远都有比你多的人存在；比权利，永远都有比你位高权重的人。我们没必要去羡慕彼岸的春花烂漫，因为我们的这一边有着同样美丽的风景，没有必要硬硬的去趟过河水去彼岸看风景，即便经过千难万阻到达彼岸，你或许会发现，那岸上看着娇艳的花儿，并不一定是你喜欢的味道，也并不一定是你喜欢的色彩。一些东西在远处观看的时候，总会显得那么美好，真正得到了，却并不一定适合你。知足常乐，找到适合自己的生活方式，才是开启幸福之航的起点。

曾经，有个朋友失恋了，他告诉我说不知道她会不会幸福，他认为她是不幸福的，因为没有人能够像他那般去用心地呵护她、爱惜她，她现在的另外一半，在他看来并没有那么的爱她，她只是一味地傻傻地付出。我告诉他说，幸福这个东西正如穿一双鞋子，合不合脚，舒不舒服，只有自己才是最清楚的，正如那句：冷暖自知。我们每一个人都不能从自己的角度去判断别人是不是幸福的，幸福不幸福，快乐不快乐，只有当事人最清楚。当一个人深爱另外一个人的时候，TA的付出，或许在他人的眼里是很辛苦的，但因为有爱，TA却觉得是最幸福、最快乐的。所以，不管你觉得对方有多么的不幸福，只要TA认为自己是幸福的，就足够了。况且，每个人都有选择自己生活方式的权利，我们不能硬硬地将自己的想法强加于对方，不是么？

我记得读高中的时候，读过这样一句话：幸福犹如呼啦圈，摇一摇就掉了。那么悲切，那么伤感。是的，寻找幸福的过程总会那么的辛苦，我们为此哭过、吵过、闹过、失望过、绝望过，甚至麻木过。但，在经过了这些之后，你还是能找到属于自己的幸福，不是么？在呼啦圈掉在地上的时候，你重新捡起来再摇就是了，总有那么一天，你会发现你已经能够很娴熟的驾驭它了。

亚里士多德说："幸福就是自足，幸福的自足就是无求于外物，而自满自足。"

所以，去爱吧，像不曾受过一次伤一样；跳舞吧，像没有人注视一样；唱歌吧，像没有人聆听一样；干活吧，像不需要钱一样；生活吧，像今天是末日一样。

其实，把生活过成自己想要的样子，幸福可以很简单。

人生时钟

王洪军（在平县审计局）

曾经在某杂志上看到一篇文章，把人的一生用一天的时间来计算，不同的年龄阶段用一天中不同的时刻来表示，颇有意思。一天是24小时，也就是1440分钟，假如一个人能够活到80岁，把1440分钟平均分成80等份，人的每一岁就是18分钟，一个人10岁的话，就是3个小时，就相当于早上3点钟，一个28岁的人则相当于早上8点40分，一个50岁的人则相当于下午3点钟。这样算下来，许多人会感到惊讶，自认为已经垂暮之年的人，才只不过相当下午三四点钟，离一天的结束还有相当长的时间，让人们感觉到自己的时间还有很多，还能够做许多事情。

假设一个人24岁大学毕业参加工作，等他到30岁的时候，也只不过才相当于早上9点钟，看到这样的结果的时候，他往往会感到非常惊讶，自己感觉已经蹉跎了许多岁月，对有些事情已经麻木了，心力已经有些衰老，但是，想不到才相当于早上刚升起不久的太阳，正在散发着新鲜而又炽热的光芒，会使自己感到振奋，精神头十足。

在日常的工作和生活中，尤其是一部分按部就班生活在相对固定的环境中的人们，随着时间的推移，往往认为自己已经失去了年轻时的闯劲和干劲，没有年轻时的体力和活跃的思维了，自己给自己就设下了定式：我年纪已经大了，不要和年轻人一样了，干什么事情不要从头开始了，已经来不及了，越是这样想越不敢跨越当前的环境，有所作为。殊不知，换算下来，48岁的你才相当于一天当中的下午2点40分，离这一天的尽头还早呢，干什么事情都来得及！

因为有过许多经历，所以懂的该做些什么、走怎样的路，摔倒了，爬起来；撞个头破血流，往后退一下；走岔了路，就返回来；走得太急，就慢一些；迷路了，停下来想一想，再继续向前走。你要做的就是不要给自己的人生设限，想到自己的人生时钟尚早，一切都来得及。

三字经有云：苏老泉，二十七；始发愤，读书籍。名列唐宋八大家之一的苏洵二十七岁才发奋读书，51岁才做到九品的官职，但这丝毫没有影响到他以擅写散文而名满天下。英国的苏珊大妈已到暮年却焕发出无限的青春活力，书写着最美丽的夕阳红。这样的例子还有很多很多，当你看到自己的人生时钟时，难道你还感觉时间不够用吗？你还感觉已经来不及做事情了吗！我们还有大把的时间，奋发当从此刻起。你要永远记住：你的人生时钟会让你感觉到有信心、有希望，我们还有许多时间做事情，一切都还来得及。

细节成就中国梦

刘晓静（茌平县审计局）

习近平主席在十二届全国人大一次会议闭幕会上讲话中指出：“实现中国梦必须凝聚中国力量。中国梦是民族的梦，也是每个中国人的梦。我们每个人为实现自己梦想的努力就拥有广阔的空间。生活在我们伟大祖国和伟大时代的中国人民，共同享有人生出彩的机会，共同享有梦想成真的机会，共同享有同祖国和时代一起成长与进步的机会。有梦想，有机会，有奋斗，一切美好的东西都能够创造出来。全国各族人民一定要牢记使命，心往一处想，劲往一处使，用13亿人的智慧和力量汇集起不可战胜的磅礴力量。”

与我们审计人员来讲，该如何汇入这股不可战胜的磅礴力量，共同铸就伟大的中国梦呢？我又想起来中国道家创始人老子有句名言：“天下大事必作于细，天下难事必作于易”。

只有将小事做好，努力把小事做细，小事成就大事，细节就能成就完美。小事不能小看，细节方显魅力。一个错误的数据可以导致病人死亡，一个标点符号的错误，可以使几个通宵的心血白费，一篇材料的失误，可以使若干年的努力泡汤，而人生紧要关头一步踏错，可以使一生的命运彻底改变。这就是细节的重要，这就是精细的力量。对我们审计员工而言，更要加强细节观念。将细节决定成败的理念引入实际工作中。从细节入手，在细节中挖掘潜力，认真审查每一张发票的真伪，核对每一组数据的来龙去脉，仔细推敲每一笔款项的前因后果，以万分的认真确保每一分钱都能尽其所用，切实落实经济监督职能。

成大业若烹小鲜，做大事必重细节。功崇惟志，业广惟勤。在中国，想做大事的人很多，但愿意把小事做细的人很少；其实，我们不缺少雄韬伟略的战略家，而缺少的是精益求精的执行者；决不缺少各类管理规章制度，缺少的是对规章条款不折不扣的执行。“泰山不拒细壤，故能成其高；江海不择细流，故能就其深。”只有我们每个人将我们身边的细节做好，做得精致，做得完美，我们一定能实现我们伟大的中国梦。

态度决定一切

郎艳洁（茌平县审计局）

无意中看到这样一段文字：“态度是复制成功的关键，一种从嘴到腿、到骨髓、追求卓越的态度！这样的态度不仅仅指工作，更是生活的态度”。仔细想来，说的真的很对。

平时经常会制定各种各样的目标计划，“每个月都攒一笔钱”，“下次再陪父母吃饭”，“以后一定不再犯同样的错误”。但往往有很多计划不能很好地被执行，尤其是越长远的打算越容易被懈怠甚至放弃。过去总是有很多理由让我觉得变化是必然的，但现在看来，归根结底是自己没有拿出正确的态度来对待。

曾经以为兴趣是成功的先决条件，没有兴趣就没有动力。事实证明，兴趣只是取得成功的一个可能，坚持不懈的努力才会把可能变成可行。正如曾经的一个辩题，到底是“干一行爱一行”还是“爱一行干一行”，愚以为，因为爱一行而干一行会有一定优势，但如果缺少信念，当兴趣不再，这一行也就干不下去了；因为干一行而爱一行是在干一行的过程中激发了人的兴趣，从而爱上这一行。由此看来“干一行爱一行”是经得起实践检验的，而能做到这一点的人必然是有着这样一种态度，那就是：我要成功！

生活也是如此，你拿什么态度对待它，它就拿什么结果回报你。如果你抱怨、消沉，生活对你而言就是苦涩无味的；如果你乐观、淡然，生活中就可能处处充满惊喜。曾经有一段时间，心态很不好，做什么都没耐性，看什么都不顺眼，整天闷闷不乐，觉得没有什么让人开心的事。后来经过调整，摆正了心态，世界好像完全变了，阴天会觉得有诗意，下雨会觉得有情调，每天都精神饱满，因为没有什么让人不开心的事。看看，同样的事物，只因为人的态度不同而呈现完全不同的一面。

不要再说以后如何如何，下次怎样怎样，不要再给自己懒惰、怯懦找借口，因为态度决定一切，首先从端正自己的态度做起吧。

建设学习型单位
争做学习型干部

姚猛（冠县审计局）

审计机关作为综合经济监督部门，其监督对象涉及社会各个领域，并且发生着日新月异的变化，审计机关要适应新形势，就必须与时俱进，不断发展创新。不间断的学习则是保持机关自身先进性的关键措施。

树立“工作学习化，学习工作化”的观念

所谓“工作学习化”，即将每项工作都视为一个学习的机会，从工作中学习新技能、新方法，促进专业知识的成长；“学习工作化”则是指将学习视为一项必要的工作，如同认真工作一样去积极刻苦学习，并养成终生学习的好习惯。将学习和工作交相融合，使其成员不断更新观念，并达成共识，保证组织整体的不断发展创新和及时调整完善。

积极组织业务培训

采取邀请有经验的上级机关领导授课、案例分析、局内专业骨干讲解等方式，组织全局业务培训，班子成员全程参与，努力提升自身审计技能；借鉴先进经验，由主管领导带队先后到本市审计部门进行考察和调研，开阔思路，不断改进和完善工作方式和方法，提高审计效率。

多方面为审计人员提供学习机会

审计机关应从制度上、机制上、政策上推动审计人员的学习。要把“一而再，再而学”作为队伍建设的关键来抓，要改变业务忙，没有时间学习的旧观念，舍得把重要岗位、关键岗位上的骨干分子抽出来参加脱产培训。要将学习机会作为一种奖励，使干得好的、有学习能力的人能够得到更多的学习机会，获得更快的进步和发展。

总之，审计机关和审计人员必须跟上时代和经济发展的步伐，不断获取知识、储备知识、更新知识，只有这样，才能勇立经济潮头，为经济发展做出更大的贡献。

从领导艺术的角度谈如何当好审计组长

武方雯 王良（阳谷县审计局）

所谓领导艺术，就是领导者在其知识、经验、才能和气质等因素的基础上形成的，巧妙地运用各种领导条件、领导原则和领导方法的基本技能。在审计项目实施过程中，审计组长作为领导者，必须充分发挥好自身的智商、情商和胆商，施展自己的能力和魅力，调动审计人员的主动性和创造性，提高向心力和凝聚力，才能提升审计质量，减少审计风险。

审计组长要多“充电”，练就高智商

智商是智力程度的量度，是衡量掌握知识、技能程度的指标。智商的高低，体现其观察力、注意力、思维力、想象力的强弱，虽受先天因素的影响，但更得益于后天的努力。

多学习。“地不耕种，再肥沃也长不出果实；人不学习，再聪明也目不识丁。”学习是永恒的主题，新形势下审计工作对审计方法、审计手段等方面都提出了更新、更高的要求，审计组长既是指挥员又是战斗员，要精通会计、审计业务知识，不断学习新的理论成果和法律法规，并运用到审计工作中。同时，还要学习党史、经济学、管理学、领导艺术等相关方面的知识，夯实理论基础，以适应新形势下的审计工作的需要。

多实践。“纸上得来终觉浅，绝知此事要躬行。”审计工作具有相对独立性和特殊性，审计组长不仅要进行安排部署，还需要直接参与。从制定实施方案到结果公告，每个环节都可能遇到问题和矛盾，需要果断决策并处理，而解决和处理问题的能力并不是一朝一夕形成的，只能在具体的审计工作中逐步提高。多实践、多积累，提高综合素质，才可能成为一名合格的审计组长。

多思悟。“智者始于悟，终于谐；愚者始于乐，终于哀。”面对烦琐复杂的审计工作，审计组长更要善于思考、用心领悟，把所学的新知识、新经验及时整理、吸收、消化，“去其糟粕，取其精华”，最终转化为自己的思想。审计组长在学习实践中积极思考创新，在创新中提升学习实践，为审计工作注入源源不断的生机与活力。

审计组长要善“掌舵”，炼就高情商

情商是人对自己的情感、情绪的控制管理能力和在社会人际关系中的交往、调节能力。习总书记说：“做实际工作情商很重要，更多需要的是做群众工作和解决问题能力，也就是适应社会能力。”审计工作实际上是一个多方博弈的过程，各方出于自身利益，总会遇到一些不尽如人意的情况，这便需要审计组长释放情商的影响力，来推动审计工作稳步开展。

善沟通。良好的沟通力是人格魅力的表现，是增进友谊、加深感情、凝聚团队的桥梁和纽带。实施审计项目面对的复杂性和风险性，决定了审计组长沟通协调的重要性和特殊性。在审计过程中，审计组长要与各方面的人员打交道，包括被审计单位各层次的人员、本单位领导及审计组成员等。可见，审计组长沟通能力的强弱对整个审计项目能否顺利实施显得尤为重要。良好的沟通能力，更容易被被审计单位人员及审计组成员所接纳，更容易吸引人、启发人、鼓舞人、团结人。

善用人。围绕审计任务，进行责任分工和进度安排是审计项目实施过程中的第一件事。审计组长应根据参审人员的个人特点、专业特长等进行科学、合理分工，做到因人而异、量才使用、用人之长、人尽其才，提高审计工作质量和效率。同时，要给予审计组成员充分的信任，关键是做到用人不疑，疑人不用。用人信而不疑，会使人产生期待感，能激发人的进取心，增强克服困难的力量。

善包容。“海纳百川，有容乃大。”面对复杂的审计工作环境，审计组长要有兼容并蓄的度量和光明磊落的胸怀，与人为善、宽以待人。有良好的心理素质，善于协调和控制情绪，做到淡泊名利、宠辱不惊、高调做事、低调做人。不论审计实施过程顺利与否，都能保持平和、积极、乐观的心态，科学、冷静、全面地分析问题和解决问题，避免因情绪失控而造成工作上的疏漏。

审计组长要敢“亮剑”，练就高胆商

胆商是一个人胆量、胆识、胆略的度量，是学识、能力、水平、气魄的综合表现，是衡量自信心和意志力的指标，它的大小决定了人生的高度和事业的贡献度。在审计实施过程中，经常面临各种突发情况，如何履行职责，完成审计任务，就需要审计组长敢于担风险、担责任，有胆识、谋略和勇气。

敢怀疑。审计工作时间紧、任务重，要在复杂的审计工作中理出头绪达到目标，审计组长必须具备高度的职业敏感性和综合分析的能力，根据不同单位的性质，判断其可能存在的问题，有重点地选择一些怀疑点。敢于提出大胆合理的怀疑，是审计组长必须具备的意识。

敢决策。在审计实施过程中，往往会遇到突发性事件，需要立即解决和处理，审计组长作为现场指挥员，必须果断决策，若优柔寡断，可能会由于时间的拖延导致某些问题难以取证，影响到问题的定性和处理，或使一些重大问题从眼皮底下溜走。另外，面对审计查出的问题，如何有效组织力量，如何与被审单位交换意见，问题如何处理等，都要求审计组长必须具备果断决策的能力。

敢行动。“语言上的巨人，行动上的矮子”，永远不会获得实质性的收获。审计组长做出一个决定，若不能采取行动，最终都只能是纸上谈兵。只有将自己的胆识、勇气付诸具体审计工作中，才能产生实实在在的审计成果。

随着审计事业不断发展进步，对审计组长的要求也将越来越高。“打铁先要本身硬”，审计组长作为审计组的灵魂人物，必须练就高智商、高情商和高胆商，才能更好地适应未来的需要，才能带领审计组成员更好地完成审计任务。

学习全天候 促审计全天候

闫慧忠（东阿县审计局）

东阿县审计局在审计项目紧张开展的同时，努力打造学习型审计组，不断提升审计人员的个人修养和业务能力，促使审计人员在学习中提高理论水平，更好地服务于审计工作。

学习时事——紧跟主流信息

在经济活动急剧变动的时代，政府领导和社会公众对信息前瞻性需求加强，已不满足于对过去财务信息的了解，还要了解未来的、非财务方面的信息。东阿县审计局要求审计人员自觉提高学习能力，不断学习新知识、研究新情况、探索新方法。在审计项目实施过程中，既要学习党的理论知识和最新的财经审计法规，也要重点关注影响经济社会运行的重大焦点热点问题，不断扩展审计新视野，始终保持以前沿的视角审视经济社会发展。

钻研业务——提高工作能力

东阿县审计局以参加业务专题学习为主渠道，以组织审计科研课题为依托，强化新知识、新技能的学习，有针对性地组织骨干人才的培训，发挥骨干人才的带动辐射作用。各审计组结合自身实际，积极探索和推广多专业融合、多视角分析、多方式结合的“统筹审计”方式，打破科室界限，合理利用资源，把部门预算执行审计与财政（财务）收支审计、经济责任审计、政府投资审计结合起来，提高审计工作的效率和效益。

广泛交流——营造浓厚氛围

东阿县审计局着力搭建学习交流平台，广泛订阅各种审计业务、财务书籍及有关报刊，以调动党员干部参与学习的积极性。通过相互交流，使审计人员在对比中学习他人长处，发挥自己优势，不断调整工作思路，改进工作方法，促进了审计业务水平的提高，促进一批年轻同志尽快成为业务骨干，积极打造一支研究型审计队伍。

严守纪律——打造审计铁军

为进一步加强审计质量，东阿县审计局强化党风廉政建设的执行力，把审计组执行“八不准”审计纪律作为督查重点，并通过定期开展职业道德教育，大力弘扬勤政为民、廉洁从审的良好风尚。筑牢审计人员防腐拒变的思想防线，夯实廉洁从审的思想基础，树立维护清正廉洁的审计形象。

严谨、时效、精炼、新颖

孙丽娜 刘娟（阳谷县审计局）

随着各级地方党委政府对审计工作的重视和老百姓对审计工作的关注，审计信息作为宣传审计、提升形象的重要手段，已经被各地审计机关所重视。作为信息宣传工作者，我们应该要承担起多写稿、写好稿的责任。如何写好稿，笔者认为，需要把握信息的“严谨、时效、精炼、新颖”四个特点，它能够真实地反映审计工作的动态、成果以及典型的人与事，对于宣传审计，具有重要的舆论导向作用。

严谨

审计信息作为一种已经格式化的行政公文，要遵守公文的基本要求，要能表现出机关认真严肃的态度和踏实的办事作风。特别是反映问题的审计信息，事实、概念一定要清楚，引用的法律、法规一定要恰当，措辞、定性一定要严谨，切忌帽子大、表述空。审计人员只有严格细致地从事审计工作，提高审计质量，才能确保证所反映的审计成果的审计信息不出偏差。

时效

时效包括两方面的内容，一是要快；二是要准。所谓“言当其时，一字千金，言背其时，一文不值。”这就是说，信息尤其是审计简报和重要审计情况，在保证质量的情况下，一定要争取“短平快”。尤其是现代社会通信网络发展迅捷，信息的传播超乎想象。因此,撰写审计信息要充分利用这些优势和工具。所谓准，就是要识时务，要围绕中心，服务大局。要随时掌握第一手的资讯。如当前政府工作的重心是什么，最关注的是什么，我们审计人员就是要将当前政府高层关注的问题与审计工作紧密结合，关注国计民生问题，并进行思考，提炼出有价值、有分量的信息，只有这样我们才能更好地践行和实现“执审报国、立审为民”的理念和目标。

精炼

精炼就是用最少的语言表达最完整的思想。做到惜字如金，精炼就是去伪存真，去粗存精。好的信息不在长，而在精。往往人们在撰写审计信息时，有一个怪圈，就是将文章写长较易，写短较难。这要求我们具有较好的概括能力和较强的文字功底。当前，审计信息工作中主要存在“三多三少”的问题：上报的数量多，采用的少；单一信息多，综合分析性的信息少；反映审计问题的多，反映其他方面工作的较少。这也在某种程度上反映信息缺乏提炼，缺乏思考。因此，我们要努力挖掘信息的深层次价值，努力做到站位高、选位好、切入准、分析透、建议实、能为领导宏观决策提供有价值的信息。

新颖

年年岁岁花相似，岁岁年年人不同。我们似乎每年都在做相同的工作，但其实绝不是简单的重复。审计信息也是如此，它的写作模式可能不变，但是其他的一切都在改变。我们要在发展变化中抓新、在观察思考中出新、在学习借鉴中创新、在比较对照中求新。要善于关注热点、剖析难点、捕捉亮点，力争做到 “人无我有、人有我新、人新我深”，以特色和新颖取胜。

夜之思

姜爱欣（东阿审计局）

有天晚上聚会散了以后，用自行车载着女儿回家，到了小区，家所在的那个单元1至3层是室外楼梯，行到3楼平台，本来困意已浓的女儿突然对我说：“妈妈，快看今晚的星星好漂亮啊！”我抬头一看，果然如此，在两幢楼之间的一方漆黑夜空中，镶嵌着颗颗钻石般璀璨无比的星星。此时此刻，白天的喧哗都已退场，周围静谧无比，无垠的夜幕甚至呈现出幽深的蓝色，似乎有深邃无比的境地让人联想，遥远的星星显得甚为高贵、神秘。

看了一会儿，那颗被世俗生活折腾得不安的心，似乎得到无尽的抚慰，如此短短的仰望，竟然也会心旷神怡，也许这就是感悟生活的意义。它不需要歌剧夜场的那种奢华与格调，繁华尽处也许是更大的失落；它不需要觥筹交错的迎来送往，恭维很累，逢迎很无奈，被绑架的感觉也不舒服；它不需要秉烛夜谈的暧昧，格调很关键，原则需明确，情感其实更需要楚河汉界。世间的事情，照顾的太杂反而不那么纯粹；人的精力是有限的，不能在所有的时候让所有的人满意，只求问心无愧，不求面面俱到。原来自己一直在追求天地间浑然我一人的状态，不论世间的长短，任它人世的流言蜚语，只爱这自然的原生态景物！